D1825111

Colección ANANTA

La Colección *Ananta* celebra la sabiduría de las prácticas contemplativas. A través de la palabra, sus escrituras señalan los grandes misterios
de la experiencia humana. En la tradición hindú, Ananta es la ser-
piente cósmica que sirve de soporte dinámico a Vishnu, el dios que
sostiene el universo. Adornado con innumerables cabezas, Ananta
simboliza la consciencia infinita que constituye cada átomo de vida.
La tradición del yoga realza la imposibilidad de nombrar esta presencia, aunque nos impulsa continuamente a realizarla. Esta colección
de textos reúne el conocimiento antiguo con la maestría moderna,
acercando a Oriente y Occidente en la búsqueda del Ser.

Una cosa sencilla

Eddie Stern

Una cosa sencilla

La ciencia del yoga y cómo puede transformar tu vida

Eddie Stern

Prólogo:
Deepak Chopra

EL HILO DE ARIADNA
Colección ANANTA

Una cosa sencilla. Eddie Stern

Título original: *One Simple Thing: A New Look at the Science of Yoga and How It Can Transform Your Life.* Eddie Stern; prólogo por Deepak Chopra.

North Point Press
Una división de Farrar, Straus and Giroux
175 Varick Street, New York 10014
© 2019 por Edwin Stern
© del prólogo 2019 por Deepak Chopra
© de la traducción: Julia McLean Napier y Zaira Valerin Mercanti
© Fotografía de tapa: Lucila Heinberg

© de los derechos para Argentina, Chile, Uruguay y Paraguay:
ELHILOÐARIADNA
Cabello 3791 Piso 3.º Oficina M, Ciudad Autónoma de Buenos Aires
t. (+54 11) 4802–2266 / info@elhilodeariadna.org
editorialelhilodeariadna.com.ar

Primera edición: febrero de 2020
ISBN: 978-987-3761-50-8
Impreso en la Argentina / Printed in Argentina
Queda hecho el depósito que previene la ley 11.723

Directores de la editorial: **Leandro Pinkler y María Soledad Costantini**
Director comercial: **Facundo De Falco**
Colección a cargo de: **Julia Napier**
Diseño de colección: **Daniela Coduto, María Soledad Costantini**
Diseño de interior y de tapa: **Daniela Coduto**
Corrección: **Recursos Editoriales**
Coordinadora editorial: **Claudia Deleau**

Stern, Eddie
  Una cosa sencilla : la ciencia del yoga y cómo puede transformar tu vida / Stern, Eddie. - 1a ed . - Ciudad Autónoma de Buenos Aires : El Hilo de Ariadna, 2020.
    320 p. ; 22 x 16 cm. - (Ananta)

    Traducción de: Julia Napier ; Zaira Valerin Mercanti.
    ISBN 978-987-3761-50-8

    1. Filosofía Yoga. I. Napier, Julia, trad. II. Valerin Mercanti, Zaira, trad. III. Título.
    CDD 181.45

Para mi Reina y mi Bella

ÍNDICE

Prólogo

por el Dr. Deepak Chopra

A primera vista, parece peculiar que la mente sea un problema, y todavía más peculiar que la mente sea un problema de la mente. Pero existe abundante evidencia del sufrimiento mental en la sociedad moderna (una estadística revela que desde 2010 se duplicó la cantidad de norteamericanos que se encuentran bajo un tratamiento prolongado con antidepresivos, y millones más realizan tratamientos prolongados para la ansiedad). Cualquier solución que sea capaz de poner un fin al sufrimiento mental será recibida con esperanza y alivio, o eso pensaríamos.

La mente es tan propensa a perderse en sí misma que las consecuencias de esta pérdida de orientación pueden conducir a una identidad confusa, conflictiva y oscura. Cuando Rumi pregunta "¿Quién soy yo en el centro de este tránsito de pensamientos?" habla por cada uno de nosotros en la sociedad moderna. Esta confusión absoluta de la mente es alarmante, y no vamos a encontrar una solución al sufrimiento al tirarnos de cabeza a la marea de pensamientos.

Este libro esclarecedor, amplio y elocuente sobre el yoga ofrece un enfoque optimista para terminar con el sufrimiento de la mente. No se dedica meramente a la cualidad sanadora del yoga. A lo largo de los capítulos, brinda abundante información sobre la filosofía subyacente del yoga, su universalidad, su potencial para ayudar a los hambrientos y los marginados que se encuentran atrapados por los peores sufrimientos (incluso en las poblaciones carcelarias). Pero la esencia del mensaje es la sanación a través de "una cosa sencilla": la práctica regular y dedicada del yoga.

Recibir la sanación es difícil, y la sanación mental es la más ardua de todas. Rumi se enfrentó a una mente atestada de pensamientos aparentemente erráticos, y nuestro escenario mental de hoy en día, distraído por los video juegos, las redes sociales e Internet, hubiera sido impensable en la Persia medieval o la India antigua. Tanto Rumi como todas aquellas personas que han despertado saben que la gente pasará una vida entera en la negación, asustada de sus propios impulsos y deseos y –al mismo tiempo– condicionada por ellos, completamente convencida de que los aspectos oscuros de la psique deben ser reprimidos y encubiertos por la conformidad social.

Cuando William Blake caminaba por las calles de Londres del siglo dieciocho, las "marcas de la debilidad, las marcas del infortunio" que vislumbraba en la muchedumbre eran el resultado de "los grilletes forjados por la mente", una frase inolvidable que ha perdurado en mi mente durante tres décadas. Cuando la mente es, al mismo tiempo, la cárcel y la prisionera, encontrar una solución para el sufrimiento parece enormemente dificultoso. Incluso motivar a las personas a intentarlo es abrumador.

Eddie Stern, con su amplia experiencia como profesor de yoga y orador, posee un gran conocimiento en relación con la motivación de sus alumnos actuales y de los potenciales. A un nivel personal, esta puede ser la parte más convincente del libro, al construir un puente entre la India de los *rishis* de antaño y el mundo moderno secular. En la actualidad, el yoga se encuentra en la cresta de su popularidad, pero las modas son pasajeras, y Stern sabe que a menos que exista algo más que una clase regular de yoga, a menos que se contemple una visión completa del potencial que alberga el yoga, existe un riesgo muy real de que el yoga sea un fenómeno transitorio.

La visión profunda es la del yoga como unión, lo que significa superar la concepción de un ser dividido. La separación es lo opuesto a la unión, y la separación en su máxima expresión es aquella que todos padecemos: la mente separada de su naturaleza esencial. Puedes abordar este asunto desde diferentes ángulos, y este libro consigue hacerlo hábilmente. Un riñón, el corazón o las células del pulmón ya se encuentran unificados en su estado natural. Las células no dudan de su propia existencia. Funcionan holísticamente y nos ofrecen un modelo para la vida, un fluir de energía e inteligencia. La conexión entre la mente y la biología forma una trama muy consistente en las enseñanzas de Stern sobre el yoga.

También podemos prestar atención a otros alarmantes signos de separación: las relaciones problemáticas, el desacuerdo social y todas las formas de comportamiento autodestructivo, que incluyen las adicciones y otros desórdenes del estilo de vida que son prevenibles y que las personas tienden a exacerbar, en vez de ayudarse a sí mismas a curar. Pero al final, es el conflicto del ser dividido en oposición a sus supuestas dualidades lo que el yoga enfrenta. La mente no se volvería una enemiga si el ser no se considerara dividido; nosotros no abandonaríamos el cuerpo como algo ignorado, anulado o avergonzado (excepto por aquellos dotados de cuerpos espléndidos y bellos; pero incluso estos deben enfrentar el paso del tiempo y el envejecimiento).

Uno de los principios más importantes del yoga es que el nivel de la solución no se encuentra al nivel del problema. Mientras nos mantengamos en el estado de separación del ser, seremos dominados por él. Solo hay tres actitudes que podemos tomar ante el sufrimiento de la mente:

tolerarlo, solucionarlo o alejarnos. Desafortunadamente, las tres están destinadas al fracaso, y por la misma razón. La mente que intenta tolerar, solucionar o alejarse del sufrimiento es la misma mente que ha sido dividida por el estado de separación. Una mente fragmentada es como Humpty Dumpty, cuya caída es malinterpretada. Ni todos los hombres o caballos del rey pueden reparar un huevo que se ha roto, de esto no hay duda. Pero Humpty Dumpty no puede repararse a sí mismo, y esto es lo que representa el problema real.

El yoga resuelve este dilema al establecer ciertas verdades que se manifiestan a través de la práctica del yoga y la meditación. Ya hemos hablado de la primera, que señala que el nivel de la solución no está al nivel del problema. Aquí presento algunas otras verdades, tal como las entiendo:

El nivel de la solución es la consciencia, cuya naturaleza intrínseca es completa, íntegra e indivisible.

La consciencia, al ser la fuente de la creación, está siempre presente en su forma pura y completa.

Cuando la mente experimenta su origen en la consciencia pura, las soluciones brotan, no a través del esfuerzo por terminar con el sufrimiento, sino mediante el estado de integridad; sin necesidad de intervenciones, motivaciones o reflexiones externas.

El cuerpo, el cerebro, la mente y el universo son diferentes modalidades de la consciencia. Cada modo tiene capacidad de autorregulación, así también la totalidad. Una célula tiene la capacidad de mantenerse viva y prosperar en un estado de perfecto equilibrio. Lo mismo se repite en cada área de la naturaleza.

Cuando la autorregulación falla, la causa primordial es la pérdida de contacto con la consciencia. Al experimentar la consciencia pura, la autorregulación se recupera. El cuerpo, el cerebro, la mente y el universo regresan a su estado integrado.

Sé que practicar yoga para que el universo regrese a su estado natural suena descabellado, y esta afirmación es muy vasta para ser explorada en una página o dos. Pero cuando el yoga nos devuelve a nuestra fuente y nos permite experimentar ese estado iluminado, la única alternativa es que la realidad (como llamamos al universo) cambie junto con todo lo demás.

A pesar de su actual popularidad, el yoga en la India está enredado con particularidades aburridas, controversia filosófica, interminables discusiones acerca de los textos antiguos, profesores y sistemas que compiten entre sí, y así sucesivamente. Admiro profundamente a Eddie Stern por aportar claridad y compasión a este caos profano; el futuro depende de estas dos cualidades. En su totalidad, este libro es la manera más amable y accesible para abarcar el yoga en todo su potencial. En tanto que los humanos tengamos un potencial infinito –otra afirmación sobre la consciencia– el yoga despliega un campo de posibilidades que de otra manera permanecería inaccesible para el ser dividido. Stern nos ayuda a no olvidar nuestro potencial inexplorado, lo que puede ser la naturaleza central de su enseñanza y de su vida.

Una cosa sencilla

Introducción

En la primavera del año 2010, un investigador y terapeuta corporal llamado Marshall Hagins vino a visitar mi escuela de yoga en el SoHo, Nueva York. Me preguntó si me interesaría diseñar un protocolo de yoga para un estudio científico que buscaba analizar la posibilidad de que el yoga tuviera un impacto positivo en la hipertensión de los afroamericanos. Veintidós años antes, yo había decidido no ir a la universidad para viajar a la India, y desde entonces había dedicado la mayor parte de mi vida a regresar allí para estudiar, practicar y leer todo lo referido al yoga. Me sentía muy a gusto con el yoga, pero no tenía ni la más pálida idea respecto a los principios básicos de la ciencia. Frente a mí había una persona muy inteligente, que pensaba que yo sabía algo y que necesitaba mi ayuda. Así que, con o sin conocimiento científico, por supuesto que dije "¡Sí!". No me imaginaba que esta reunión cambiaría el curso de mi dedicación a estudiar y memorizar textos antiguos y me llevaría a investigar por qué el yoga funciona tan bien.

¿Cuál es la razón por la cual una persona con dolor de espalda, otra con hipertensión, otra con problemas de digestión y otras que buscan el sentido de sus vidas pueden entrar a la misma clase de yoga, hacer básicamente lo mismo y salir de allí no solo sintiéndose mejor sino también sintiendo que aquello que las angustiaba, o la condición que sufrían, está mejorando? ¿Cómo, al hacer una cosa sencilla –una práctica generalizada de yoga– la gente fue capaz de reducir su estrés, calmar sus dolores corporales, mejorar su función cardiovascular, reducir su medicación para la diabetes, sentirse más feliz, enojarse menos y mejorar su descanso y su digestión? De alguna manera, si tiene la posibilidad, el cuerpo sabe cómo corregir los desequilibrios. Y más interesante aun, era evidente que las posturas del yoga no tenían que ejecutarse "bien" o "correctamente" para que estos efectos positivos se manifestasen; tampoco era relevante que alguien fuese flexible o rígido, liviano o pesado, enfermo o saludable: el yoga parecía funcionar igual. Suponía que tenía algo que ver con el sistema nervioso, pero no estaba seguro con qué. Así que comencé a leer, a hablar con médicos y a investigar.

Este libro es, en gran parte, el resultado de esa investigación (de eso, y de treinta años de práctica). En mis conversaciones con los médicos, aprendí acerca de la presentación del sistema nervioso que hace la cultura occidental. Yo estaba familiarizado con lo que decían los antiguos textos yóguicos sobre el sistema nervioso, y podía buscar las correlaciones, hacer suposiciones y luego discutir estas similitudes con los médicos. Siempre intenté verificar si lo que ellos sentían respecto a lo que yo decía les sonaba válido, y lentamente, las ideas que presento en este libro comenzaron a pulirse. Recurrí a la maravillosa investigación llevada a cabo por el Dr. Stephen Porges, la Dra. Shirley Telles, la Dra. Bethany Kok y muchos otros. A lo largo de este libro, me referiré a sus trabajos para arrojar luz sobre cómo la ciencia entiende el yoga como una práctica efectiva para la autorregulación del sistema nervioso.

Mientras estudiaba, dos preguntas candentes se desplegaban en mi mente:

1. ¿En dónde se encuentran la consciencia y la biología? ¿Acaso la consciencia se refleja a través de nuestra constitución biológica, o es nuestra biología, en realidad, la consciencia manifestándose?

Somos seres humanos, después de todo, y los yoguis usaban el cuerpo (que es biológico) para viajar hacia adentro, hacia niveles "más profundos" de consciencia. Por lo tanto, parecería que el cuerpo y la consciencia están entrelazados de alguna manera.

2. ¿Es la felicidad una experiencia psicológica? Es decir, al buscar descubrir quiénes somos profundamente a través de las prácticas yóguicas que involucran el cuerpo, la respiración y la mente, ¿podemos encontrar en nuestro interior la paz y la felicidad que existen en nuestra composición fisiológica, profundas y perennes? Me parecía que, dado que en el yoga usamos el cuerpo en todos sus posibles aspectos, la felicidad no podía ser simplemente una construcción mental, sino una *parte integral de nuestra constitución física y que se puede hallar en los mecanismos internos de nuestros cuerpos.* Quizás la trascendencia se encuentre más allá de los reinos del cuerpo, pero ¿qué sucede con la mera felicidad y la tranquilidad de saber quiénes somos? La felicidad como un constructo mental parece ser una imposibilidad. No podemos sostener un pensamiento en nuestras mentes por más de un segundo o dos. Entonces, ¿cómo podemos sostener *mentalmente* la felicidad? La felicidad quizás exista en algún lugar más profundo. En los sistemas de pensamiento hindúes, la felicidad no equivale al placer, sino al significado o el propósito. No es la felicidad lo que buscamos, sino la experiencia de nuestro propio ser esencial. Nos buscamos a nosotros mismos. ¿Es esto experimentado en nuestra fisiología? ¿O acaso la mente y el cuerpo forman un continuo, de manera que sentimos una experiencia integrada del ser porque no hay distinción entre cuerpo y mente?

Estas preguntas son, en gran parte, mi punto de partida. Y, en realidad, el sistema nervioso es una parte integral y un componente fundamental de mi exploración. Los antiguos yoguis enseñaban que la ciencia del yoga no se trata de la perfección de las posturas, sino de la perfección de la relación entre cuerpo-mente-espíritu, de manera que uno pueda comprender los profundos misterios del ser. Estas enseñanzas, sumadas a las de mi gurú del sur de la India, propulsaron mi camino y mi continua fascinación por estos temas. Lo que contiene este libro son exploraciones sobre las ideas yóguicas y la investigación científica acerca de los mecanismos neurobiológicos subyacentes que ayudan a explicar cómo y por qué el yoga tiene un impacto general positivo en nuestros cuerpos, nuestras mentes y en el mundo, y cómo podemos encontrar felicidad, significado y propósito en él.

I

¿QUÉ ES EL YOGA?

Si existe una práctica espiritual que ha sido objeto de burlas, parodias y estereotipos en Occidente, esa es el yoga. ¿Y por qué no? Los yoguis occidentales somos un blanco fácil para las burlas. Con nuestros rodetes, nuestras calzas carísimas, las semillas de chía, los batidos verdes, las alfombrillas de yoga colgando de los hombros, los retiros extensos, los cristales, el "namasteo", el om y el sentarnos en postura de loto en cualquier lugar; hay abundante material para elegir si quieren burlarse de nosotros. Hace cientos de años, los yoguis de la India también eran burlados y denigrados, durante el período de ocupación inglesa y por los primeros viajeros que no habían visto nada parecido.[1] Narraciones muy tempranas, como la de John Ovington en 1689, describen las "posturas dolorosas y antinaturales" de aquellos cuerpos untados con cenizas que pertenecían a los filósofos mendigantes conocidos como faquires, una denominación de los ascetas persas que

---

1. Sebastien Manrique, *Travels of Fray Sebastien Manrique 1629-1643*, vol. 1. New York: Routledge, 2016.

fueron agrupados en la misma categoría que los yoguis hindúes. La orden armada y organizada de los Naga Sannyasis[2] desplegó un violento desafío contra la hegemonía de la East India Company y, desde mediados del 1700 hasta principios de 1800, los Naga Sannyasis y los faquires musulmanes organizaron rebeliones y ataques contra la East India Company en Bengala, lo que con el tiempo generó severos ajustes en todas las organizaciones ascéticas.[3]

Los occidentales agruparon a los nagas, los faquires y los yoguis (de órdenes más amigables) en una misma categoría de ascéticos violentos y peligrosos, y esta puede ser una de las razones por la cual el yoga perdió su popularidad en la India de aquella época, en los siglos XVIII y XIX. Sin embargo, incluso si los yoguis eran considerados peligrosos, así como canallas sucios y mentirosos (y hay ejemplos de esta visión todavía hoy), la práctica y los principios filosóficos del yoga de alguna manera lograron sobrevivir este período complicado en la India, y resurgieron gracias a Sri Krishnamacharya,[4]

---

2. Ver el fascinante libro de Ananda Bhattacharya: *A History of the Dasnami Naga Sannyasis*.
3. David N. Lorenzen, "Warrior Ascetics in Indian History", *Journal of the American Oriental Society* 98, Nº 1 (enero-marzo 1978), 61-75. https://www.jstor.org/stable /600151?origin=crossref&seq =1#page scantab_contents [6/11/2019].
4. La publicación del *Yoga Makaranda*, de Krishnamacharya, en 1934 –escrito por el mandato del maharajá de Mysore– fue principalmente dirigida a revitalizar la práctica del yoga, que fue desapareciendo de India por la influencia de Occidente. "Nuestros jóvenes, quienes tienen la habilidad y la inteligencia necesarias para competir con los foráneos, podrán, estoy seguro, revivir y elevar nuestra cultura".

Swami Sivananda[5] y el pasaje del yoga hacia Occidente a fines del siglo XIX. Desde 2014, con el Primer Ministro Narendra Modi –un ávido promotor y practicante del yoga– al timón de la India, la cuna del yoga ha comenzado a tener mayor peso en el escenario mundial.[6] La sugerencia de Modi de crear un Día Internacional del Yoga para promover la armonía mundial y la paz interior y exterior fue apoyada por cada país de las Naciones Unidas, y ha ayudado a la India a recuperar su lugar de preponderancia en el mundo del yoga. Aunque algunos dicen que la India nunca perdió su contacto con el yoga, a finales de los ochenta pasé mucho tiempo viajando del norte al sur de la India buscando profesores de yoga, y encontré muy pocos. En 1990 había solo dos o tres escuelas de yoga en Mysore; en la actualidad, hay cerca de cincuenta. Mysore hoy es considerada una de las capitales del yoga

---

5. Swami Sivananda, de Rishikesh, realizó dos tours alrededor de toda India para diseminar el conocimiento del yoga y la espiritualidad. En 1950 viajó al norte y al sur de India, así como a Sri Lanka (antes llamado Ceilón), visitando a millones de personas a lo largo del camino. Sus anotaciones están registradas en *Sivananda's Lectures During All India and Ceylon Tour, 1950*, editado por Swami Venkatesananda (Rishikesh, India: Divine Life Publications, 2009).

6. Annie Gowen, "India's New Prime Minister, Narenda Modi, Aims to Rebrand and Promote Yoga in India", *Washington Post,* diciembre, 2014: "Shripad Yesso Naik, el nuevo ministro del yoga de la India, sueña con el día en el que los saludos al sol y la postura del perro que mira hacia abajo sean tan populares en su país como lo son en el resto del mundo". http://www.washingtonpost.com/world/asiapacific/indias-new-prime-minister-narendra-modi-wants-to-rebrand-and-promote-yoga-in-india/2014/12/02/7c5291de-7006-11e4-a2c2-478179fd0489story.html?utmterm=.0e4cd7edc2a3 [6/11/2019].

en la India, y esto se debe en gran parte a la influencia de Pattabhi Jois. El escenario del yoga en la India ha cambiado dramáticamente.

El yoga llegó a Estados Unidos en el siglo XIX y se incorporó considerablemente a nuestra cultura. Aunque al principio los norteamericanos estudiaban los textos yóguicos –Ralph Waldo Emerson amaba la *Bhagavad Gita*– muy pocos practicaban yoga. Sin embargo, en el breve período de un poco más de doscientos años, millones de millones de personas de todos los ámbitos de la sociedad comenzaron a practicar yoga, y no solo aquellos que pertenecían a algún camino espiritual en particular (en 2017 se estimó que 36 millones de habitantes de los Estados Unidos practicaban algún tipo de yoga). Es practicado por niños en las escuelas, por ancianos sentados en sillas, por personas que están en prisión, por aquellos que sufren TEPT (trastorno por estrés postraumático), por pacientes en hospitales y por personas que simplemente tienen una gran carga de estrés en sus vidas.[7] El yoga es un amparo, libre de prejuicios.

Y también es importante reconocer que, en este momento, en los Estados Unidos nos encontramos en el centro de un importante choque de culturas. En la década del sesenta tuvimos el encuentro de Oriente con Occidente y el movimiento hippie, una generación de jóvenes que intentaron liberarse de las cadenas de la austeridad de la guerra y de los ideales restrictivos de sus familias. He observado el crecimiento del yoga durante los últimos treinta años, y ahora podemos

---

7. Una búsqueda rápida en Internet te mostrará listas de muchas organizaciones que proveen estos servicios. La David Lynch Foundation, por ejemplo, se especializa en enseñar Meditación Transcendental a veteranos de guerra, a mujeres rescatadas de la trata de personas y a niños en las escuelas, solo por nombrar una organización.

decir que Occidente fagocitó a Oriente, y que el abrazo libre a la espiritualidad ha virado bruscamente hacia un choque de cabeza con el consumismo, exactamente lo opuesto a lo que se supone que el yoga promete y ofrece. La India, en especial bajo la tutela del Primer Ministro Modi, ha comenzado a reclamar el yoga como parte de su herencia cultural, un legado legítimo. Pero mientras tanto, el Occidente ha adoptado al yoga como uno de sus hijos, y el yoga en los Estados Unidos se ha incorporado a la vida cotidiana de las maneras más inusuales, que incluyen la secularización de una práctica contemplativa.

Resulta muy difícil para mí separar la antigua cultura india (o hindú) de la práctica del yoga, y no estoy seguro de que convertir una práctica contemplativa y mística en una rutina de ejercicios físicos absolutamente secular sea una buena idea. Si removemos el aspecto contemplativo del yoga de su práctica, ¿puede en verdad seguir llamándose yoga?[8] Por otro lado, se ha comprobado que el yoga trasciende las religiones y las creencias religiosas, y se sabe que tanto las personas de distintas religiones como aquellos que no se consideran religiosos lo practican porque calma sus mentes, reduce el estrés y les aporta claridad interior. Un pastor que practica en mi escuela utiliza el momento en el que realiza la respiración profunda, al final de su práctica, para reflexionar sobre su sermón del domingo; un rabino encuentra en su práctica ese espacio de quietud que no encuentra en

---

8. Por ejemplo, en 2015 en Encinitas, California, se llevó adelante un juicio que buscó distinguir entre el yoga como una práctica de bienestar social/emocional y una práctica religiosa: *Steven Sedlock et al. v. Timothy Baird et al.*, Court of Appeals, Fourth Appellate, Division One, State of California, D064888, 3 de abril, 2015. https://cases.justia.com/california/court-of-appeal/2015-d064888.pdf?ts=1428084026 [6/11/2019].

las plegarias. La tradición judeocristiana tiene múltiples ramas, en las que se busca un vínculo directo con lo divino, pero las ramas místicas son, con frecuencia, vistas como movimientos alternativos. Las tradiciones orientales no hacen distinción entre lo mundano y lo sagrado. El yoga, el ritual y la tierra fueron vistos como una unidad, y sus esencias fueron místicas hasta la médula. A menudo, olvidamos que existe una diferencia entre la religión y el misticismo, entre el dogma y la contemplación. Y es precisamente allí donde el yoga se destaca. Es un misticismo accesible. Es instantáneamente contemplativo, desde el primer momento en el que te recuestas y descansas profundamente después de tu práctica.

Aunque algunos elementos del yoga están profundamente entrelazados con la tradición hindú, otros no. En los textos antiguos encontramos algunos indicios de que, como práctica, el yoga transciende la cultura, el tiempo, el espacio y lo que ahora llamamos religión.[9] Aunque el yoga pertenece a la India, y está arraigado en los sistemas de pensamiento hindúes, se ha comprobado que es muy adaptable, y que es practicado en cada continente por personas de distintos orígenes y diferentes perspectivas culturales. Lo extraordinario de esto es que de las millones de personas que practican yoga con regularidad, muchas obtienen los mismos resultados: se sienten mejor y con mayor claridad mental, están más saludables y, en muchos casos, sienten un propósito claro en sus vidas. Esto es un indicio de lo que fue la base de la tradición hindú (llamada el sendero eterno, o Sanatana Dharma)

---

9. Ver en *Yoga Sutras* 2.31: "Sin embargo, las restricciones se convierten en un gran voto cuando se tornan universales, y son irrestrictas en relación con la clase social, el país, el tiempo o el deber (en cualquier persona)" (*Jātideśakālasamayānavichhinnāh sārvabhaumā mahāvratam*).

antes de recibir el nombre de hinduismo. Más allá de las deidades y de la reencarnación, el hinduismo se nutre de la idea de que cada ser tiene un propósito esencial, y que debemos esforzarnos por vivir de tal manera que ese propósito se realice a lo largo de nuestras vidas. La forma en que yo veo el yoga parte desde esta perspectiva.

En este mundo hay tantas cosas que nos dividen, como la política, la religión, los deportes y todas nuestras opiniones, ideas y juicios personales. Es raro encontrar algo que nos conecte entre nosotros. El yoga es una de esas cosas. Tiene la habilidad de ayudarnos a superar esas distinciones partidarias porque brinda claridad mental, compasión, empatía, amabilidad, amor y cuidado desde sus raíces; son emociones y estados mentales que trascienden la religión, las distinciones y las cosas que nos separan de los demás. Son las cosas que nos conectan, o que nos recuerdan nuestra capacidad de conexión, a diferencia de las cosas que nos dividen. Por supuesto, no siempre vemos esto reflejado en el mercado del barrio; pero en los resultados que experimentan las personas que practican yoga, los beneficios son fundamentalmente los mismos. Esto me resulta muy interesante, y es una de las razones que me llevó a preguntar: "¿Cuál es el mecanismo intrínseco que permite que el yoga funcione para tantas personas distintas, independientemente del tipo de yoga que practiquen?".

LA PALABRA *YOGA*

La palabra *yoga* tiene muchos significados. Algunos de ellos son: "unión", "concentración", "un camino" y "relación". La palabra deriva de la raíz verbal *yuj*, que significa "ligar o unir", y esta es la razón por la cual se la asocia, con frecuencia, a la idea de unión. El gramático de sánscrito antiguo, Panini, escribió que había dos maneras de definir la palabra *yoga*, según su uso. La primera es *yujir yoge*, que describe el acto de unir o ligar: por ejemplo, la unión de un buey a un carro. En las primeras enseñanzas del antiguo canon del Sanatana Dharma, los Vedas, la palabra *yoga* tenía este sentido. Pero para la práctica del yoga, que fue clasificada como una disciplina espiritual en los años posteriores, durante la era de los Upanishads (800-500 a. C.), la derivación correcta es de *yuj samadau*, lo que significa, aproximadamente, que el yoga es una forma especial de concentración, que se denomina *samadhi*.[10] *Samadhi* significa "absorción", y describe la tendencia natural de la mente de ser absorbida por las cosas, ya sean pensamientos, objetos, trabajo, ideas, un interés romántico o metas. Si hablamos de cómo la mente se puede absorber por búsquedas espirituales, se dice que la mente toma la forma de aquello que contemplamos, y con el tiempo, ese profundo nivel de absorción nos lleva al discernimiento y a la experiencia de nuestra verdadera naturaleza. En el nivel más profundo del samadhi, uno obtiene conocimiento del propio ser interior.

La concentración

Hace alrededor de 1200 a 2000 años, un sabio (*rishi*) llamado Patanjali recolectó las enseñanzas existentes del yoga y las sistematizó en forma de sutras. La forma de autoría del sutra implica que el autor no creó un sistema y escribió una obra original, sino que compiló las

---

10. Patañjali, *Yoga Philosophy of Patañjali: Containing His Yoga Aphorisms with Vyāsa's Commentary in Sanskrit and a Translation with Annotations Including Many Suggestions for the Practice of Yoga*, comentado por Swami Hariharānanda Āraṇya. Albany: State University of New York Press, 1983, 3.

enseñanzas, las prácticas y los métodos que ya existían, agrupándolos o codificándolos bajo un encabezado. Existen seis escuelas filosóficas en el hinduismo, y cada una incluye sutras que contienen su sabiduría.[11] Para el yoga, el texto es el *Yoga Sutra* de Patanjali, y comprende 196 sutras. Un sutra es una oración breve, unas pocas palabras que abarcan un enorme significado. Los comentarios que ofrecen los otros sabios y santos completan los detalles y desarrollan los puntos más refinados de lo que el sutra realmente dice, porque con frecuencia son bastante difíciles de comprender de forma literal.

Patanjali explica en su *Yoga Sutra* que el *samadhi*, el estado más elevado de concentración, es un término técnico para la habilidad innata de la mente de ser absorbida por su objeto de contemplación. La obra de Patanjali no solo es la única presentación del yoga, sino que además es una de las más completas. Otras presentaciones del yoga que vinieron luego de Patanjali tienen diferentes finalidades, pero todas tienen una cosa en común: concretamente, la idea de que para poder alcanzar tus metas necesitas ser capaz de enfocar tu mente en algo. Patanjali define *yoga* en el segundo sutra de su libro como la habilidad de eliminar selectivamente todos los pensamientos inoportunos o los movimientos que ocurren en la mente y elegir dónde quieres que esté tu mente, o hacia dónde quieres enfocarla.[12] Como me dijo mi profesor de sánscrito Vyaas Houston, el *Yoga Sutra* nos ofrece un mapa de ruta hacia la consciencia interior. Estos breves y concisos aforismos, que albergan un enorme significado, nos guían hacia capas más y más profundas de nuestra mente, nuestra consciencia y nuestra

---

11. La seis son: Brahma Sutras, Yoga Sutras, Purva Mimamsa Sutras, Vaisheshika (o Kanada) Sutras, Sankhya Karika y Nyaya Sutras.

12. *Yogaschittavritti nirodhah, Yoga Sutras* 1.2.

realidad. Muchas de las enseñanzas que contienen los sutras –muchas de las cuales discutiremos en este libro– siguen siendo increíblemente relevantes para nosotros hoy. ¿A qué se debe esto? A que, creo, la mente que tenemos hoy no es tan distinta a las mentes de las personas de hace dos mil, o incluso cinco mil años atrás. Sufrimos, luchamos, experimentamos dicha y deseo, y preguntamos, investigamos. La búsqueda de conocernos a nosotros mismos, de cuestionar quiénes somos y lo que estamos haciendo aquí no es nueva para nosotros; realizar estas preguntas es, de hecho, una parte intrínseca de nuestra naturaleza, y es su impulso lo que llevó a las personas a crear sistemas de yoga miles de años atrás, y ese mismo impulso lleva a muchos a practicarlo hoy.

Los comentarios más tempranos del *Yoga Sutra* fueron escritos por el antiguo sabio Vyaas (un Vyaas diferente de mi profesor de sánscrito). En su comentario, describe cómo la mente posee cinco patrones básicos, o estados.[13] Podemos ver con claridad que estos cinco patrones no han cambiado para nada en estos dos mil años. Los primeros dos estados no son propicios para la práctica del yoga, pero los últimos tres sí lo son. Sin embargo, solo los dos últimos estados favorecen el samadhi, o la completa concentración. Podemos describir estos estados como:

1. inquieto
2. aturdido
3. distraído
4. unidireccionado
5. totalmente inhibido

---

13. Patañjali, *Yoga Philosophy of Patañjali,* 1.

Una persona con la mente agitada nunca querrá practicar yoga, porque no podrá mantenerse enfocada durante ningún período de tiempo. La mente salta de aquí para allá, nunca se encuentra fija ni siquiera por un momento, como si padeciera un Trastorno de Déficit de Atención (TDA). Conozco a muchas personas con TDA que son muy productivas y exitosas, pero tienen problemas con la práctica del yoga de forma consistente, y con frecuencia encuentran que las prácticas como la Meditación Trascendental (MT) son más accesibles para ellas. Una persona con una mente aturdida está obsesionada con sus problemas, y rumia, da vueltas y se mortifica con sus pensamientos. Todos hemos experimentado un problema, un conflicto, una pena o una decepción que se convierte en la única cosa en la que podemos pensar, a veces hasta el punto de que nuestra familia o nuestros amigos nos sacuden y nos dicen "¡Supéralo de una vez!". La mente aturdida la pasa muy mal en cualquier tipo de práctica contemplativa, o al hacer cualquier cosa, en realidad, a excepción de obsesionarse con sus propios problemas. El trastorno obsesivo compulsivo es un ejemplo extremo de una mente aturdida.

La mente distraída –una extraña descripción de la mente de un practicante espiritual– es el estado de la mente de la mayoría de aquellos que practicamos yoga. Somos capaces de concentrarnos por breves períodos de tiempo, pero enseguida volvemos a la distracción. Este es un estado de la mente que casi todos los practicantes de yoga conocemos bien: podemos mantenernos enfocados por un rato, y luego nuestra mente empieza a deambular; y una de las actividades básicas que entrenamos en nuestra práctica de yoga es la posibilidad de regresar al lugar de inicio, y es alcanzable incluso para una mente propensa a la distracción. Este es uno de los sellos distintivos de la mente distraída, que puede estar calma durante un momento e inquieta al instante siguiente. Ese cambio de estado que ocurre en la distracción es también el estado que nos enseña cómo empezar a aprovechar el poder de la atención:

tenemos la opción de trabajar en sujetar a la mente cuando empieza a estar inquieta. Las personas con este tipo de mente han experimentado tanto la calma como la distracción, y les gustaría fortalecer su habilidad para permanecer en un estado más calmo y relajado. Es por esto que se dice que la mente de una persona que viene a practicar yoga está predominantemente en este tercer estado, el estado distraído. Si te identificas como una persona cuya mente es propensa a la distracción, entonces tengo buenas noticias: ¡eres el perfecto candidato para el yoga!

Los últimos dos estados de la mente –unidireccionado y totalmente inhibido– son el terreno en el que el samadhi puede manifestarse. Según las palabras de Swami Hariharananda: "Debemos tener en cuenta que nuestra debilidad mental es solo nuestra incapacidad para retener nuestras buenas intenciones fijadas en la mente; pero si las fluctuaciones de la mente son superadas, debemos ser capaces de mantenernos sujetos a nuestras buenas intenciones y, por lo tanto, adquirir el poder mental. Mientras crezca nuestra calma (mental), también crecerá este poder. El pináculo de esta calma es el Samadhi".[14] Particularmente, me gusta esta cita, porque la idea es clara: el yoga no se trata de restringir la mente a un estado fijo de atención, o el cuerpo a una postura complicada; se trata de la serenidad y de llenar la mente con un estado natural de bondad. Es una característica natural e intrínseca que ha sido cubierta por un exceso de pensamiento. A veces, cuando me siento a meditar, no hago nada más que sentir o percibir ese estado genuino de bondad que existe dentro de mí. Como muchas personas, me juzgo a mí mismo con excesiva severidad; prefiero la crítica antes que los elogios porque prefiero superarme a mí mismo hasta un punto de perfección, y escuchar lo que anda bien

---

14. Ibíd., 8.

solo se interpone en el camino del progreso. Pero no todo necesita ser arreglado; a veces, es bueno dejar que las cosas simplemente sean como son. De manera que cuando me siento a meditar y percibo esa bondad genuina que vive en mí, efectivamente me inunda una sensación de calma. Es una sensación reconfortante, porque desde este punto de vista, la bondad no es un estado que intentamos ser u obtener, sino algo que ya está aquí. Simplemente, debemos permitir que esté un poco más presente.

En los dos últimos estados de la mente de la lista de Vyaas, el unidireccionado y el totalmente inhibido, ocurre el samadhi, también conocido como "el estado del yoga". En el estado unidireccionado, puedes depositar tu atención en cualquier objeto que elijas contemplar, puede ser tu respiración, un mantra o cualquier cosa, por el tiempo que desees. No es una hazaña sencilla. Es dificultoso mantener la mente en una sola cosa, incluso por pocos segundos. En el estado totalmente inhibido, o detenido, no hay pensamientos, no hay fluctuaciones, y tampoco hay ningún objeto separado de ti en el que puedas apoyar tu mente. El sujeto y el objeto dejan de existir, habilitando la experiencia de una consciencia sin punto fijo. Donde quiera que mires, escuches, huelas o toques, solo hay consciencia. En los estados profundos de samadhi, ya no existen los objetos; solo permanece el sujeto. Esto se llama *vishesha*, o lo que queda luego de que todos los objetos cambiantes del mundo ya no tiñen nuestra experiencia. A veces, esto se describe como "consciencia de unidad".

El yoga como camino

El maestro del sur de la India, Sri K. Pattabhi Jois, escribió que la palabra *yoga* tiene diferentes significados. Algunos de ellos son: "relación", "medio", "unión", "conocimiento", "materia" y "lógica".[15] Él fue excepcional al definir la práctica del yoga según uno de los sutras de Patanjali, el sutra 2.26, que indica que el yoga es *upaya*, un camino.[16] ¿Qué tipo de camino es? Uno que pone fin a la confusión de la mente, a través de una forma especial de discernimiento mental que nos guía hacia el autoconocimiento, una discriminación que nos permite distinguir la consciencia de la película que creamos sobre nuestras vidas, los pensamientos y los deseos que proyectamos en su pantalla. La práctica del yoga, por ende, es el medio de liberación del pensamiento condicionado.

Jois escribe:

Por ahora, digamos que el significado del yoga es *upaya*, lo cual quiere decir sendero, o el camino que seguimos o el medio por el cual alcanzamos algo. ¿Cuál es, entonces, el camino que deberíamos seguir? ¿Qué o a quién deberíamos tratar de alcanzar? La mente debe tratar de alcanzar lo más enaltecido [...] De esta forma, el camino de establecer la mente en el Ser se debe conocer como yoga.[17]

La idea de upaya está estrechamente unida al concepto de relación que Jois menciona primero en su definición del yoga. Ya que –mediante la práctica del yoga y otras prácticas contemplativas– accedemos a una relación íntima con nuestro cuerpo, respiración, mente, emociones y sentido de propósito. Desarrollar esta intimidad con nosotros mismos nos guía hacia la autoconfianza y bienestar en

---

15. Sri K. Pattabhi Jois, *Yoga Mala: Las enseñanzas originales del Maestro del Ashtanga Yoga Sri K. Pattabhi Jois*. Buenos Aires: El hilo de Ariadna, 2017, 37.

16. Vivekakhyātir aviplavā hānopāḥ, *Yoga Sutras* 2.26.

17. Jois, *Yoga Mala*, 37-38.

relación con quiénes somos y lo que estamos haciendo aquí. Esto, naturalmente, nos llevará hacia una pregunta más profunda e importante: ¿Quién soy más allá de la suma total de mis identidades basadas en el cuerpo, las emociones, los pensamientos o las memorias? Estas son las cuestiones importantes de la vida: ¿Quién soy? ¿Qué estoy haciendo aquí? Mi maestra de noveno grado, la señora Jane Bendetson, nos presentó estas preguntas como las más significativas para nuestra autoindagación, y añadió: ¿Qué debería hacer ahora? Estas preguntas son, de hecho, la única cosa interesante que recuerdo haber aprendido en la escuela secundaria.

Ante todo, el yoga es una práctica. Los yoguis consideran que deberíamos practicar yoga de la misma manera en que nos cepillamos los dientes cada día, con la misma disciplina. Mediante la práctica de *asanas* de yoga (posturas) y la respiración, como discutiremos en cada capítulo del libro, limpiamos internamente nuestro cuerpo y fortalecemos los músculos, los huesos, los órganos internos, el sistema nervioso, la mente y las emociones. Un poco de práctica sirve de mucho; no necesitamos practicar durante horas y todos los días, hasta llegar al agotamiento. Solamente tenemos que hacer un poquito de práctica cada día para que se torne una prioridad en nuestras vidas, y hacemos esto hasta que se convierta en un hábito, una parte integral de nuestra rutina diaria, o una parte del ritual que compone el ritmo de nuestra vida. Cualquier práctica, ya sea espiritual, física o artística, solo brinda sus frutos cuando se realiza con regularidad y sinceridad. Uno de los sutras más famosos de Patanjali, 1.14, se trata se esto:

Sa tu dirgha kala nairantarya satkara sevito drdha bhumih.

||||||

La práctica se establece cuando se realiza ininterrumpidamente,
durante mucho tiempo, con devoción.

Quizás más importante que la idea de disciplina es lo que la disciplina crea. El neurocientífico y psicólogo Rick Hanson ha escrito extensamente sobre este tema en su libro *Hardwiring Happiness*, en el que describe las diferencias entre los estados mentales y los rasgos mentales. Con frecuencia, somos víctimas de nuestros estados mentales: ira, celos, juicios, venganza, pereza, apatía, aburrimiento, deseo; y a veces actuamos en base a estos estados, y nos identificamos con ellos. Pero estos estados son transitorios; van y vienen. Sin embargo, una vez que impulsan nuestras acciones, es muy probable que se repitan con frecuencia. Al realizar una práctica regular, empezamos a crear una cualidad mental de consciencia inherente, que es más confiable y más abierta que esos estados efímeros. Mediante la práctica, desarrollamos una cualidad de consciencia intrínseca que es calma, que posee perspectiva y que puede ayudarnos a pausar antes de dejarnos llevar por las emociones abrumadoras.

Desarrollar cualidades mentales saludables es, entonces, la verdadera meta de una práctica dedicada. Patanjali no define la práctica por el nivel de destreza en las posturas de yoga; la define como un medio para crear una cualidad mental de consciencia profunda que nos lleva al discernimiento. Los *estados* cambiantes son aquellos a los que se refería Vyaas cuando hablaba de la mente distraída, y una de las primeras cosas que el yoga nos ofrece es la habilidad para observar los estados transitorios sin perdernos en ellos. Muchos han experimentado que luego de practicar yoga, incluso por un breve período de tiempo, se enojan con menos frecuencia, o se contienen antes de hablar sin reflexionar sobre las repercusiones de sus palabras. Esto se debe a la cualidad intrínseca de la consciencia que comienza a prevalecer por encima de los estados transitorios.

Como sucede con muchas de las ideas yóguicas y muchas palabras en sánscrito, una palabra llevará a otra que invita a todavía más sutilezas de significado. La práctica del yoga tiene una palabra especial asociada con ella, *sadhana*, que describe las técnicas o prácticas que usamos para avanzar hacia el autoconocimiento, la consciencia o la liberación. *Sadhana* a menudo se traduce como "práctica espiritual", y el propósito detrás de la práctica espiritual, en general, es la liberación del sufrimiento: la liberación de la identificación con cualquier cosa ajena a la consciencia. Los sadhanas son los medios que usamos para encontrar la noción de consciencia en nuestro interior, para remover las capas de confusión, las narrativas y los deseos que nos impiden ser quienes somos de verdad.

A. G. Mohan, un influyente profesor de yoga de Chennai, dijo algo maravilloso acerca de las diferentes capas de significado y experiencia, que en la tradición hindú han sido comparadas con las capas de una cebolla. Esta analogía se utiliza a menudo para describir las etapas de la práctica espiritual: continúas pelando y pelando las capas de identificación hasta que solo quede la consciencia. "Pero", dice Mohan, "¿quién es el que peló la cebolla? Aquel que peló la cebolla no desaparece". Sadhana es pelar la cebolla; el que pela la cebolla es nuestro impulso interior a conocer.

Sadhana es el compromiso con transformar nuestras metas espirituales en una prioridad, y crear el tiempo para ellas. Una meta espiritual puede ser:

- Practicar yoga.
- Practicar meditación.
- Practicar la bondad, la gratitud o el perdón.

- Llevar una vida equilibrada.
- Practicar la aceptación y mantener nuestras mentes serenas.
- Ayudar a aquellos que lo necesitan.
- Vivir una vida contemplativa y reflexiva.
- Practicar la paciencia.
- Profundizar la capacidad de escuchar.

Si decimos que queremos cualquiera de estas cosas, pero no tomamos medidas activas para realizarlas, entonces no podemos decir realmente que las queremos. Si yo digo que quiero ser un buen meditador, pero no dedico el tiempo necesario para practicar meditación todos los días, entonces quizás no quiero ser un buen meditador. Las cosas en las cuales invertimos tiempo son las cosas que queremos, y a veces los objetivos o las ideas que tenemos no son reales (son solo ideas que nos suenan bien). En el sadhana, es importante que determinemos: ¿Qué quiero realmente? Y si en verdad lo quiero, entonces invertiré tiempo haciendo eso. Así de sencillo.

No te preocupes por no hacer las cosas que realmente no quieres hacer. Si dices que quieres meditar, pero nunca encuentras el tiempo para hacerlo, entonces es probable que no quieras meditar. Si aceptas que no quieres meditar, entonces no te sentirás mal por no hacerlo, y puedes tacharla de la lista de cosas que crees que quieres hacer, esas cosas que otra gente hace y que suenan muy interesantes pero que, a la hora de la verdad, no son para ti. Entonces puedes reemplazarla por algo que realmente quieras hacer. A veces queremos aprender o practicar algo, pero nos damos cuenta de que es difícil disponer del tiempo para eso (si este es el caso, quizás necesites ejercitar la disciplina, y tolerar algunos obstáculos). En sánscrito, esto se llama *tapas*. Desde aquí surgen la satisfacción, el éxito e incluso la excelencia: de superar el obstáculo de comenzar o finalizar algo en su totalidad. Saber lo que quieres es *sadhya*, o la meta; el sendero que recorremos para llegar allí es upaya, el sadhana.

Como Dice Timothy Ferriss en su libro *Tribe of Mentors*: "La vida castiga el deseo impreciso y recompensa la tarea específica. Después de todo, la reflexión consciente es, en gran parte, preguntarte y responderte preguntas. Si quieres confusión y angustia, realiza preguntas vagas. Si quieres claridad inusitada y resultados, realiza preguntas excepcionalmente claras". Las siguientes tres palabras despliegan el plan concreto, o mapa de ruta, de la práctica espiritual:

1. Sadhya: establecer nuestra meta.
2. Sadhana: nuestra práctica, o el medio para alcanzar la meta.
3. Upaya: comprometernos con el camino.

La meta que elegimos no necesariamente tiene que ser la liberación. El objetivo puede ser simplemente mover nuestro cuerpo durante treinta minutos por día, por razones de salud; puede ser meditar por siete minutos al día para aquietar nuestras mentes; puede ser recitar un mantra 108 veces para expresar nuestra devoción. La meta que elijamos debe ser asequible, de lo contrario, nos desanimaremos. Si puedes elegir una pequeña meta realizable y alcanzarla, entonces poco a poco tus metas se volverán más sutiles. Por ejemplo, la meta puede ser enojarte menos, o no irritarte demasiado por nimiedades. Comenzará a suceder naturalmente una vez que establezcas una disciplina diaria.

Existe otra definición de *upaya* que me gusta mucho, y es una que se utiliza en Jyotish, o la astrología védica. En astrología, un upaya es un remedio que el astrólogo le da a alguien que padece un *dosha*, o defecto, en algún lugar de su carta natal y que está generando perturbaciones u obstáculos en su vida. El astrólogo puede sugerirle que repita algún mantra en particular, o que vista algún color específico, que alimente a cierto tipo de animal, todo en el mismo día de la semana, durante algún período de tiempo, con el propósito de desatar ese nudo. Este tipo de upaya es un remedio en forma de ritual que remueve un obstáculo. En el yoga, el mayor obstáculo que tenemos es una mente indisciplinada que está acostumbrada a pensar todo el tiempo, que está aferrada a nuestras opiniones, juicios e ideas, lo que nos lleva a falsas identificaciones: soy un demócrata, soy un republicano, soy un vegano, soy un ashtangui, soy un yogui de Iyengar, soy una persona mala, soy una persona genial. Todos estos son patrones en los que hemos elegido creer, por alguna razón. Las prácticas del yoga, especialmente las ocho ramas del ashtanga yoga, son los remedios que utilizamos para remover el defecto creado por estas percepciones que nos atan a una autopercepción falsa, una autopercepción que no nos aporta satisfacción ni felicidad, ni que satisface nuestro propósito como seres humanos únicos. El yoga elimina el defecto de una mente que está muy aferrada a su propia noción de rectitud.

Entonces, para resumir nuestra exploración acerca de la palabra *yoga*:

- *Yoga* viene de la raíz verbal *yuj*, que significa "ligar, o unir".
- Describe un tipo especial de concentración, en el que nuestra mente se vuelve complemente absorbida por el objeto al cual dirigimos nuestra atención.
- El yoga es un upaya, un remedio que alivia la identificación con ideas y objetos que están más allá de nuestra consciencia interior.
- La relación en el yoga se refiere al vínculo que tenemos con nuestros cuerpos, emociones, pensamientos, memorias, con nuestra autopercepción interna y nuestro propósito.

- Las prácticas meditativas del yoga revelan nuestra bondad innata.
- El yoga propone las preguntas más importantes que podemos hacernos: ¿Quién soy? ¿Qué estoy haciendo aquí? ¿Qué debería hacer ahora?

2

Las ocho ramas

La definición literal de *ashtanga yoga* es ocho ramas, o partes, enumeradas por el sabio Patanjali. Aunque establecer fechas es un gran desafío debido a la falta de registros de las antiguas tradiciones filosóficas indias, existe un consenso generalizado que estima que Patanjali escribió sus textos alrededor del año 200 de esta era. En las antiguas tradiciones indias de sabiduría, contar o enumerar distintas prácticas y grupos de cosas es muy común: las ocho ramas del yoga, los cuatro Vedas, los 108 Upanishads, las veinticuatro categorías de la experiencia, y así sucesivamente. Enumerar cosas nos ayuda a mantener nuestra mente organizada, para así tener guía o foco cuando pensamos acerca de ideas abstractas. Las ocho ramas tienen significados tradicionales asociados con ellos, pero en este libro uso un enfoque un poco más ligero y más contemporáneo. La traducción literal de las palabras sánscritas puede ser engorrosa, y lo literal no siempre nos ayuda a progresar o transformar, o siquiera a comprender el supuesto significado de una palabra. Gran parte del canon sánscrito está escrito de forma alegórica. Las traducciones no se pueden hacer solo con un diccionario, y es aquí donde surge mucha confusión acerca del significado de los Vedas, los Upanishads, y el hinduismo en general.

Idealmente, lo que buscamos en una práctica espiritual es transformación, no rigidez. En este libro exploro las ocho ramas del yoga en relación con la decisión consciente que realizamos al comprometernos con el crecimiento, la honestidad, la disciplina y la transformación. Cuando miramos a través de esta lente, las ocho ramas se convierten en un medio para estar presentes en todos los niveles de compromiso, desde el nivel del mundo y las personas que nos rodean hasta la forma en que nos vinculamos con nuestro ser interior. Después de todo, experimentar el mundo es una de las maneras primordiales de saber que estamos vivos, que vivimos en un mundo interconectado, interdependiente y dinámicamente diverso. Si vivimos solo en nuestros pensamientos, nos desconectamos de la experiencia y nuestra morada verdadera.

Podríamos describir las ocho ramas clásicas del siguiente modo:

1. *Yama*: principios éticos de la no violencia, la verdad, no robar, la moderación sexual y la no codicia.
2. *Niyama*: práctica personal de la limpieza, el contentamiento, la austeridad, la repetición de mantras y la entrega a Dios.
3. *Asana*: la práctica de posturas.
4. *Pranayama*: la práctica del control de la respiración.
5. *Pratyahara*: el retraimiento del contacto de los sentidos con los objetos del mundo.
6. *Dharana*: concentración sostenida.
7. *Dhyana*: meditación ininterrumpida.
8. *Samadhi*: la experiencia de la no diferencia entre el que observa y lo observado.

Aunque estas son traducciones muy precisas, y aunque es importante estar atentos al uso de estos términos técnicos, también es muy importante que comprendamos, como "usuarios finales" de la práctica, de qué manera estas ramas pueden actuar como guías. ¿Cómo me responsabilizo al comprometerme con una práctica espiritual? ¿Cómo puedo aplicar las ramas de manera que pueda transformar y suavizar mis propias asperezas? Con esta idea en mente, las ocho ramas pueden ser vistas como la perspectiva de elegir muy conscientemente comportamientos alternativos, y pueden ser vistas así:

1. *Yama*: elijo conscientemente que mis interacciones interpersonales sean reflexivas, amorosas y respetuosas.
2. *Niyama*: elijo conscientemente dedicarme a mis prácticas y disciplinas espirituales.
3. *Asana*: elijo conscientemente cuidar de mi cuerpo y mi mente a través de la práctica de posturas.
4. *Pranayama*: elijo conscientemente regular y equilibrar mi respiración y mi sistema nervioso mediante las prácticas respiratorias.
5. *Pratyahara*: elijo conscientemente prestar atención a la consciencia que me habita y que anima mis órganos sensoriales.
6. *Dharana*: elijo conscientemente dirigir mi foco y mi atención, y volver a centrarme cuando sea necesario.
7. *Dhyana*: elijo conscientemente mover mi mente hacia la concentración en los objetos en los que destino mi foco y atención.
8. *Samadhi*: elijo conscientemente cambiar mi percepción hacia la experiencia de una consciencia unificada.

En relación con la primera rama, los principios éticos a veces pueden causar cierta rigidez mental, y sufrir una variedad de interpretaciones que no siempre son claras. Sin embargo, es importante establecer límites, y los yamas nos ayudan específicamente a crear límites saludables, pero también debemos asegurarnos de que no estamos imponiendo a nuestra psique algo que no somos capaces de llevar a cabo y que, por lo tanto, nos hará sentir peor. En los tiempos que vivimos, es mejor responsabilizarnos de poner en práctica las ramas del yoga de maneras que sean sostenibles y adecuadas para nuestras vidas. Podemos ser creativos con ellas, pero lo que debemos revisar de vez en cuando es si nuestra actitud e implementación es auténtica. Si no lo es, ¡es probable que alguien nos llame la atención por esto!

Las cinco primeras ramas describen observancias y prácticas físicas, y las últimas tres describen experiencias internas de profundos niveles de concentración y absorción. La totalidad de las ocho ramas son definidas como prácticas que remueven las impurezas que nublan el campo de nuestra consciencia y que nos guían a niveles más profundos de discernimiento, y que culminan en la liberación espiritual de la esclavitud de nuestras mentes condicionadas. La meta del yoga es presentada en los *Yoga Sutras* como la discriminación entre el que observa y aquello que es observado, la distinción de aquel que experimenta y lo que es experimentado, entre el sujeto y el objeto, de manera que nuestra consciencia repose en sí misma, y no se pierda en identificaciones con la naturaleza cambiante del mundo. En la tradición del yoga, esto se llama libertad.

Históricamente, India ha sido una tierra de tradición oral, e incluso hoy prevalece esta herencia de múltiples formas. Las enseñanzas del yoga son variadas, y sus detalles a veces se contradicen y difieren según el lugar. Las prácticas del norte de la India, por ejemplo, son bastante diferentes de las prácticas del sur. Patanjali reunió las enseñanzas que predominaban en su momento y en momentos anteriores, y luego las sistematizó.

En cada uno de los capítulos siguientes, discutiré sobre ideas diversas que se relacionan con estas ramas, incluyendo descubrimientos científicos, discernimientos psicológicos, estructuras fisiológicas y referencias espirituales de las escrituras. Los primeros capítulos se enfocan en la información fundamental sobre las primeras cuatro ramas del Ashtanga Yoga, y la segunda mitad del libro profundiza en la ciencia. Espero que, cuando llegues al final del libro, hayas recibido un conocimiento completo de los mecanismos internos del yoga, una comprensión que se nutre de la tradición así como del lenguaje contemporáneo y de los descubrimientos científicos para percibir la relevancia creciente del yoga en el mundo actual. El yoga es una práctica contemplativa; surge de las tradiciones místicas de la India para brindar a los seres humanos un contexto en el que podemos experimentar quiénes somos y lo que estamos haciendo aquí, en este pequeño planeta que flota en espacio. Sin embargo, el cuerpo es el sitio que alberga la contemplación, por ende, empezaremos por allí.

3

La práctica de posturas

Para empezar de manera práctica, cuando se trata de intentar descubrir quiénes somos y cuál es nuestro propósito, el cuerpo es un lugar obvio y sencillo para iniciar esta investigación. Decimos que es sencillo porque podemos ver nuestro cuerpo, podemos sentirlo, y podemos ubicarlo en diferentes posiciones. A veces, empezar por el cuerpo puede ser tan simple como sentarnos con las piernas cruzadas y no hacer nada más que respirar y escuchar. De niños, jugábamos con nuestro cuerpo con total libertad, moviéndonos intuitivamente, colocándonos en diferentes posiciones, como puede ser parados de cabeza o dando volteretas (recuerdo estar parado sobre mi cabeza y apoyado contra la pared cuando tenía cinco años, solo para experimentar el mundo al revés). Mi mejor amigo de la escuela primaria solía hacer extensiones hacia atrás (posturas de yoga avanzadas), y que, de alguna manera, le surgían espontáneamente. Los niños adoran hacer extensiones hacia atrás y dar vueltas en círculos. Nos expresamos a través de nuestros cuerpos y mediante el movimiento, y el movimiento cablea nuestro sistema nervioso (mediante las neuronas) y nuestro cerebro. Cuando nacemos, contamos con casi todas las neuronas que nuestros cerebros necesitan para funcionar, aunque es verdad que otras neuronas siguen creciendo a lo largo de nuestra vida. Nuestras neuronas comienzan a conectarse entre sí a medida que crecemos y nos desarrollamos. Cada nuevo movimiento que un niño aprende crea una nueva ruta en el cerebro, lo que también refleja la forma en que se procesa la información en el cerebro.[18] Nuestros primeros movimientos incluyen aprender a levantar nuestra cabeza y nuestro cuello, darnos vuelta, gatear y, con el tiempo, caminar. Muchos de estos movimientos también ocurren en el yoga y pueden ayudar a fortalecer la forma en que el cerebro procesa la información:

- De atrás hacia delante a través de la corteza motora, transformando pensamiento en acción.
- Hacia arriba y hacia abajo, desde la parte inferior hasta la parte superior del cerebro, para el procesamiento emocional.
- De lado a lado, a través del cuerpo calloso, para la comprensión.

En las prácticas de yoga encontramos los movimientos de arriba hacia abajo y hacia delante o hacia atrás cuando realizamos los saludos al sol; en las posturas de pie que incluyen movimientos de lado a lado; también vamos hacia arriba y hacia abajo en las posturas de sentado y en las extensiones hacia atrás. Cuando decidimos observar nuestra vida a través de una nueva lente, mover nuestros cuerpos en posturas nuevas nos ayudará a cambiar nuestra perspectiva acerca de nosotros mismos porque estamos usando nuestros cuerpos de manera directa para influir en la forma que procesamos la información en-

18. Billye Anne Cheatum y Allison A. Hammond, *Physical Activities for Improving Children's Learning and Behavior: A Guide to Sensory Motor Development*. Champaign, Ill.: Human Kinetics, 2000, 34-35.

trante. Al practicar las diferentes posturas, nuestra visión del mundo puede ser modificada con mayor facilidad. Mediante la neuroplasticidad –o la habilidad de nuestros nervios para conectarse entre sí de una infinidad de formas para que aprendamos cosas nuevas– creamos rutas que nos llevan a nuevos discernimientos acerca de nuestro cuerpo, nuestras emociones, nuestros patrones de pensamiento, nuestras relaciones y, lo más importante, nuestra autopercepción. Es más que probable que esto haya sido lo que intentaban los yoguis cuando comenzaron a experimentar con las posturas, y lo hicieron con inocencia, curiosidad y sinceridad.

La concentración no significa sujetar a la mente a un estado fijo de foco, y la práctica de posturas no significa forzar al cuerpo a realizar posturas complicadas: ambas actividades tratan de alcanzar la calma y facilitar a la mente un estado natural de bondad, al descubrir la cualidad natural e intrínseca que ha sido cubierta por demasiados pensamientos. Si realizamos las posturas con suavidad, nos ayudarán a llegar a esta meta, porque la mente y el cuerpo no son dos cosas separadas sino un proceso continuo. En el yoga, el cuerpo es una manifestación de la mente. Nuestros pensamientos, sentimientos y emociones se sienten, se sustentan y se expresan a través de nuestros cuerpos. Podemos ver si alguien se siente feliz o triste mediante la expresión de su rostro; podemos ver si alguien se siente abatido o seguro al contemplar su postura corporal. De la misma manera en que, hace miles de años, a los órganos o tejidos corporales se les asignaban ciertos estados mentales, nuestros sentimientos y sus características mentales que consideramos oriundos de la mente también viven en el cuerpo. Se le atribuye la teoría de los cuatro humores a Hipócrates, la cual, aunque es rechazada por la medicina moderna, a veces se usa para describir estados psicológicos: melancólico, flemático, colérico y sanguíneo. Tanto el ayurveda –la ciencia de la medicina india– como la medicina china tradicional sostienen teorías similares. Los órganos, las emociones, los patrones de pensamiento y el temperamento están interconectados. Al trabajar con nuestros cuerpos, trabajamos con la mente, el corazón y las emociones al mismo tiempo.

La práctica de posturas de yoga, en sánscrito llamadas asanas, se encuentra en antiguos textos yóguicos de dos mil años atrás. La palabra *asana* se compone de dos partes: *as*, "sentarse", y *ana*, "respirar". Hacer asana es, literalmente, sentarte con tu respiración, o sentarte de una manera específica y respirar. Cuando te sientas con tu respiración, te sientas con tu consciencia. Si el universo es un misterio, nuestros cuerpos también lo son, así que es natural que el cuerpo sea el punto de partida de nuestra investigación del enorme misterio de quiénes somos verdaderamente y dónde habita la consciencia en nuestro interior. Un famoso verso del libro del siglo XIV, la *Hatha Pradipika*, es una de las fuentes más tempranas que señala que las posturas son el primero y, quizás, el mejor lugar para que los principiantes inicien su viaje interior:

Hathasya prathamam gatvad asanam purvam uchyate
kuryat tadasanam sthairyam arogyam
changalaghavam. 1.19

|||||

Entre las prácticas del Hatha Yoga, se considera que el asana
es la primera práctica, ya que brinda estabilidad, liberación
de la enfermedad y ligereza corporal.

La estabilidad, la salud y la ligereza de los miembros: todo esto suena como un resultado muy deseable de una práctica de yoga, y demuestra que mucho de cómo conceptualizamos el yoga hoy tenía la misma validez en el siglo XIV. Mucha gente asocia el yoga con:

- Un cuerpo flexible y en forma, lo que representa la *ligereza corporal.*
- Relajación, una analogía de *estabilidad.*
- Reducción del estrés, que es esencialmente *liberación de la enfermedad.*

Estos tres resultados se correlacionan con los tres aspectos que constituyen el conjunto cuerpo-sistema nervioso-mente, con los cuales trabajamos al practicar yoga: la ligereza de los miembros ocurre en el cuerpo, la liberación de la enfermedad sucede cuando el sistema nervioso y el sistema inmune alcanzan resiliencia y equilibrio; y la estabilidad se manifiesta en nuestra mente. La práctica de posturas es una práctica holística que afecta muchos aspectos de nuestro ser, no solo nuestras capacidades físicas, y la influencia de los asanas claramente trasciende nuestros cuerpos.

Cada uno de los beneficios que mencionamos aquí tienen condiciones internas y externas, o indicadores. Los indicadores externos de la estabilidad, por ejemplo, son la fuerza corporal, la flexibilidad y un buen sentido de propiocepción, pero las condiciones internas para la estabilidad ocurren cuando el sistema nervioso está equilibrado y en buen funcionamiento. La liberación de la enfermedad se refiere a que nuestro cuerpo puede mantenerse en un estado de salud porque nuestro sistema inmune es resiliente, y nuestros sistemas fisiológicos –cardiovascular, respiratorio, digestivo, endocrino, etc.– funcionan adecuadamente. Un sistema inmunológico fuerte también se relaciona con una mente que es positiva, calma, tolerante, repleta de gratitud y, por lo tanto, capaz de tolerar el estrés.[19] La ligereza de los

---

19. Dennis S. Charney y Steven M. Southwick, *Resilience: The Science of Mastering Life's Greatest Challenges*. New York: Cambridge University Press, 2012, 35-36.

miembros es una cualidad tanto del cuerpo como de la mente, porque el cuerpo se torna más liviano, o adquiere más gracia con la práctica, y la mente se vuelve considerablemente más liviana también. Este verso también señala que no existe una distinción cuerpo-mente, o que el cuerpo-mente es una totalidad continua, porque practicar asanas brinda simultáneamente beneficios al cuerpo, el sistema nervioso y a la mente. Si puedes conservar en tu mente estos tres beneficios que aporta el asana, puede ayudarte a mantener el foco en tu propósito interno mientras realizas tu práctica. Es fácil ponerse a hacer asanas solo por el beneficio de hacerlas, porque el aspecto físico de nuestro ser es lo primero que podemos ver y sentir, y en donde abundan sensaciones. Sin embargo, Pattabhi Jois solía decir que el yoga es un ejercicio interno: en aquello que sucede por debajo de la superficie de las posturas es en donde ocurren los cambios duraderos de nuestra mente y nuestras emociones.

Respecto al sistema nervioso, muchas de las enfermedades que causan estragos en la sociedad civilizada son causadas por el estrés y son en gran parte evitables: enfermedad cardiovascular, presión arterial alta, diabetes, ciertos tipos de cáncer, síndrome de colon irritable y depresión. Discutiremos sobre esto con mayor profundidad en el capítulo 11, dedicado al sistema nervioso, que detalla el rol del estrés como mediador de las descargas del entorno (esencialmente, en lo que consiste el estrés)

LOS TRES *GUNAS*

Para entender por qué los asanas crean ligereza en el cuerpo, tenemos que discutir acerca de algunos términos sánscritos, comenzando por los tres gunas. *Guna* significa, literalmente, "un hilo". Todas las cosas que experimentamos en este mundo, o en la naturaleza –lo que vemos, escuchamos, saboreamos, tocamos, olemos y sentimos– están hechas por los tres gunas, como lo está todo aquello en el mundo que puede ser nombrado, o que tiene una forma, aunque sea visible (como un cuerpo) o invisible (como un electrón). Para empezar, podemos definirlos de la siguiente manera:

1. *Sattva*: aquello que es armonioso, brillante, claro, liviano y reflexivo.
2. *Rajas*: aquello que nubla la percepción, es activo y apasionado, la chispa de la creatividad.
3. *Tamas*: todo aquello que es pesado, inerte, oscuro; la fuerza de gravedad, lo que forma la masa de los objetos.[20]

A menudo, los gunas son referidos como las tres cualidades del universo, y también son llamados *prakrti*, o naturaleza. En el yoga, la naturaleza se define de dos maneras:

1. Como permanecer en equilibrio.
2. Como salir del equilibrio.

Cuando la naturaleza está en equilibrio, todo está en pura potencia: es el potencial del universo para existir, el potencial de la existencia para tomar una forma a raíz de esa posibilidad informe. Esto se llama "potencial infinito". Cuando la naturaleza sale del equilibrio,

20. Rami Sivan, *Theory and Practice of Hindu Ritual,* vol. 1 (Sri Matham), http://www.srimatham.com/uploads/5/5/4/9/5549439/hindu_ritual_vol_1.pdf, 12-13, [6/11/2019].

se crea la manifestación del universo y todo lo que vemos en él, llamada "creatividad infinita" o "manifestación infinita"; y comienzan a formarse diferentes patrones y ritmos que son, esencialmente, las funciones operativas del universo y de nuestro mundo. Los gunas en estado de reposo están en plena potencia, y los gunas en movimiento se manifiestan como creación. Son los ingredientes de los elementos que conforman nuestro mundo: la tierra, el agua, el fuego, el aire y el espacio. Todas las creaciones materiales derivan de una combinación de estos elementos, incluyendo las cosas que son invisibles a simple vista, como los átomos y los fotones. Hablaremos sobre estos patrones en los capítulos siguientes. La miríada de elementos que observamos en el universo, la manifestación infinita, nacen del entrelazado complejo e incomprensible de los gunas. Como manifestación infinita, los gunas se combinan de maneras que producen no solo este mundo, sino los otros mundos y galaxias que no conocemos. En estado de reposo, están en plena potencia, y contienen infinitas posibilidades que comienzan a desplegarse cuando son activados suavemente por la ola de la consciencia.

Podemos identificar los gunas en cualquier objeto que vemos en el mundo. Como ejemplo típico, podemos observar una vela: la cera es tamas (inerte), la llama es rajas (quema) y la luz de la llama es sattva (ilumina). Estas tres cualidades no son mutuamente excluyentes. Para que cualquier objeto cumpla su propósito, la proporción de los gunas debe estar en equilibrio. Si hay un exceso de cera, y no hay una mecha, no podemos tener una llama. Si la mecha es muy larga y la llama muy grande, la cera se derretirá enseguida, y no se creará una llama duradera, además habrá mucho humo (rajas). Si la cera no se crea de una forma equilibrada, no se derretirá, lo que impedirá que la llama se encienda: la incapacidad de tamas de cumplir su función de soporte.

Los gunas también forjan nuestro cuerpo y nuestra mente. En el cuerpo los gunas se reflejan así:

- Sattva: asociado con la mente (reflexión).
- Rajas: asociado con el sistema nervioso y la digestión (impulsos eléctricos y el fuego digestivo).
- Tamas: asociados con los músculos y los huesos (estabilidad).

El yogui Brahmananda, en su comentario de la *Hatha Pradipika*, dice que la práctica de posturas sirve específicamente para reducir el exceso de actividad de rajas (o la excitación) que ocurre en el sistema nervioso, y de tamas (o la pesadez del cuerpo) que ocurre especialmente en el abdomen bajo y en las piernas.[21] Rajas se manifiesta en muchos de los problemas compulsivos que tenemos en el mundo hoy, primordialmente a través de nuestra adicción a la actividad, ya sea al estar siempre conectados, siempre ocupados o siempre con la necesidad de disponer de la atención para algo: el último noticiero, dramas políticos o los problemas de otras personas. Detrás del impulso de estar siempre ocupados, del impulso por la indulgencia sensorial, está rajas en estado de sobrealimentación. Aminorar la velocidad, practicar algunas posturas, respirar profundo, practicar meditación y relajación: estas actividades impiden que se alimente el fuego de rajas. Experimentar un gran estrés, por ejemplo, también es una condición de rajas. Las sensaciones físicas asociadas con el estrés (como una elevada temperatura corporal, el sudor en las

---

21. Con el comentario de Jyotsnā de Brahmānanda y traducción al inglés, *The Hathayogapradīpikā of Svātmārāma*. Chennai, India: The Adyar Library and Research Centre, 1972, 11.

palmas de las manos, hipertensión arterial y una frecuencia cardíaca acelerada) están asociadas con rajas, porque la actividad y la velocidad generan calor. Como dice el físico Lothar Schäfer en su libro *Infinite Potential*: "En física, el calor es movimiento. Los átomos en los objetos están constantemente en movimiento". Cuando hervimos una olla con agua, lo que genera el calor es la aceleración de las moléculas. Si tomamos un trago de esa agua no decimos "¡Ay, qué rápido!", decimos que está muy caliente. "La experiencia de calor y frío", continúa Schäfer, "no es de rapidez o lentitud", es un estímulo sensorial.[22] Los sentidos traducen un mecanismo de la naturaleza (en este caso, la velocidad percibida como calor), a una experiencia que nos brinda una idea falsa de la realidad; nuestros sentidos confunden la sensación con la realidad, y los gunas son propiedades de la naturaleza que pueden crear nuestras malinterpretaciones. Sin embargo, mientras aumentamos el poder de sattva, o la reflexión, empezamos a percibir el mundo más allá del velo que crean las ilusiones y nuestros sentidos. Específicamente, empezamos a ver que existe algo más profundo que nuestras percepciones: nuestra consciencia interior.

Tamas es, entre otras cosas, la cualidad que nubla la consciencia. Puede ser la pesadez que conllevan las actitudes mentales de complacencia o pereza, y también se relaciona con la obstrucción, el desorden y el deterioro. El académico y sacerdote hindú Rami Sivan dijo que tamas es la inercia tal como la define la física, como una fuerza en perpetuo movimiento, y es también la fuerza de la gravedad y aquello que otorga la masa de los objetos.[23] Tamas se manifiesta en la vida

---

22. Lothar Schäfer, *Infinite Potential: What Quantum Physics Reveals About How We Should Live*. New York: Deepak Chopra Books, 2013, 8.

23. Sivan, *Theory and Practice of Hindu Ritual*, 13.

cotidiana, por ejemplo, al estar tirados todo el día mirando televisión o estar sentados ocho horas al día en una oficina, estados que crean pesadez en el abdomen inferior y debilidad en las piernas. Esta pesadez también puede acarrear dificultades en la digestión y la eliminación de los alimentos, y una mente confusa. También hay evidencia de que permanecer muchas horas sentados puede conducir a un mayor riesgo de ataques cardíacos.[24] Rajas y tamas no son los "gunas malos", son simplemente propiedades de la naturaleza que pueden encubrir o estimular, y necesitamos ambas cualidades en diferentes momentos y en diferentes circunstancias. Solo se convierten en un problema cuando están fuera de equilibrio.

La reducción de tamas también se relaciona con el fortalecimiento del fuego digestivo, y una digestión fuerte se relaciona con una inmunidad mayor y una mejor salud.[25] Los asanas, los *bandhas* (contracciones del suelo pélvico combinadas con la respiración) y el pranayama pueden ayudar a reforzar el sistema digestivo (junto con una

———

24. P. T. Katzmarzyk, Timothy S. Church, Cora Lynn Craig y Claire Bouchard, "Sitting Time and Mortality from All Causes, Cardiovascular, Disease, and Cancer", *Medicine and Science in Sports and Exercise* 41, N° 5 (mayo, 2009), 998-1005.

25. J. S. Jaiswal y L. L. Williams, "A Glimpse of Ayurveda: The Forgotten History and Principles of Indian Traditional Medicine", *Journal of Traditional and Complementary Medicine* 7, N° 1 (2015): "El fuego digestivo es importante para el control de la microflora normal, las funciones digestivas adecuadas y la provisión de energía a todo el cuerpo. Cualquier perturbación en su equilibrio crea malestar en el tracto gastrointestinal y trae como consecuencia patologías como úlceras, diarrea y constipación". https://www.researchgate.net/publication/305448610_A_ glimpse_of_Ayurveda_-_The_forgotten_history_and_principles_of_Indian_ traditiona_medicine [6/11/2019].

dieta saludable, aunque cuando tu fuego digestivo es fuerte, puedes comer todo lo que quieras). Así, Brahmananda señala específicamente que los asanas aportan los tres beneficios que mencionamos (estabilidad, salud y ligereza) *porque* reducen el desequilibrio de rajas y tamas: "la inestabilidad de la mente" de rajas y la pesadez del cuerpo de tamas.[26] Esta es la función primordial de las posturas.

Otra forma de ver esto es que rajas y tamas no se reducen, sino que se transforman.

- Cuando se purifica un rajas hiperactivo, se transforma en creatividad y vitalidad.
- Cuando se purifica un tamas hiperindulgente, se convierte en estabilidad y confianza.

Entonces, rajas y tamas son cualidades de la naturaleza que tienen una tarea a realizar, y esa tarea es mantener las cosas en movimiento y estables.

También podemos llegar a un exceso de sattva, que se manifiesta como un apego a nuestro intelecto, y que definitivamente puede ser problemático, llevándonos a creernos superiores moralmente, arrogantes intelectualmente y a ser incapaces de escuchar o dialogar con personas con puntos de vista distintos al nuestro (lo que ocurre cuando sattva es teñida por tamas).

Cuando los gunas comienzan a vibrar o a salir de su estado de equilibrio, comienzan a entrelazarse entre sí y a crear el escenario de toda la manifestación. A medida que estos lazos se van ajustando, se fijan, al igual que los gases y la gravedad que se juntan crean las estrellas y los

---

26. *The Hathayogapradīpikā of Svātmārāma*, ii.

dos billones de planetas. Los lazos adquieren una aparente solidez. Si recurrimos a nuestro interior, podemos ver que nuestra consciencia, nuestras narrativas y nuestras identidades toman la forma que tienen porque los gunas se han entrelazado de una manera particular. Estos lazos que forman los gunas se llaman *granthis*, y se dice que están localizados en nuestro sistema nervioso y en nuestro cuerpo energético sutil (tocaremos este tema en el capítulo 11). Sin embargo, tenemos una cierta libertad de acción. Si tenemos algunas cualidades que pulir –digamos que somos obstinados (tamas), nos irritamos con facilidad (rajas) o somos intelectualmente arrogantes (sattva)– podemos suavizar estas aristas con práctica y autorreflexión. Estos puntos duros de nuestras personalidades no están necesariamente fijos, podemos enmendarlos, suavizarlos y aflojarlos lo suficiente para que podamos ver que tenemos el potencial para el cambio y el crecimiento que deseemos. Como veremos en la próxima sección, la voluntad o el impulso inicial es gobernado por rajas. Usamos la energía de rajas para nuestra propia transformación.

LOS TRES GUNAS Y LA MENTE

¿Cómo se manifiestan los gunas en la constitución de nuestra mentes? En sus comentarios de los *Yoga Sutras*, Swami Hariharananda afirma:

- Sattva se manifiesta como el conocimiento, o el saber.
- Rajas se manifiesta como el impulso vital, o el esfuerzo.
- Tamas se manifiesta como la retención, o la memoria.[27]

---

27. Patañjali, *Yoga Philosophy of Patañjali*, 19.

El equilibrio de los gunas determina el efecto o la influencia que ejercen. Los gunas en estado de equilibrio se reflejan en la habilidad de saber, de pensar y de recordar; cualidades que no solo son necesarias, además son las funciones que asociamos con una mente equilibrada, saludable y eficaz. Y el yoga, en especial, es una actividad para la mente.

Sattva es nuestra habilidad para procesar la información entrante, así como aquello que nos permite comprender cosas acerca de nosotros mismos (nuestras emociones, sentimientos y pensamientos), y reflexionar sobre nuestro propósito en la vida y sobre el mundo que nos rodea. Rajas, o el impulso, es el esfuerzo que hacemos para entender las cosas, por ejemplo, una dificultad en nuestras vidas o las injusticias del mundo. Es la voluntad que ejercemos para comprender asuntos filosóficos, la energía detrás de la contemplación y el esfuerzo que se direcciona hacia fuera en la forma de acción. Tamas es la retención, la habilidad para mantener nuestras experiencias. Algunas de nuestras experiencias son conservadas por largos períodos de tiempo en la memoria a largo plazo; otras son guardadas solo por el lapso que la mente (o quizás el intelecto) considera necesario.

Los asanas utilizan rajas para crear vitalidad, y usan tamas para crear estabilidad. Nuestros cuerpos tienen memoria muscular, así que mediante la repetición, las posturas se vuelven más fáciles con el tiempo, hasta que las posturas más desafiantes se convierten en algo normal. La memoria muscular y la memoria vivencial son cualidades de tamas, y podemos usar tamas para maximizar o reforzar las formas positivas de movernos y de pensar. En su libro *Hardwiring Happiness*, el doctor Rick Hanson explica en profundidad una de mis prácticas favoritas, que realza este aspecto positivo de tamas en la forma de la memoria de retención. Él dice que el cerebro ha evolucionado para aprender más rápido de las experiencias negativas debido a la necesidad de supervivencia. Esto se llama *sesgo de la negatividad.*[28]

Nuestra supervivencia, a lo largo del tiempo, ha dependido de nuestra habilidad para discernir si nuestra vida está en peligro o no. Ignorar una amenaza potencial puede convertirnos en la comida de quien quisiéramos tener en nuestro plato (excepto, claro, si eres vegetariano, aunque tampoco querrías ser devorado). Debido a nuestro impulso natural por vivir y sobrevivir a toda costa, nuestro cerebro está cableado para instalar las experiencias negativas en nuestra memoria a largo plazo muy velozmente. Una experiencia positiva, incluso si es muy placentera, no nos ayuda a sobrevivir, de manera que le lleva más tiempo integrar esa experiencia en nuestra memoria a largo plazo. Aunque existen muchos tipos de memoria, y una variedad de formas en las que las vivencias son almacenadas y recuperadas (según la situación y la necesidad), aquí me refiero a la memoria en su sentido más general de cómo una experiencia perdura en nosotros, impacta en nuestras acciones futuras y moldea nuestra autopercepción. El Dr. Hanson enseña una práctica que se llama "Asimilando lo bueno", en la que conscientemente te aferras a una experiencia positiva, sumergiéndola en tu memoria y en tu cuerpo por veinte o treinta minutos (puede ser una experiencia que hayas tenido, o un logro, como mantenerte cómodo en una postura de yoga, no perder los estribos o tener un pensamiento amoroso sobre alguien). Al conservarla intencionalmente en tu memoria a largo plazo, empiezas a cambiar el rasgo subyacente de tu personalidad en la mente, que se desarrolló al aprender de lo negativo.

---

28. Rick Hanson, *Hardwiring Happiness: The New Brain Science of Contentment, Calm, and Confidence.* New York: Harmony Books, 2013, 20.

Inclinamos las escalas mentales a nuestro favor. Amo la idea de que podemos entrenar el trasfondo de nuestra mente subconsciente para que vibre positivamente. Los asanas también son una forma de "asimilar lo bueno", pero para el cuerpo.

Cómo practicar las posturas

Como mencioné antes, la práctica de asanas en la India data de dos mil años atrás, por lo menos. Como otras prácticas contemplativas, los detalles de las prácticas cambian con el paso del tiempo, pero los principios básicos permanecen intactos. Aunque las posturas nuevas se pusieron de moda en los últimos mil años, más o menos, la idea de que el yoga es primordialmente una práctica para el control de la mente permanece constante. A pesar de que los asanas pueden no siempre haber lucido igual a como lo hacen ahora, todavía podemos llamarlos posturas de yoga porque, en esencia, actúan como un contenedor para que la experiencia interna del ser acontezca. Muchas de las posturas que describen los textos antiguos se siguen practicando hoy, pero también hay nuevas posturas que se añadieron al corpus mediante la experimentación y adaptación de los profesores a lo largo de los años. El agua que corre en un río no es siempre la misma, pero todavía podemos llamarlo Ganges, Hudson o Nilo. Un río es un contenedor de una corriente particular de agua; el yoga es un contenedor para la corriente del *autoconocimiento.* Así que incluso si ciertas posturas de yoga se realizan de forma diferente hoy que hace mil años atrás, eso no significa que no sean auténticamente yóguicas, si en verdad permanecen como mecanismos de autorreflexión. Los sabios han dicho que la corriente del autoconocimiento fluye desde el ser y la consciencia absolutos y puros, que son infinitos; no están atados por el tiempo, el espacio, la ubicación, el nombre o la forma. Los asanas son portales hacia ese estado del ser.

A fines de la década de 1920, Pattabhi Jois aprendió de Krishnamacharya un método particular de práctica de asanas que utiliza dos principios complementarios: *vinyasa* y *asana sthithi*. Ambos principios tienen la misma relevancia. En los antiguos Vedas, la palabra *yoga* se utilizaba para describir a un buey unido a un carro; en la astrología, *yoga* se empleaba para describir la conjunción de planetas o estrellas; en los Upanishads, *yoga* se usaba para expresar el control de la respiración y los órganos sensoriales. En la visión de Patanjali sobre el yoga que vimos en el capítulo 1, se utiliza *yoga* para describir un estado especial de concentración. La palabra tiene diferentes aplicaciones: ha sido relacionada con el ritual en los *Mimamsa Sutras*, como una forma específica de sentarse que se describe en el *Mahabharata*, como un enfoque completo de práctica de yoga según Krishnamacharya y como un sistema de respiración y movimiento de acuerdo a Pattabhi Jois. En este capítulo hablaré sobre el vinyasa según la perspectiva de Pattabhi Jois. Gran parte del yoga que se practica actualmente en Occidente se basa o se nutre de las enseñanzas de Krishnamacharya y Pattabhi Jois acerca del vinyasa.

Uno de los versos sobre asanas y vinyasa que Pattabhi Jois citaba con frecuencia es de un texto atribuido a Vamana Rishi, el *Yoga Korunta*: "*Vinā vinyāsa yogena āsana adi na kārayet*", que se traduce aproximadamente así: "Cuando practicas yoga, no realices muchos tipos de asana sin vinyasa". Vamana dice claramente que si practicas yoga –el cual, recuerda, busca la concentración de la mente–

realizarás asanas como una parte integral de la práctica, y no debes olvidarte de incorporar los vinyasas.

Korunta significa "grupo", y Pattabhi Jois decía que el *Yoga Korunta* contenía diferentes grupos de asanas y pranayamas. De acuerdo a Pattabhi Jois, Krishnamacharya aprendió este texto de forma oral de Rama Mohan Brahmachari, quien más tarde le dijo que podría encontrar una copia del texto en la biblioteca de la Universidad de Calcuta. Aparentemente lo encontró, pero el libro estaba muy deteriorado –como muchos textos escritos sobre hojas de palma en la India–, destruido por el tiempo, los insectos y el abandono. Aunque Pattabhi Jois nunca vio este escrito, aprendió parte de los versos de Krishnamacharya, y los asanas y las técnicas de vinyasa que estudió provienen del *Yoga Korunta*.[29] Quizás algún día un yogui o un investigador intrépidos rastrearán una copia de este libro, pero mientras tanto, el *Yoga Korunta* es uno de los muchos textos perdidos de la India.

Una de las contribuciones de Pattabhi Jois a las enseñanzas de Krishnamacharya fue la de organizar la "montaña de asanas" que su maestro le enseñó en secuencias de posturas que él categorizó como Terapia del Yoga, la Purificación de los Nervios y la Sección de la Fuerza (*Yoga Cikitsa*, *Nadi Shodana* y *Sthira Bhaga*). En el primer libro de Krishnamacharya, el *Yoga Makaranda*, no todos los asanas se presentan de una manera organizada. Por ejemplo, el primer asana es una flexión hacia delante sosteniendo los dedos de los pies, y el segundo asana es

---

29. Quizás algún día un yogui o un investigador intrépidos rastrearán una copia de este libro. Si lo deseas, yo empezaría por Calcuta. Por supuesto, es cierto que Krishnamacharya tenía otras influencias yóguicas también, como podemos ver en las bibliografías de sus libros, *Yoga Makaranda* y el *Yogasanagalu*. En la bibliografía del *Yoga Makaranda* no se menciona el *Yoga Korunta*, pero en el *Yogasanagalu* sí.

una intensa extensión hacia atrás, en la que nos estiramos hasta alcanzar las pantorrillas. Esto puede atribuirse a la instrucción que brinda el libro, que el yoga debe ser aprendido de un maestro; por lo tanto, los asanas están presentados meramente con propósitos ilustrativos.[30]

Vinyasa

En el verso de Vamana citado antes, encontramos la palabra *adi. Adi* significa "etcétera", o "muchos tipos diferentes", de manera que cuando Vamana escribió este texto, debió estar al tanto de que existían

---

30. Esto está alineado con lo que nos dijo Pattabhi Jois a su nieto Sharath y a mí, durante una conversación en 2006: que Krishnamacharya enseñaba asanas, sin seguir una separación particular en categorías, a sus alumnos del Yoga Shala del palacio en Mysore en la década 30. Cuando Pattabhi Jois fue seleccionado para crear un departamento de Yoga en el Colegio de Sánscrito de Mysore, creó un programa de cuatro años de asanas, pranayama, filosofía y gramática del sánscrito, que formaban las bases del sistema de yoga que enseñó por el resto de su vida. Nos dijo a Sharath y a mí que le había presentado estos grupos de asanas a Krishnamacharya y que él los aprobó. Esto fue en 1937. Fue recién cuatro años después, en 1941, que Krishnamacharya publicó su segundo libro, *Yogasanagalu*, en el cual incluyó grupos de asanas de forma similar al programa de Pattabhi Jois. Estas agrupaciones –llamadas Primera, Intermedia y Experta o Avanzada– son más o menos equivalentes a las secuencias de Pattabhi Jois. La lista de asanas en el *Yogasanagalu* pueden ser encontradas en Anthony Grim Hall, "Krishnamacharya's Yogasanagalu (1941) (translation project)", *Krishnamacharya's Mysore Yoga... at Home*, n.d. (blog post), http://grimmly2007.blogspot.com/p/yogasanagalu-translation-project.html [6/11/2019].

muchos tipos de asanas diferentes que una persona podría practicar, pero todos ellos debían ser practicados usando la misma técnica. Esta es nuestra primera clave para el significado de vinyasa: es una técnica. ¿Pero una técnica para qué? Como con la mayoría de las palabras sánscritas, nunca hay un solo significado. Vinyasa puede ser:

- El enlace entre respiración y movimiento (esto también describe la manera en la que entramos y salimos de una postura).
- Una metodología completa o un enfoque para practicar asanas.
- Un ritual, o una aproximación metodológica, a una práctica devocional.

En el Ashtanga Yoga, la primera descripción del enlace entre la respiración y el movimiento es la que Pattabhi Jois utilizó, pero las otras dos son igualmente verdaderas. Por ejemplo, el enfoque completo de la práctica de asanas en la forma en la que están enlazadas entre sí fue llamado *vinyasa krama* por Krishnamacharya (*krama* significa "secuencia" o "camino"). Según dónde mires, puedes encontrar distintos usos de la palabra *vinyasa*. En la práctica de Pattabhi Jois, tuvimos que adoptar el sentido que él utilizaba, el enlace entre la respiración y el movimiento que se utiliza para cada posición, y que nos permite ingresar y salir de cada asana. *No* es el pasaje de una postura a la otra, es *el movimiento de la respiración* que ocurre en cada asana específico o posición de transición.

Digo esto porque la palabra *vinyasa* en estos tiempos se ha convertido en sinónimo de "fluir", como sucede en "Vinyasa Flow Yoga", y el fluir al que se refiere esta denominación es el fluir de una postura hacia la otra, no siempre de forma coordinada con la respiración. En el vinyasa de Pattabhi Jois, la respiración sucede mientras el cuerpo entra o sale de una postura individual, pero no se relaciona con el fluir hacia la postura siguiente. Este es un detalle sutil, pero muy importante, porque cuando estás concentrado en saltar hacia la siguiente postura, tu mente está posicionada hacia el futuro. Cuando estás concentrado en la respiración dentro de una postura, tu mente está en el momento presente, donde el yoga quiere que estemos. El vinyasa, como una práctica de respiración y movimiento, significa un movimiento y una respiración al mismo tiempo. Hacer una cosa a la vez es la cualidad distintiva de la atención.

Vinyasa es un sistema de respiración y movimiento que enmarca la totalidad de la práctica de asana, de principio a fin. Sin embargo, esto es solo una parte de la historia. Los asanas estáticos, *asana sthithi*, son otra parte igualmente importante. Dentro de un sistema de respiración y movimiento, existen una enorme cantidad de detalles, sutilezas y discernimientos que generan técnicas que se vuelven más acentuados con el paso de los años. Al principio, no tenemos que preocuparnos demasiado por aprender los detalles, porque se revelan mientras practicas y mientras tu percepción se va volviendo más sutil. Con el tiempo, aquello a lo que prestas atención te enseñará lo que necesitas saber, así que mucho de lo que aprendemos será personal y único según nuestras necesidades, aunque algunos de los descubrimientos se complementarán con las experiencias de los demás. Esta confluencia es la razón por la cual el yoga es una práctica universal: no importa quién practique, muchos de los efectos, beneficios y discernimientos son los mismos. Los fundamentos son lo que necesitas aprender de un profesor. La experiencia la adquieres mediante la práctica. Etimológicamente, *vinyasa* se compone de tres sílabas: *vi, ni* y *as*. *Vi* es por *vishesha*, que significa "especial"; *ni* es por *niyama*, que significa "reglas"; y *as* es la raíz verbal, que significa "sentar". *Vinyasa* en su forma etimológica significa "las reglas para sentarse de manera especial".

El ritual forma parte de nuestra vida, tanto de manera mundana como sagrada. Cómo nos cepillamos los dientes, cómo nos preparamos para el trabajo o para la escuela, cómo saludamos a los demás, cómo comenzamos o concluimos nuestro día: nuestras vidas se componen de pequeños rituales. Las religiones y las tradiciones espirituales realizan rituales diaria, mensual y anualmente. Nuestros rituales incluyen nuestra relación con nosotros mismos, con las personas que nos rodean, con nuestro planeta y también nuestra noción de lo que consideramos sagrado. (Aunque un hábito y un ritual están íntimamente relacionados, un ritual es algo que involucra la atención, o algo que ayuda a generar consciencia, mientras que un hábito puede ejecutarse de forma mecánica). El yoga, en su aspecto más básico, es un ritual que nos ayuda a mantenernos establecidos en la consciencia. Cuando hacemos yoga, la práctica diaria y el enfoque mental que implementamos son un tipo particular de ritual que, con el tiempo, se convierte en parte del ritmo de nuestra vida cotidiana.

Podemos contemplar el acto de pararnos sobre nuestra esterilla diariamente desde la perspectiva del ritual. Es un tiempo sagrado para nosotros, para unirnos con nuestro cuerpo, nuestra respiración y con todas las cosas que suceden en nuestra mente: memorias, emociones, pensamientos, sentimientos, objetivos y ambiciones. Es un momento para alcanzar nuestra autopercepción y para intentar aquietar nuestro mundo íntimo. El ritual establece la atmósfera y el escenario para la comunión interior; la práctica es una técnica que nos permite encauzar nuestra atención hacia dentro. Esto puede realizarse con la postura, la respiración, un mantra, un ritual religioso o simplemente con nuestro propio discernimiento. Existe un componente importante de la práctica espiritual llamado *bhavana*, que significa "un estado de ánimo o sentimiento que está asociado con una acción". El sentimiento de claridad, regocijo o paz que emana de la práctica es algo que tú puedes reforzar conscientemente, de manera que cada vez que inhales y levantes tus brazos hacia arriba puedes asociar esta secuencia con un sentimiento de paz, foco interior, alegría o lo que sea que experimentes. Bhavana es el acto de ligar repetida y conscientemente una acción con un sentimiento, estado de ánimo o emoción. Lo mismo sucede con la repetición de mantras o cualquier otro ritual. El bhavana asociado con la práctica es el jugo o néctar que lo alimenta, que te inunda con una presencia de consciencia dentro de tu mente y de tu corazón. Si no existe un bhavana, entonces la práctica puede convertirse en algo mecánico, y puede convertirse en una tarea que llevar a cabo, o podemos perder el interés en practicarla. Lo que convierte al yoga en una práctica espiritual es el estado de ánimo o la emoción que traemos conscientemente a nuestra mente y nuestro corazón y que enlazamos con una acción física. Esto es mucho más importante que la habilidad de hacer posturas difíciles o saber numerosos detalles anatómicos acerca de cómo realizar una postura.

Cuando planificamos el ritual de nuestro día y de nuestras vidas –la secuencia de eventos que, deseamos, nos llevará de un punto A hasta un punto B– podemos reflexionar sobre el concepto de secuencia que Krishnamacharya mencionó en el último período de su vida. Él ordenó las posturas en secuencias para crear un efecto particular, pero también para asegurar que sean variadas, que se complementen entre sí y que no progresen todas hacia una sola dirección. Cada día debemos movernos tanto hacia delante como hacia atrás, girar, pararnos de cabeza y crear resistencia. La variación en la vida es algo positivo, y un poco de caos es saludable. Así como queremos variaciones en nuestra frecuencia cardíaca, y diferenciación en nuestras células, queremos que la vida se mueva un poco para acá y un poco para allá.

Aquí tenemos una teoría sobre el vinyasa como un modo de sanación. Pattabhi Jois solía decir que el yoga es una "limpieza interna" del cuerpo y de la mente, porque ambos son como esponjas: absorbemos la comida, la bebida y el pensamiento del entorno en el que vivimos, al igual que una esponja absorbe el líquido o la suciedad de una mesa o del suelo. A veces comparo el proceso purificador del yoga con la forma en la que estrujamos una esponja sucia. Para poder limpiarla, la sostenemos debajo del agua de la canilla, y la torcemos primero para un lado y después para el otro, para eliminar toda la suciedad. Por último, cuando el agua atraviesa la esponja escurrida, todo lo que pasa es agua limpia y nada de suciedad. En la práctica de asana, hacemos algo similar. Primero nos doblamos en una dirección, luego en la dirección opuesta: postura y contrapostura. Primero nos torcemos hacia la derecha, luego hacia la izquierda. De una manera metódica, escurrimos el estrés y la rigidez de nuestros cuerpos, y limpiamos nuestra mente en ese proceso.

Cada vez que flexionamos una de nuestras articulaciones en una postura, como en la postura del árbol, o en una flexión hacia delante con una pierna doblada, la circulación sanguínea de la articulación se detiene temporalmente. Luego, al salir de esa postura, la circulación vuelve a fluir plenamente, de forma similar (pero no idéntica) al agua limpia que corre a través de la esponja. De esta manera, a través de la secuencia entera de los asanas, cada una de las articulaciones se flexiona y se estabiliza, deteniendo y luego soltando el torrente sanguíneo. La coordinación del movimiento y de la respiración genera calor en el cuerpo, abriendo las arterias y los capilares, permitiendo que la sangre fluya más libremente, que los capilares se expandan, permitiendo que se genere una superficie mayor para el intercambio de gases.[31] Esta sensación es estimulante, y también es beneficiosa para nuestra salud. Este aumento del torrente sanguíneo también es provechoso para una gran variedad de dolores o lesiones que pueden ocurrir en el cuerpo.

Un poco más acerca de la técnica del vinyasa

Los vinyasas tienen tres beneficios primarios:

1. Crean calor en el cuerpo, y este calor es desintoxicante.
2. Fortalecen la respiración, lo cual nos ayuda a concentrarnos.
3. Generan la *apariencia* de fluidez, y esta cualidad permite que la mente se focalice.

El vinyasa describe la acción de sincronizar la respiración y el movimiento. La respiración y el movimiento son el patrón natural del cuerpo, el sistema nervioso y el sistema respiratorio; y el vinyasa am-

---

31. Michael Joyner y Darren P. Casey, "Regulation of Increased Blood Flow (Hyperemia) to Muscles During Exercise: A Hierarchy of Competing Physiological Needs", *Physiological Reviews* 95, N° 2 (abril 2015), 549-601; y Walter F. Boron y Emile L. Boulpaep, *Medical Physiology: A Cellular and Molecular Approach*, 2ª ed. Philadelphia: Saunders Elsevier, 2012, 467.

plía los efectos de este patrón. Nuestros cuerpos son una colección de procesos fisiológicos que siguen patrones; de la misma manera, nuestros cuerpos y la respiración entretejen un patrón constante entre sí.

Por ejemplo, cuando inhalamos, nuestros torsos se expanden y la barriga sobresale un poco. Cuando exhalamos, nuestros torsos se relajan y la barriga vuelve a meterse hacia dentro. Esto se ve claramente en un bebé mientras duerme. En el vinyasa, tomamos este patrón natural de movimiento de la respiración y el cuerpo, este patrón fluctuante, y le agregamos discernimiento consciente, mediante el cual habrá un movimiento intencional hacia arriba con cada inhalación, y con cada exhalación habrá un movimiento consciente hacia abajo. Las respiraciones que realizamos, hacia adentro o hacia fuera, se hacen en conjunto con el movimiento de los asanas específicos como *chaturanga dandasana* (flexión de brazos) o *urdhva mukha svanasana* (el perro que mira hacia arriba) o en las transiciones, como sucede cuando levantamos nuestra cabeza y nuestros torsos antes y después de una flexión hacia delante.

A veces me gusta pensar los vinyasas, o el enlace entre movimientos, como las tomas individuales de una película. Cada vinyasa es una toma. Cuando vemos una película, cobra la apariencia de una secuencia fluida de eventos, de forma similar a la vida real, pero cuando examinamos la cinta, vemos cada imagen por separado. Durante el tiempo en que practicamos, si aplicamos consciencia a cada vinyasa, podemos vivir en una existencia "imagen a imagen" o "momento a momento". En este espacio mental se vuelve más fácil examinar nuestras vidas, objetivos, ambiciones, fallas y tendencias. De esta manera, los vinyasas pueden enseñarnos a vivir en el presente, en cada momento y en cada respiración.

Sin embargo, existe otro nivel del vinyasa, y esto ocurre cuando los detalles prácticos se vuelven parte de nuestra naturaleza, y las imágenes se interiorizan y se tornan naturales. Nuestra consciencia entonces puede expandirse más allá de una sola imagen y desplegarse hacia el proceso completo; entramos en un estado que nos hace sentir parte de un fluir, tanto de la mente como del cuerpo, mientras que anteriormente la mente solo podía focalizar en una imagen a la vez. Ambos son importantes, y habrá un ida y vuelta en la forma de movernos hacia y desde cada estado. Tienes que practicar las escalas para poder tocar una sonata, y tienes que repetir numerosos mantras antes de ser absorbido por el sonido puro. De igual manera, tenemos que practicar muchos asanas y muchos vinyasas para poder acceder al fluir de la consciencia.

En el capítulo 3 de los *Yoga Sutras*, Patanjali describe la concentración (dharana) como la habilidad de la mente de mantenerse complemente fija en un lugar; sin embargo, el proceso de pensamiento de dharana no es un fluir constante de la atención, sino que es intermitente. La analogía que se utiliza es la de las gotas de agua sucesivas (quizás de una canilla que gotea) que caen una detrás de la otra. La concentración se convierte en meditación (dhyana) cuando el fluir se vuelve continuo e ininterrumpido, como la miel que se vierte desde un frasco. Vinyasa es el entrenamiento inicial de la mente para regresar una y otra vez al punto de atención. Podemos diferenciar los vinyasas de la concentración meditativa de dharana porque en la concentración elegimos un objeto al cual volver y volver, mientras que en el vinyasa pasamos de un punto hacia el otro, como de un asana al siguiente, de un movimiento ascendente hacia uno descendente, etc.; aun así, ambas son formas de entrenar la mente. En su comentario de los *Yoga Sutras*, Hariharananda dice que bhavana nos lleva hacia dharana.

Cuando observamos a alguien practicar cualquier actividad física con maestría, desde afuera podemos observar que se encuentran en un estado de fluir. El Ashtanga Yoga, en efecto, luce como un fluir.

Pero ese fluir proviene de la maestría de cada paso, y en el Ashtanga Yoga, de cada vinyasa. De lejos, parece un fluir. De cerca, se ven asanas diferentes enhebrados por la respiración, un movimiento y una respiración a la vez. Cuando un atleta entra en ese estado de fluir, él o ella de verdad experimentan algo que se siente como un fluir. ¿Pero cómo llegó el atleta hasta aquí? Al aprender a estar presente en cada paso, en cada nota, en cada oscilación, en cada vinyasa. Accedemos a un estado de fluir luego de miles y miles de simples momentos repetidos.

Los principios básicos que debemos tener en mente acerca de la terminología son estos:

- Todos los vinyasas nos llevan a entrar y salir de las posturas.
- Cuando nos movemos y respiramos, esto se llama vinyasa.
- Cuando nos mantenemos en una postura durante varias respiraciones, esto se llama sthithi, que significa "plantarse, situarse o permanecer".

En este capítulo, hemos revisado el propósito de los asanas, y el significado de vinyasa como la técnica activa de transiciones que nos llevan hacia y fuera de las posturas fijas, el asana sthithi. *Vinyasa* no significa fluir, es una actividad de la respiración en movimiento. Esto es muy importante, es clave para la comprensión. El vinyasa nos lleva desde un punto A hasta un punto B, y luego de regreso. Es un circuito de *feedback*. Un río que fluye nos lleva hacia una sola dirección.

4

El asiento de la consciencia

En la actualidad, los asanas, o posturas, son uno de los aspectos más visibles del yoga, y cuando la gente menciona que practica o que enseña yoga, en general se refiere a los asanas. La posición final de cualquier asana, seas flexible o no, se llama el "estado del asana", o, en sánscrito, el asana sthithi. El significado literal de *asana* es "asiento". Tradicionalmente, la palabra *asana* se usaba en el ritual o la meditación para referirse tanto a la posición en que nos sentamos como a la esterilla de hierba que se utiliza para la devoción o la meditación. Etimológicamente, está compuesta de dos sílabas: *as*, un verbo que significa "sentarse", y *ana*, que significa "aliento" o "respiración". Por lo tanto, un asana es literalmente una posición en la que nos sentamos respirando, o nos sentamos con nuestra respiración. *Sthithi* significa "situación, estado, posición o residencia" y es en el asana sthithi en donde los efectos de cada postura se acrecientan. El asana sthithi y los vinyasas son complementarios; todos los vinyasas son activos y nos permiten ingresar y salir del asana sthithi, y el asana sthithi es la contraparte de la quietud y el enraizamiento del vinyasa.

Además, asana sthithi tiene dos componentes: estabilidad y comodidad. La estabilidad es *sthira*, y la comodidad (o felicidad) es *sukha*.

En los *Yoga Sutras*, el verso que describe la práctica de asana en realidad describe el asana sthithi, y dice de manera muy simple:

Sthira sukham asanam. 2.46

||||||

El asana es estable y cómodo.

En cada postura que realizamos, debería existir cierta cantidad de estabilidad y de felicidad, y ambos son componentes tanto del plano físico como del plano mental. Si una postura es desafiante pero tu mente está calma y en paz, entonces puedes alcanzar la estabilidad en la postura. *Sukha* significa, literalmente, "buen (*su*) espacio (*kha*)". Si recuerdas la descripción de los gunas del capítulo 2, sattva guna –que es la liviandad y la reflexión– se equipara con el rasgo de la mente que es calma, clara, espaciosa y reflexiva. El elemento del espacio equivale a la mente, así como la tierra equivale a los huesos (como tamas), y el fuego corresponde al sistema nervioso y la digestión (como rajas). Cuando leemos que una postura debe realizarse de manera que sea sukha, o que tenga un buen espacio, sugiere que estamos hablando no solo de la felicidad física sino también de las condiciones que crean la felicidad, que son psicológicas igual que físicas; y esta es una condición que incluye apertura, libertad y aceptación. Así como un espacio es un contendedor para los objetos, la mente es el contenedor para los pensamientos, las emociones, los sentimientos, las memorias y la información. El doctor y neurocientífico Daniel Siegel, uno de los expertos líderes en la exploración de aquella inefable entidad que llamamos "mente", describió a la mente como la experiencia interna y subjetiva que tenemos de la vida. En su libro *Tormenta cerebral, el poder y el propósito del cerebro adolescente*, discute sobre cómo la mente regula el fluir de la energía no solo dentro de nosotros sino en nuestra relación con los demás. Para que esto suceda, la mente también tiene capacidades autorreguladoras y organizativas para monitorizar el cambio y la corriente de información que está ingresando constantemente. En inglés, Siegel resume el contenido de la experiencia mental con el acrónimo SIFT (*sensation, information, feelings, thoughts*), lo que en español sería sensación, información, sentimientos y pensamientos;[32] todos estos elementos son corrientes de información que ocurren en el contenedor de la mente. La mente es un espacio neutral. Lo que determina nuestra felicidad en la vida es el contenido con el cual ocupamos la mente.

Entonces, ¿qué es estable y feliz y repleto de buen espacio en el asana? Nuestro cuerpo y nuestra mente. Estabilidad, quietud y alegría son cualidades tanto de la mente como del cuerpo, y es crucial que recordemos esto cuando practicamos asanas. Los asanas ayudan a mejorar las funciones el cuerpo, así como a calmar la mente, porque el cuerpo y la mente forman un continuo. Por lo tanto, aquello que trae quietud al cuerpo y a la mente es yoga. En el asana sthithi, practicamos la quietud. En el vinyasa, practicamos el movimiento. Si todo fuera vinyasa, nunca estaríamos quietos, de manera que el vinyasa debe conducirnos a la quietud, hacia un punto de calma, en el que la mente puede absorberse en el momento presente.

Una mañana de 1992 en Mysore, durante una conferencia de preguntas y respuestas con Pattabhi Jois, un estudiante preguntó: "¿Cómo sabes si tu postura es correcta?". Él respondió: "Cuando la

---

32. Daniel J. Siegel, *Brainstorm: The Power and Purpose of the Teenage Brain*. New York: Jeremy P. Tarcher/Penguin Group, 2013, 47-48. Hay traducción al español: *Tormenta cerebral: El poder y el propósito del cerebro adolescente*. Barcelona: Alba.

mente está tranquila, el asana es correcto". De todas las cosas que dijo, esta es una de mis favoritas (y la única vez que lo escuché decirla), debido a su sencillez y su verdad. El yoga revela la profunda quietud dentro de una mente que está dominada por los pensamientos durante todos los momentos en los que estamos despiertos y dormidos. La calma de la mente se manifiesta en la quietud. Cuando llegamos a ese lugar que está libre del pensamiento discursivo, y en donde nuestros corazones se inundan de un sentimiento de paz, gratitud y amor, sabemos que el yoga está haciendo su trabajo.

Aquí comparto algunos detalles que pueden ayudarte a moverte en esa dirección cuando practicas asanas:

- Al entrar en una postura, no te inquietes, no es necesario que vayas más profundo o más lejos. Esta lucha por ajustar más es otro pensamiento que sumas.
- Lleva tu consciencia a las diferentes partes del cuerpo mientras te mantienes en la postura, tu cuerpo pedirá la atención necesaria en donde haga falta.
- Mantén tu mente suave y relajada; una vez que hayas alcanzado el grado de profundidad que tu cuerpo te permita en la postura, tu consciencia debe mantenerse en la respiración equilibrada.

Pattabhi Jois explicó una vez que si hay un exceso de atención en la postura, la calidad de la respiración se pierde, y si hay mucha atención en la respiración, la calidad de la postura desaparece; por ende, debemos prestar la misma cantidad de atención a ambos elementos.

No todas las posturas de yoga serán cómodas las primeras veces (o meses o años) que las realizamos. Pero con el tiempo, nuestro cuerpo y nuestra mente se adecuarán a ellas, y aquello que era difícil se convertirá en nuestra segunda naturaleza. Esto brota de la práctica. La habilidad para permanecer en algo incluso cuando es difícil, y hacerlo con una mente calma, es uno de los principios fundamentales de la práctica del yoga. A través de un dominio progresivo logramos suavizar el esfuerzo, y al mantener la mente enfocada de una manera relajada en la respiración de posturas difíciles, aprenderemos a lidiar con la dificultad. De acuerdo a Patanjali, este es uno de los principales beneficios de practicar posturas: mediante ellas, seremos capaces de enfrentar las vicisitudes de la vida con fortaleza y una mente calma. Esto también se llama resiliencia, la capacidad de recuperarnos de la adversidad o del estrés, sin desequilibrarnos demasiado. Los doctores Steven Southwick y Dennis Charney describen esta habilidad en su libro *Resilience: The Science of Mastering Life's Greatest Challenges* como la capacidad de flexionarnos sin rompernos, y regresar a nuestra forma o condición original, y como una habilidad que podemos cultivar a través de la práctica (por ejemplo, mediante los asanas). El yoga es, efectivamente, un acto de equilibrio. Aunque *sthithi* significa "estable" y "constante", y sugiere un tipo de balance, nunca debemos olvidar que el balance requiere una enorme cantidad de energía; algunos incluso dicen que no se logra el equilibrio, sino que el equilibrio es un proceso. La capacidad de nuestro cuerpo de mantener la homeostasis –que incluye el balance del intercambio de gases, la glucosa, la temperatura y la presión sanguínea– es una labor de 24 horas que requiere una tremenda cantidad de energía. Las prácticas de las posturas, la respiración y la meditación –mediante una compleja confluencia de contribuciones– apoyan y motivan al cuerpo a encontrar el equilibrio a través de sus mecanismos inherentes de autorregulación.

En la práctica de posturas tenemos tres áreas principales a las que debemos prestarles atención: el cuerpo, la respiración y la mente. Para decirlo de manera simple, las posturas estabilizan el cuerpo, la respiración equilibra el sistema nervioso y la mirada aquieta la mente. En sánscrito esto se denomina *tristhana*. *Tri* significa "tres" y *sthana* significa "lugar". Cuando tenemos en cuenta estos tres factores básicos estamos creando una práctica compleja que integra de manera holística al cuerpo y la mente. Por lo general, no es razonable esperar que seamos capaces de poner foco en estos tres elementos por igual, ya que la mente puede estar en un solo lugar a la vez. De manera que estos tres lugares en los que ocurre la acción en el yoga actúan como recordatorios o lugares para registrar, para que podamos llevar nuestra consciencia de un lado al otro entre el cuerpo (que está haciendo una postura), nuestra respiración (que debería tener fluidez y estabilidad) y nuestra mente (que tiene tendencia a deambular pero que puede estar focalizada en diferentes puntos de apoyo de la mirada, llamados *drishti*).

De estos tres elementos de tristhana, ya hemos cubierto el tema de la postura, asana, que colabora con la salud, la estabilidad y el funcionamiento adecuado del cuerpo. Ahora vamos a dedicarnos a la respiración, que impacta en el equilibrio del sistema nervioso, y al drishti, que influye en la estabilidad de la mente. La respiración tiene otros beneficios, además de equilibrar el sistema nervioso. La lista que sigue a continuación no es completa, ya que los beneficios de respirar abarcan un tema muy amplio, pero aquí hay algunos de los más importantes puntos acerca de cómo la respiración amplía nuestra experiencia del yoga:

- Es una medida de nuestra producción de energía.
- Es un indicador de resistencia.
- Nos dirá cuando ya hayamos hecho lo suficiente.
- Es un ancla para nuestra consciencia.
- Nos calma o nos energiza.
- Crea un profundo foco mental.

El tipo de respiración que Krishnamacharya (y luego Pattabhi Jois y Desikachar) enseñaba a sus estudiantes a usar durante la práctica de posturas es un método ligeramente restrictivo, en el cual se produce un sonido susurrante o sibilante a través de la nariz. Es el sonido que harías si estuvieras exhalando por tu boca para empañar un vidrio, o si estuvieras susurrando pero dirigiendo la respiración por la nariz en lugar de la boca. La estructura anatómica que crea este sonido es la glotis, que es la apertura de las cuerdas vocales en la parte superior de la laringe, que se encuentra arriba de la tráquea. Durante una respiración calma, la glotis está más o menos abierta. Cuando hablamos o cantamos, la glotis vibrará abierta y cerrada para ayudar a crear la resonancia en conjunto con la laringe. Cuando practicamos una respiración sonora o vocalizada, la glotis se mantiene ligeramente cerrada. Idealmente, la inhalación y la exhalación tienen la misma duración, y ambos sonidos suenan de forma muy similar. Además, la respiración debe ser *dirgha*, que significa "largo", y *sukshma*, que significa "sutil". Si la respiración es muy corta, o estamos jadeando y resoplando, entonces hemos perdido el hilo de la respiración y el hilo del yoga. Dirgha y sukshma indican si hay suavidad y estabilidad en la respiración de la práctica de asana. La idea de dirgha no es igual a la cantidad, así que no significa tomar grandes bocanadas de aire; solo estamos extendiendo el largo natural de la respiración.

También puedes crear el sonido vocalizado de la respiración sencillamente al extender de manera muy consciente la inhalación y la exhalación. El simple acto de alargar la respiración cierra la glotis ligeramente, de manera que tengas control sobre su duración. Pattabhi Jois la llamaba "respiración de la nariz y la garganta", porque llevamos mucha consciencia al recorrido de la cavidad nasal hasta la tráquea, o "respiración con sonido". También dijo que la respiración debería enfocarse entre el corazón y la garganta, lo que implica que los abdominales inferiores se mantengan activos para apoyar el movimiento del diafragma hacia fuera, expandiendo más los pulmones. En el yoga dedicado al trauma, este tipo de respiración se denomina "respiración oceánica", porque el sonido que se realiza es similar a las olas que rompen contra la orilla y luego regresan al mar.

Una vez que alcanzamos la idea de la estabilidad o constancia de la respiración, podemos usarla para medir muchos de los elementos de la lista anterior. Por ejemplo, si estamos forzando una postura o luchando por entrar a una posición para la cual no estamos listos, la respiración cambiará: puede detenerse, puede sonar asfixiada o puede acelerarse. Esto es producción energética. Si estamos jadeando y resoplando, o haciendo un esfuerzo excesivo para recuperar el aire, entonces hemos llegado a los límites de nuestra resistencia. A veces, cuando ya hemos hecho suficiente, la respiración tiende a agotarse, y ya no puede hacer más sonido, pero tampoco nos quedamos sin aire. Esto significa que ya hemos hecho lo suficiente por el día y deberíamos descansar.

Unir la estabilidad de la respiración con las posturas también nos ayuda a enfocar nuestra atención en el presente. Cuando la respiración es estable, el asana está equilibrado y así también la mente. Cuando la respiración está inestable, agitada o es restringida inconscientemente, entonces es probable que tanto nuestro esfuerzo como nuestra mente no estén tranquilos. Mediante la práctica es posible usar el esfuerzo energético para alcanzar una postura desafiante mientras mantienes estable tu respiración; esto es un indicador de que tu respiración, tu cuerpo y tu sistema nervioso se están fortaleciendo. La respiración puede energizarnos, así como calmarnos. A través de una respiración fuerte y constante podemos crear energía, y mediante exhalaciones relajadas y extensas podemos promover la relajación. En el capítulo 11 profundizaremos en este tema.

Por último, cuando estamos complemente enfocados en la respiración, nuestra consciencia se vuelve hacia nuestro interior para estar plenamente presente en cada movimiento que realizamos, cada respiración que tomamos, y en las sensaciones interiores que produce la práctica de yoga. Esto genera una cualidad muy profunda de consciencia y de foco internos, que es la característica distintiva del yoga. La respiración sonora también crea fricción, lo que naturalmente nos hace entrar en calor. Este calor, combinado con el movimiento del vinyasa, genera un calor purificante en todo el cuerpo.

En resumen, la respiración debería:

- Tener la misma longitud tanto en la inhalación como en la exhalación.
- Generar un sonido sibilante en la nariz y en la garganta.
- Enfocarse en el trayecto del corazón a la garganta, lo que significa que la barriga no debería expandirse hacia fuera cuando inhalas.
- Producir aproximadamente el mismo sonido al inhalar y al exhalar.

Drishti es el tercer ingrediente de tristhana, y sirve para estabilizar la mente. *Drishti* es una palabra sánscrita que significa "visión, vista, punto de vista" o, en forma de verbo, "poner la mirada en". La raíz verbal *dr* significa "colocar o mantener", y en el yoga depositamos nuestra mirada en un punto particular, y dejamos que ese punto sostenga la mirada. Cuando miramos los pulgares o la nariz, no estamos mirando fijamente, sino depositando nuestra mirada en ese lugar, de la misma forma en que colocamos un libro sobre una mesa. Cuando nuestra mirada reposa en cualquiera de los puntos de apoyo, la mente debería descansar, porque el estado de atención nace cuando la mente está en reposo, no cuando la mente intenta hacer foco intensamente. Suavizar los ojos, especialmente los ángulos externos de los ojos, puede contribuir a calmar la mente, ya que los nervios de esa área pertenecen a la rama parasimpática del sistema nervioso, que gobierna el descanso, la relajación y la recuperación.

Hay nueve drishtis o apoyos de la mirada, según el *Yoga Korunta*:[33]

1. La punta de la nariz, *nasagra*.
2. Entre las cejas, *brumadhya*.
3. El ombligo, *nabhi chakra*.
4. Las manos, *hastagra*.
5. Los pies, *padagra*.
6-7. Ambos lados, *parshva*.
8. Los pulgares, *angushta*.
9. La mirada hacia arriba, *urdhva*.

Una función básica de nuestro aparato visual es que nuestra atención mental seguirá a nuestra mirada, o, para decirlo de manera

---

33. Estos nueve drishtis están enumerados en uno de los versos del *Yoga Korunta* que Pattabhi Jois aprendió oralmente de Krishnamacharya: *Nāsāgre netrayormadhye nābicakras tathaiva ca hastāgre pādayoragre pārśvayor ubhayor api aṅguṣṭhāgre urdhva-dṛṣṭih navadṛṣṭi-prakīrtitāh.*

más simple: "la mente va hacia donde van los ojos".[34] Intenta este sencillo experimento: cuando estés por tener un pensamiento, o por recordar algo, o estés estresado, mantén tus ojos muy quietos, y observa qué sucede con tus procesos mentales. Notarás que a veces, cuando comienzas a pensar para buscar una palabra, formular una idea o realizar una operación matemática, tus ojos mirarán hacia arriba y hacia la izquierda o derecha (en un intento por acceder a la información) o las pupilas se dilatarán. El esfuerzo mental y la dilatación de las pupilas tienen una correlación estrecha.[35] Cuando suavizamos los ojos y los mantenemos quietos, nuestra actividad mental cambia junto con ellos. Aflojar los ojos, relajarlos y poner nuestras palmas sobre ellos son formas de reducir el estrés y aliviar la tensión mental. Durante la práctica del yoga, usamos los ojos conscientemente para practicar una atención serena y enfocada que puede ayudarnos a alcanzar la estabilidad mental y, con suerte, a prevenir el estrés que se construye a lo largo del día.

La retina es la parte del ojo que trasforma la luz en señales nerviosas y que nos permite ver desde las luces de estrellas lejanas hasta la luz del día; percibir las diferentes longitudes de onda de la luz como un amplio espectro de colores; distinguir tanto una partícula de polvo como la extensión de una montaña y apreciar la profundidad de campo. Debido a que la retina crece del cerebro en línea directa con las células

---

34. Maurizio Corbetta et al., "A Common Network of Functional Areas for Attention and Eye Movements," *Neuron* 21, Nº 4 (octubre 1998), 761-73.

35. Daniel Kahneman, *Thinking, Fast and Slow*. New York: Farrar, Straus and Giroux, 2011. Ver pp. 32-35: "Así como el medidor de electricidad de tu casa o departamento, las pupilas ofrecen un índice de la velocidad de energía mental que es utilizada". Editado en español como *Pensar rápido, pensar despacio*, Editorial Debolsillo, 2015.

cerebrales, al enfocar los ojos (al practicar los drishtis) tenemos conexión directa con nuestro cerebro. Estabilizar la visión es tranquilizante para la mente, y se considera que ayuda a fortalecer los músculos oculares y, quizás más significativamente, puede ser una de las razones por las cuales los yoguis creen que los drishtis ayudan a controlar la mente, ya que nuestros ojos se conectan automáticamente con el cerebro, donde se procesa el pensamiento. Al originarse en el cerebro, nuestros ojos son uno de los vehículos por los cuales el cerebro se contacta con el mundo que nos rodea. Por ende, los procesos visuales tienen un profundo impacto en el desarrollo cerebral, y los drishtis usan los procesos visuales para apoyar las funciones cerebrales coherentes, como la memoria, la percepción y la habilidad de practicar la quietud mental.[36]

Durante el día, cuando sientas que la tensión y el estrés aumentan, puedes tomar contacto con tu mirada, de la misma forma que explorarías tu respiración:

- ¿Notas alguna tensión en los ojos?
- Esa tensión, ¿puede aliviarse al apoyar tus palmas sobre los ojos?
- ¿Puedes relajar tus ojos al cerrarlos levemente y descansar tu mirada en un punto fijo?
- ¿Tu foco mental crece cuando observas una sola dirección de forma ininterrumpida?

Observa si la práctica del drishti y el descanso de los ojos para aliviar la mente pueden ser integrados a tus herramientas para la reducción

36. Michal T. Kucewicz et al., "Pupil Size Reflects Successful Encoding and Recall in Memory in Humans", *Scientific Reports* 8 (2018). https://www.ncbi.nlm.nih.gov/pubmed/29563536 [6/11/2019].

del estrés o tus prácticas de mindfulness. Puedes usarlos en cualquier momento del día, pero son muy importantes durante la práctica de yoga porque te ayudan a mantenerte enfocado. No tiene demasiado sentido realizar posturas de yoga y que tu mirada deambule por toda la sala, dejando que tu atención se disperse. Los puntos de apoyo de la mirada son otra herramienta para traer tu mente al presente.

Los beneficios del yoga para la salud

A esta altura, ya todos sabemos lo importante que es movernos un poquito todos los días, así como hacer ejercicio un par de veces por semana. La salud, en general, equivale al movimiento. Cuando nuestra sangre fluye adecuadamente, cuando nuestro sistema nervioso emite mensajes claros, cuando digerimos la comida y cuando nuestros miembros se mueven con libertad, nos sentimos en un buen estado de salud física. Nuestros cuerpos están compuestos por alrededor de treinta y siete trillones de células, que transmiten mensajes una a la otra para poder mantener nuestros cuerpos –que básicamente son un ambiente celular– en funcionamiento. Existe una incalculable cifra de procesos fisiológicos que se llevan a cabo en nuestro interior permanentemente, y nosotros (esto incluye a los médicos, neurocientíficos, expertos en biomecánica y físicos cuánticos) no tenemos idea de cuáles son ni cómo funcionan. Nuestras células saben mucho más que nosotros.

Pero algo que sí sabemos es que el movimiento de alguna manera mantiene unificado nuestro ambiente celular. Nuestro corazón palpita, nuestra sangre produce presión, nuestra respiración fluye, nuestros intestinos se mueven, nuestro sistema nervioso se activa, nuestra mente salta de un lado al otro, y nuestros miembros desean moverse. Somos seres que se mueven, así que no es de extrañar que el movimiento diario nos ayude a recomponernos. El Dr. John Ratey, en su libro *Spark*, explica con gran detalle la conexión entre el cerebro y el cuerpo, así como los numerosos aspectos que se ven afectados por el movimiento. En un capítulo sobre el aprendizaje, aborda el trabajo del neurofisiólogo Rodolfo Llinás, quien en su libro *El cerebro y el mito del yo* escribió: "Aquello que llamamos pensamiento es la internalización evolutiva del movimiento". El Dr. Ratey explica: "A medida que nuestra especie evolucionó, nuestras habilidades físicas se transformaron en las capacidades abstractas de predecir, secuenciar, estimar, planear, ensayar, observarnos a nosotros mismos, juzgar, corregir, cometer errores, modificar tácticas y recordar todo lo que hicimos para poder sobrevivir".[37]

En adición a esto, quisiera mencionar que usamos todas estas habilidades no solo para sobrevivir, sino para transformarnos. Nuestro cerebro se desarrolló a medida que evolucionamos (en forma simultánea, o porque hay una influencia mutua) a criaturas más complejas, físicas y móviles; y quizás la práctica de posturas nos ayuda a transformarnos en criaturas más atentas, compasivas y reflexivas, no simplemente entidades que se mueven.

Sin embargo, esta investigación deja en claro que el movimiento nos ayuda a organizar las funciones que el cerebro procesa, y es por esto que las posturas nos ayudan a sentirnos enraizados, centrados, organizados y más cómodos en nuestros cuerpos.

El ejercicio regular no solo mejora nuestra salud cerebral y nuestra aptitud física, sino que también impacta en las funciones que nuestro cerebro supervisa:

37. John J. Ratey, con Eric Hagerman, *Spark: The Revolutionary New Science of Exercise and the Brain*. New York: Little, Brown, 2008, 41.

- Estrés.
- Ansiedad.
- Funciones hormonales.
- Sueño.
- Digestión.
- Presión sanguínea.
- Apetito sexual.
- Temperatura corporal.
- Estado de ánimo.
- Capacidades de aprendizaje.
- Memoria.
- Funciones ejecutivas.
- Expresión de la compasión y la empatía.
- Envejecimiento.

Cada una de estas facetas de nuestra existencia contribuye a nuestra salud física y emocional, y todas están correlacionadas con el cerebro. Muchas de ellas, como la presión sanguínea, la temperatura corporal, la digestión y el apetito sexual, son supervisadas por el tronco cerebral; y son funciones de supervivencia. Otras, como el aprendizaje, la memoria y las funciones ejecutivas, son procesos que denominamos como funciones cerebrales "superiores". Las funciones ejecutivas son la planificación a largo plazo o estratégica, la interacción social y las expresiones de compasión y empatía. Estudios científicos recientes han demostrado que la práctica de posturas puede ser útil para apoyar y mejorar muchas de las funciones de esta lista.[38]

---

38. El libro de Sat Bir Singh Khalsa, *The Principles and Practice of Yoga in Health Care*, es una colección extensa e invalorable de estudios sobre el yoga que abarcan desde las condiciones de salud mental hasta el cáncer.

Durante los últimos años he diseñado protocolos de yoga para la investigación liderada por el Dr. Marshall Hagins.[39] Dos estudios en particular son notables por sus resultados, uno dedicado a las condiciones de hipertensión en afroamericanos y el otro basado en el promedio general de los estudiantes de escuela secundaria. Los protocolos no fueron demasiado diferentes, pero sí lo fue la audiencia a la que estaban dirigidos. Los dos estudios tuvieron resultados positivos: en el de la presión arterial hubo una reducción estadísticamen-

39. Marshall Hagins y Andrew Rundle, "Yoga Improves Academic Performance in Urban High School Students Compared to Physical Education: A Randomized Controlled Trial", *Mind, Brain, and Education* 10, N° 2 (mayo, 2016), 105-116; M. Hagins, A. Rundle, N. S. Consedine y S. B. Khalsa, "A Randomized Controlled Trial Comparing the Effects of Yoga with an Active Control on Ambulatory Blood Pressure in Individuals with Prehypertension and Stage 1 Hypertension", *Journal of Clinical Hypertension* 16, N° 1 (4 de enero, 2014), PubMed PMID: 24387700; D. Wang y M. Hagins, "Perceived Benefits of Yoga Among Urban School Students: A Qualitative Analysis", *Evidence-Based Complementary and Alternative Medicine*, 2016, Article ID 8725654, http://dx.doi.org/10.1155/2016/8725654 [6/11/2019]; M. Hagins, R. States, T. Selfe y K. Innes, "Effectiveness of Yoga for Hypertension: Systematic Review and Meta-analysis," *Evidence-Based Complementary and Alternative Medicine* 2013, 2013:649836, doi: 10.1155/2013/649836; L. Daly, S. Haden, M. Hagins, N. Papouhis y P. Ramirez, "Yoga and Emotional Regulation in High School Students: A Randomized Controlled Trial", *Evidence-Based Complementary and Alternative Medicine* 2015, Article ID 794928, doi:10.1155/2015/794928; y S. Haden, L. Daly, and M. Hagins, "A Randomised Controlled Trial Comparing the Impact of Yoga and Physical Education on the Emotional and Behavioural Functioning of Middle School Children", *Focus on Alternative and Complementary Therapies* 19, N° 3 (septiembre 2014), 148-155.

te significante de la presión sistólica; y en el estudio del promedio académico general, los estudiantes que tuvieron cuarenta semanas de yoga –en comparación con cuarenta semanas de gimnasia– pudieron elevar su promedio general unos 2,7 puntos.

¿Cómo puede ser que básicamente las mismas prácticas tengan efectos tan diferentes? Mi sugerencia es que el yoga, mediante las posturas, la respiración y la atención enfocada, equilibra eficazmente las funciones nerviosas y el sistema nervioso; a través de la homeostasis, el sistema nervioso sabe lo que necesita ser equilibrado o corregido en cualquier momento. Cuando el cerebro recibe apoyo adecuado mediante el ejercicio (porque el cerebro y el movimiento son sinónimos) las funciones que se destacan son las que comienzan automáticamente a fortalecerse. De manera que, cuando la presión sanguínea es deficiente, el yoga ayudará a restablecer los niveles adecuados; si el nivel de estrés es muy alto, la práctica del yoga ayudará a regular (especialmente con la respiración) las zonas del cerebro y del sistema endocrino que son responsables de la secreción de la adrenalina y el cortisol.

Aunque no es una panacea para todas las enfermedades, lo que el yoga hace esencialmente es un acto interno de equilibrio para nuestro cerebro, sistema nervioso y mecanismos celulares. Restablece las funciones que están desalineadas para recobrar un estado de balance. El cuerpo es inteligente y sabe lo que tiene que hacer. Si actuamos y vivimos de una manera que sustenta nuestra inteligencia, el cuerpo volverá al equilibrio. Si padecemos una enfermedad que no es producto de una disfunción de nuestro estilo de vida, nuestra dieta y nuestros hábitos, también podemos usar el yoga y la forma de vida para ayudarnos a reforzar la capacidad del cuerpo de curarse a sí mismo. Esto se refleja en pacientes con cáncer o esclerosis múltiple que se apoyan en la alimentación, el yoga, la meditación, el sueño y las emociones positivas para mejorar y controlar sus enfermedades. En resumen, el yoga colabora con la autorregulación.

Las posturas en el pasado

En su tratado, Patanjali no nos brinda instrucciones específicas o elaboradas acerca de cómo realizar las prácticas que enumera. Sus sutras describen los nombres y los tipos de prácticas y los efectos que producen. Los *Yoga Sutras* no constituyen un manual de instrucciones similar a aquellos que encontramos cuando compramos un equipo de música, que nos explican qué enchufar y dónde enchufarlo, y cómo resolver cualquier inconveniente que surja con el aparato. Patanjali no entra en tantos detalles porque se dedica a categorizar y recopilar diferentes prácticas; no nos dice cómo realizarlas. Por ejemplo, Patanjali dice que deberíamos practicar *ahimsa* (no violencia) y que el efecto de la no violencia logra que la hostilidad se detenga ante la presencia de alguien que se ha consolidado en este principio. Pero no nos dice exactamente cómo practicar la no violencia. ¿Acaso quiere decir que debemos volvernos vegetarianos o veganos? ¿Significa que debemos practicar la no violencia en cada situación que enfrentemos? ¿Qué sucede cuando tenemos que ejercer violencia en defensa propia o proteger a alguien que está siendo abusado? Patanjali no dice nada al respecto. La instrucción sobre la práctica de la no violencia proviene de un maestro que posee la experiencia o la práctica de este principio. También deriva de nuestra propia reflexión sobre esta idea, y su incorporación a nuestras vidas. Asimismo, podemos recurrir a distintos textos, por ejemplo el *Mahabharata* o los escritos de Mahatma Gandhi y el Dr. Martin Luther King Jr.

En lo que se refiere al asana, Patanjali resume en tres sutras un compendio general acerca de la totalidad de la práctica de asana. El primer sutra brinda la definición de asana, el segundo describe cómo debe ser practicado y el último detalla los resultados que surgen de un ejercicio correcto del asana:

1. Los asanas deben realizarse de forma regular y cómoda. (*YS* 2.46).
2. Nuestro esfuerzo debe ser calmo, y nuestra mente debe ser atraída por la consciencia infinita. (*YS* 2.47).
3. El resultado de practicar de esta manera se verá reflejado en nuestra capacidad para resistir las vicisitudes de la vida, o, según lo describe él, para trascender las dualidades. (*YS* 2.48).

Patanjali no se explaya sobre cuáles son las posturas que podemos practicar. Estas deben ser explicadas por un maestro, y pueden ser muy diversas, dependiendo del maestro y de su experiencia en el yoga.

Ocasionalmente se dice que, debido a que Patanjali escribió muy poco sobre los asanas, estos no deben ser considerados como una parte importante de la práctica; o que el foco en las posturas durante los últimos cien años es un fenómeno relativamente nuevo y que quizás no haya sido la forma en que el yoga se practicaba hace quinientos o mil años atrás.[40] Esta es una falacia lógica. Hace quinientos o mil

40. Gudrun Bühnemann, *Eighty-Four Asanas in Yoga: A Survey of Traditions*, New Delhi: DK Printworld, 2007, 20-21: "Esta visión sobre la posición subalterna de los asanas difiere claramente de la que tienen la mayoría de las escuelas de yoga modernas". Y en la página 22: "Aun así, las escuelas de yoga actuales regularmente invocan la autoridad de los *Yoga Sutras* a pesar del hecho de que hay muy poco

años atrás, muy pocas cosas eran documentadas, ¿cómo podemos decir que lo que hacemos ahora o lo que enseñó Krishnamacharya no es lo que se hacía en aquel momento? Aunque esta proclamación puede ser verdadera para el yoga "de gimnasio" y los híbridos modernos, no se puede atribuir con certeza semejante actitud a Krishnamacharya. Además, este tipo de razonamiento demuestra una confusión sobre lo que un sutra es en realidad versus lo que se supone que provee, que son pautas, no instrucciones explícitas.

Y si miramos con atención algunos comentarios en los textos yóguicos, encontraremos indicios de que hay mucho más de lo que está escrito. Por ejemplo, Vyaas, quien fue el primero en comentar los *Yoga Sutras*, enumeró once asanas importantes que deberían ser realizados, pero agregó la palabra *adi*, que significa "etcétera", lo que nos sugiere que existen muchos más. Shankaracharya, el gurú original de la tradición filosófica no dualista del Advaita Vedanta, reflexionó acerca de esto: "Por el uso de la palabra *adi* uno debe entender cualquier otra postura enseñada por el maestro".[41] Esto nos indica que se conocía la existencia de diversas posturas y que estas debían ser aprendidas de un maestro.

Para quienes estén interesados, existen otros textos, como el *Kapala Kurantaka Hathabhyasa Paddhati*, publicado en India por

───

en su plan de estudios que guarde similitud con las enseñanzas del texto". Mark Singleton, *Yoga Body: The Origins of Modern Posture Practice*, London: Oxford University Press, 2010, 27: "Pese a la carencia de información acerca del asana en los *Sutras* y en los comentarios tradicionales, el texto es continuamente invocado como la fuente y la autoridad de la práctica postural del yoga moderno".

41. T. S. Rukmani (trad.), *Yogasūtrabhaāsyavivarana of Śankara: Vivarana Text with English Translation and Critical Notes Along with the Text and English Translation of Patanjali's Yogasūtras and Vyāsabhāsya*, vol. 1, New Delhi, India: 2010, 369.

Kaivalyadham, un texto sin datar que, según el director de investigación de Kaivalyadham, el Dr. M. L. Gharote, pudo haber sido escrito alrededor del siglo XIV,[42] y datado por el académico Jason Birch como un texto del siglo XVII o XVIII.[43] Este texto enumera ciento doce posturas diferentes. Todos los textos antiguos mencionan solo unas pocas posturas, así como algunas prácticas de pranayama, pero según dice Shankaracharya en el *Yoga Taravali*, existen miles de estilos de pranayamas. Él solo se refiere al *kevala kumbhaka,* considerado el más importante por él y por los yoguis, y no se explaya sobre ningún otro.[44] No debemos suponer, por lo tanto, que una lista trunca representa un número limitado de técnicas; esto tiene que ver con la naturaleza del soporte: incluso si existen cientos o miles de técnicas, no es práctico o eficiente escribirlas a todas, ya que escribir sobre hojas de palma lleva

----

42. Estimación del Dr. M. L. Gharote, James Russell, "Yoga Korunta: Unearthing an Ashtanga Legend", James Russell Yoga, 11 de noviembre, 2015 (blog post), http://www.jamesrussellyoga.co.uk/blog-james- russell_files/Yoga%20Korunta%20 %20unearthing%20an%20Ashtanga%20legend.html [6/11/2019].

43. Karl Baier, Philipp A. Maas y Karin Preisendanz (eds.), "The Proliferation of Asanas in Late Medieval Yoga Texts", *Yoga in Transformation: Historical and Contemporary Perspectives on a Global Phenomenon.* Vienna: Vienna University Press, 2018, 131.

44. T. K. V. Desikachar y Kausthub Desikachar (trads.), *Adi Sankara's Yoga Taravali*, Chennai, India: Krishnamacharya Yoga Mandiram, 2003: "*Sahasrashah santu hathesu kumbhah sambhavyate kevala kumbha eva | kumbhottame yatra tu rechapurau pranasya na prakrtvaikrtakhyau ||* La escuela de Hatha Yoga habla acerca de miles de tipos de pranayama. Entre ellos, Kevala Kumbhaka es el más respetado. En este estado de Kevala Kumbhaka, no hay movimiento de la respiración ni hacia fuera ni hacia dentro".

mucho tiempo y, además, estas técnicas deben aprenderse de forma directa de un maestro. En cambio, se escriben las más importantes. Esta es la razón por la cual Vyaas agrega la palabra *adi* a su lista. La práctica de asanas como un componente de la disciplina espiritual no es nueva; la cantidad y la variación de las posturas son extensas.

Los cuatro senderos del yoga

Existen cuatro senderos generales en el yoga:

1. *Jnana Yoga*: el yoga de la indagación, el estudio de textos y el debate.
2. *Karma Yoga*: el yoga del servicio y la entrega de las acciones a Dios.
3. *Bhakti Yoga*: el yoga de la devoción, que se realiza a través del servicio, el canto y el ritual.
4. *Raja Yoga*: el Camino Real, el yoga de la práctica (sinónimo del Ashtanga Yoga).

Cada uno de ellos es un tema extenso en sí mismo, pero para hablar de forma general, cada persona tiene una inclinación que la atrae hacia uno u otro. Algunas personas son más devocionales por naturaleza, mientras que otras son más analíticas. Los diferentes sistemas están aquí para satisfacer nuestra naturaleza individual y nuestras necesidades, lo que se llama *adhikara* (elegibilidad) en sánscrito. Sin embargo, los diferentes enfoques no son excluyentes entre sí. Incluso cuando estás comprometido con el Raja Yoga, sentirás bhakti, o una sensación de devoción, hacia tu práctica o tu maestro. Cuando la práctica se realiza como una entrega (karma) y con conocimiento de las fuentes filosóficas (jnana), los beneficios son mucho más profundos. En realidad, los senderos del yoga se entrecruzan. Cada uno de nosotros elegirá uno como el foco principal, aquel estilo que resulte agradable y natural y que nos ayude a explorar nuestro ser más recóndito.

Para resumir el asana:

- La postura debe ser estable y cómoda.
- Nuestros esfuerzos deben realizarse con una mente calma.
- Nuestra atención debe enfocarse en nuestro interior, en expandir la consciencia en todas las zonas de nuestro cuerpo, no solo en la zona que se estira, se fortalece o hace la mayor parte del trabajo.
- Los dos componentes de la postura son el asana sthithi y el vinyasa.

5

¿Dónde está mi mente?

La pregunta acerca de la dualidad mente-cuerpo ha incomodado a los filósofos durante siglos. Las tradiciones tanto de Oriente como de Occidente sostienen que la realidad mente-cuerpo es una experiencia unificada; sin embargo, a partir de principios del siglo XVII y la era de la ciencia y la razón, Occidente adoptó una visión fragmentada de esta realidad que gradualmente se infiltró en nuestra consciencia colectiva, al mismo tiempo que el misticismo quedó relegado y los dogmas de la religión y de la ciencia ocuparon el primer plano.[45]

45. Neeta Mehta, "Mind-Body Dualism: A Critique from a Health Perspective", *Mens Sana Monograph* 9, Nº 1 (enero-diciembre 2011), 202-209: "Este método implicó despedazar un problema y reorganizarlo bajo un orden lógico. Bajo el nombre de 'revolución científica' que el positivismo trajo consigo, florecieron disciplinas como la física, la química y la astronomía, pero también se delimitaron las ciencias exactas. El éxito del método científico reforzó la filosofía de Descartes y la metodología aun más, y aportó al dogma del cientificismo (Klein y Lyytinen, 1985) la creencia de que el método científico era el único camino legítimo hacia el conocimiento".

Quizás, esto fue consolidado por Descartes, cuya visión mecanicista y dualista del mundo lideró la era del reduccionismo, la perspectiva de que hay que fraccionar la totalidad para poder comprenderla. De acuerdo con Descartes, los estados mentales son distintos y diferentes de los estados físicos, un razonamiento que condujo a la separación de la mente y el cuerpo a lo largo de los siglos, y que causó confusión y sufrimiento psicológico, ya que las personas otorgan mayor importancia a lo que sucede en sus mentes, pero se olvidan de que tienen un cuerpo (que también es un campo de experiencia). El filósofo inglés Gilbert Ryle rebatió esta doctrina, llamando al modelo de Descartes "el fantasma en la máquina",[46] declarando que la doctrina está en conflicto con lo que actualmente sabemos sobre el cuerpo y la mente, que son un continuo. Aunque el célebre dicho de Descartes es "pienso, por lo tanto, existo", lo que realmente quiso decir es que lo único de lo que no podía dudar en absoluto era de que estaba pensando. Qué pasaría, reflexionaron los yoguis, si dudáramos de que el pensamiento es lo primordial. Entonces, los yoguis dijeron: "Yo soy, por lo tanto, pienso". Buscaron mirar más allá de la mente, levantando el capó del auto, por decirlo así.

Los reduccionistas nos enseñaron a examinar las partes para comprender la totalidad, y eso es lo que la ciencia hace, en mayor parte. Cuando examinamos las partes, podemos aprender muchísimo sobre

---

46. Gilbert Ryle, "Descartes' Myth", en *The Concept of Mind*, London: Hutchinson, 1949, 13: "La teoría oficial es tal, en rasgos generales. Con frecuencia me refiero a ella, a modo de ofensa deliberada, como 'el dogma del fantasma en la máquina'. Aspiro a probar que es completamente falsa, y falsa no solo en los detalles sino en esencia. No es solamente una recopilación de errores particulares. Es un gran error y un error especial. Es, concretamente, un error de categorización".

cada cosa en particular: cómo trabaja una célula individual del hígado o cómo se contrae un músculo. Pero una célula del hígado no existe de forma independiente del órgano completo, que a su vez no puede existir sin el cuerpo que lo rodea; así como el músculo no puede contraerse sin el sostén y la activación de los huesos, tendones, ligamentos y el sistema nervioso. De la misma manera, no podemos existir (y no existimos) separados del mundo en que vivimos: este planeta, este aire, esta agua y la tierra y los alimentos que crecen en ella. Somos un conjunto de procesos. La mente es parte del proceso que coordina la información entrante y su almacenamiento, y luego dirige nuestros actos en relación con esa información en particular, lo cual depende de cómo nos sentimos ante esos datos o ese contacto. Si algo se siente seguro y confiable, nos acercaremos. Si se siente peligroso o amenazante, nos alejaremos.

El yoga, antes que nada, es una práctica para nuestra mente, aunque mayormente pensemos que se trata de posturas para nuestros cuerpos. Como hemos visto hasta ahora, la mente y el cuerpo no se consideran como entidades distintas y separadas, sino como una descripción de dos procesos integrados e interdependientes que fueron separados entre sí solo en aras de la examinación, y con el objetivo de comprender sus variadas funciones. En la práctica, estas no están separadas. Como un área unificada, el complejo mente-cuerpo presenta aspectos visibles y no visibles: el cuerpo es aquello que podemos ver, y la mente, las emociones, la memoria, el intelecto y los sentimientos son la representación de lo que podemos sentir o percibir, pero no podemos ver. Lo visible da vida a lo invisible, y viceversa. Por ejemplo, la sensación de amor o de miedo a veces se siente primero como un nudo en el estómago, o en el ritmo acelerado de nuestro corazón, antes de que lo identifiquemos como un pensamiento o una emoción. De manera similar, nuestra postura, tanto encorvada como erguida, envía una señal a nuestro cerebro que nos hace sentir que estamos comprometidos con el entorno, o evitándolo o aislándonos. Podemos cambiar nuestra actitud y nuestro estado de ánimo simplemente al modificar nuestra postura: nuestros cuerpos reflejan nuestras actitudes mentales, y nuestras mentes se reflejan en nuestras posturas. Piensa en cualquier estudiante de secundaria que está encorvado sobre su silla para evitar ser llamado por la profesora cuando no ha realizado su tarea, y tendrás un ejemplo claro del deseo de la mente de no ser vista a través de la postura. Los ejemplos abundan, porque el mundo interno de las personas se refleja en el cuerpo: lo que piensan, lo que atraviesan y lo que sienten.

Ya que el yoga es considerado mayormente una práctica de posturas, es natural que nos preguntemos cómo es posible que la mente se equilibre a través de las posturas que toma el cuerpo. Si las posturas son algo físico ¿por qué deberían cambiar el funcionamiento de la mente, o cambiar lo que llamamos, por decirlo mejor, el contenido mental? ¿No es esto un indicador de que mi mente y mi cuerpo no están separados, sino interconectados? La respuesta parece ser sí. Los efectos del yoga en nuestros cuerpos resultan asombrosos. Estudios recientes han demostrado que la práctica regular de yoga, incluso en cantidades modestas, puede ayudar a reducir la presión arterial, disminuir la ansiedad y la depresión, aliviar el dolor de espalda, atenuar los síntomas del TEPT, disminuir la frecuencia de ataques de asma, favorecer la postura, la fuerza y la coordinación, mejorar la salud cardiovascular y la respiración, colaborar con la autorregulación en los niños, etcétera. Es notable que una práctica pueda tener un abanico tan amplio de efectos. Muchas de las enfermedades o problemas que el yoga alivia (como la hipertensión, la depresión, el TEPT y la autorregulación) son deterioros mentales y emocionales que son ocasionados por experiencias traumáticas o un exceso de estrés en nuestras vidas. Estos eventos que afectan al cuerpo tienen un efecto inmediato en la mente, pero dejan su huella en el cuerpo físico. De alguna manera, la práctica de yoga asanas, realizada con consciencia e intención, puede comenzar a atenuar la influencia que los eventos traumáticos tienen sobre nosotros, al trabajar primero con el desbloqueo del cuerpo. Dentro de la ciencia médica se sabe que las enfermedades cardiovasculares (por ejemplo, la hipertensión), el cáncer, la diabetes que se inicia en la adultez y el síndrome de colon irritable tienen su origen en los niveles bajos de estrés e inflamación por períodos prolongados (el exceso de estrés, por su cuenta, también causa inflamación), lo que es un claro indicador de que el estrés cotidiano puede causar el deterioro de nuestras funciones corporales.

Cuando nuestro cuerpo se estresa, genera cortisol y adrenalina, neurotransmisores y hormonas que combaten la inflamación y nos dan energía, y que son liberados cuando hacemos actividades tan sencillas como levantarnos de la silla para caminar por la habitación. Se liberan cuando el cerebro percibe actividad, pero estos neurotransmisores no son "chicos malos". También son segregados cuando el cerebro considera que el cuerpo necesita responder a una descarga ambiental o a una demanda que puede ser estresante: una cuenta por pagar, una tarea cuyo plazo se venció, un agente de tránsito, una pelea o un virus que necesita ser combatido, por ejemplo. Estas situaciones estresantes se disipan una vez que resolvemos el problema, entonces el estrés también disminuye, las hormonas se retiran del torrente sanguíneo y son absorbidas nuevamente por las células, o se eliminan mediante la orina.

Sin embargo, cuando el estrés se repite o se torna constante, el cuerpo seguirá produciendo estas sustancias a una velocidad más rápida que la capacidad de eliminación del cuerpo, lo que genera una acumulación de hormonas del estrés en nuestra sangre. A esta altura,

comienza a suceder lo contrario: el cortisol, que combate las infeccio-
nes, se acumula en nuestro torrente sanguíneo y se vuelve tóxico, entonces la inflamación comienza a aumentar. Esto demuestra que los
niveles bajos de estrés que se mantienen durante largos períodos de
tiempo producen inflamación en el cuerpo. La habilidad de remover
estos indicadores de inflamación de la sangre son factores relevantes a
la hora de determinar si desarrollarás o no una de estas enfermedades
causadas por el estrés o la inflamación. Niveles bajos o altos de estrés
no son puramente un problema del entorno, sino que son una señal
de la capacidad de nuestra mente para lidiar con el estrés.[47]

El concepto de "mentalidad del estrés", desarrollado por Alia J. Crum
(un derivado de la "mentalidad de crecimiento" de Carol Dweck) es otro
ejemplo de esto: el estrés no es intrínsecamente malo, pero es nuestra
percepción del estrés lo que determina nuestra respuesta, así como la
manera en que afecta a nuestra salud, nuestras emociones y nuestra resiliencia. Aunque la inflamación es una consecuencia del estrés, existen otras reacciones químicas que acompañan cómo nuestra
mente maneja la tensión. Por ejemplo, cuando estamos bajo estrés,
tendemos a hacer pésimas elecciones alimentarias, debido a que el
cuerpo tensionado no logra producir todas las enzimas necesarias para
digerir alimentos complejos. La terapeuta ocupacional Anne Buckley-
Reen me enseñó que cuando estamos bajo mucho estrés, las únicas enzimas que producimos son aquellas que digieren el pan, las pastas y el
azúcar, es decir, comidas que nos producen mucho placer. Si alguna
vez te preguntaste por qué cuando te sientes sobrecargado lo único

---

47. Este párrafo se basa mayormente en la información reunida por Esther M. Stern-
berg en *The Balance Within: The Science of Connecting Health and Emotions*, New
York: W. H. Freeman, 2001.

que quieres comer es helado o galletitas, esta es la razón. También nuestro sueño se desequilibra debido al exceso de adrenalina y cortisol en nuestra sangre. Una de las razones por las cuales nos sentimos mejor luego de practicar yoga es que el ejercicio es una de las actividades principales que ayudan a remover el exceso de cortisol y adrenalina del torrente sanguíneo. De hecho, cualquier ejercicio hará lo mismo, pero el yoga tiene el beneficio adicional de permitirnos acceder al sistema nervioso –que percibe el estrés– a través de la respiración, y direccionarlo hacia la percepción del equilibrio, la seguridad y la estabilidad.

Muchos de los desequilibrios que experimentamos surgen cuando el cuerpo, el sistema nervioso y la mente no cooperan entre sí, o cuando uno de los sistemas domina a los otros. Por ejemplo: a menudo ignoramos el hambre, la sed o la fatiga porque estamos enfocados en completar un proyecto. Nuestro cuerpo manda señales de que deberíamos hacer una pausa, pero nuestra mente dice "sigue un poco más". El sistema nervioso queda atrapado en el medio de esta disputa y muchas veces obedece el dictado de la mente –en detrimento del cuerpo– y lentamente otros sistemas sufren. Cuando ignoramos la fatiga y nos presionamos en exceso, nuestras facultades mentales se perjudican, nuestro sistema inmunológico se debilita, nuestra fuerza disminuye e incluso nuestros órganos internos se tensionan. Esto sucede debido al estrés general de nuestra vida cotidiana o por experiencias traumáticas que nos alienan.

Uno de los significados de *yoga* es "unión", ese momento especial cuando experimentamos la unidad. Cuando reunimos el cuerpo, el sistema nervioso (mediante la respiración) y la mente al mismo tiempo y ellos empiezan a cooperar entre sí, comienzan a suceder cosas interesantes. Aliviamos el estrés, sanamos viejos traumas y prevenimos que se desarrollen nuevos. Aprendemos a encauzar nuestra habilidad de elegir sabiamente y anular las tendencias compulsivas de la mente a excederse o quedarnos a mitad de camino. La premisa subyacente de la práctica del yoga es bastante clara: al movernos, respirar y concentrarnos de una forma particular, llevamos a nuestro cuerpo, nuestro sistema nervioso y nuestra mente a un estado coherente y cooperativo.

Esto nos lleva de regreso al punto de Vyaas, que el yoga es una práctica y un estado de concentración o, mejor dicho, es la práctica de desarrollar el tipo de mente que refleja consciencia; por ende, es estable, abierta, despierta y serena. Esto es un rasgo de la mente. Como mencioné antes, un rasgo es diferente de un estado. Un estado es cambiante, es algo que ocurre en un cierto momento. Un rasgo, sin embargo, es una característica estable de algo. En la práctica del yoga, estamos tratando de cambiar el rasgo inherente de la mente para que su base, su suporte, sea clara, calma y adaptable.

Cuando esa característica constituyente de la mente se transforma, entonces los obstáculos que se nos presentan durante el día dejan de ser estresantes, porque el sufrimiento ocurre cuando la mente no está en paz, y no por las condiciones externas. Cuando tratamos de prestar atención o intentamos concentrarnos, podemos hacerlo solo por breves períodos de tiempo; enseguida nuestra mente se pone a deambular lejos del objeto de concentración, y cuando logramos hacerla regresar, no quiere permanecer allí. Todos hemos experimentado esto. Podemos acceder a profundos estados de consciencia, pero cuando volvemos a la tierra, tenemos los mismos problemas que antes: ansiedad, ira, rivalidad, arrogancia, lo que te imagines.

También hay momentos en los que podemos estar en la "zona" y tener períodos de gran inmersión en una actividad, como pueden ofrecer los deportes o un proyecto creativo, pero esos momentos en la zona se terminan en algún momento, porque estar en la zona también es un estado mental. El desarrollo de un rasgo mental positivo es mucho más duradero que esos estados efímeros, y puede ser practicado en actividades diarias como escuchar a nuestra pareja o a nuestros hijos. Cuando estamos entera y completamente presentes con aquello que está frente a nosotros, se unifican cuerpo, respiración, mente y espíritu. Esto trae conexión, satisfacción, alegría y un sentimiento de propósito a nuestras vidas. Del desarrollo de esta fortaleza interior ya se hablaba hace dos mil quinientos años en el *Mundaka Upanishad:* "Naayamatama balahinena labhyah" (el ser interior no puede ser alcanzado sin fortaleza.[48] La fortaleza a la que se refiere es interna. Es la fuerza de la mente y la fuerza de la devoción, no solo la fuerza del cuerpo.

MI MENTE ¿ESTÁ EN MI CUERPO?

Nuestros cuerpos son los hogares en los que vivimos, y son la expresión física de la mente, el sistema nervioso, las emociones, el karma y el potencial. Aunque el yoga se trata primordialmente de la mente, es imposible ver la mente. ¿Dónde está exactamente? ¿De qué está compuesta? No tenemos idea. Literalmente se han escrito miles de libros sobre la mente durante todos estos siglos, pero no hay demasiado acuerdo acerca de lo que la mente es, o dónde está ubicada. La respuesta que ofrece el yoga es que la mente es un área neutral en la cual acontecen o son percibidas las experiencias. Se puede expandir o contraer para ocupar cualquier espacio, grande o pequeño, por ejemplo: puede expandirse para contemplar la naturaleza del universo, con sus

---

48. *Mundaka Upanishad* III.ii.4.

billones de galaxias y trillones de estrellas; o puede contraerse para enfocarse en un solo átomo, una sola célula, o en la ligera sensación de contacto de la respiración al pasar por las narinas. La mente, cuando tiene un contenido, está compuesta de pensamientos. Cuando no hay pensamientos, la mente es un campo neutral.

Los yoguis antiguos presentaron la idea de que no tenemos solo un cuerpo, sino tres. El primero es el cuerpo físico, constituido por los alimentos y el agua que ingerimos. El cuerpo físico puede ser fortalecido, estirado, moldeado y modificado a través de la dieta, el ejercicio y el entorno. Nuestro cuerpo físico no está limitado solo por nuestros propios miembros, sino que también tenemos un cuerpo extendido –como describe el Dr. Deepak Chopra en su libro *Las siete leyes espirituales del yoga*– y este es el mundo en que vivimos. Nuestro cuerpo físico no es y no puede existir separado del ambiente. Dependemos del aire para respirar, de la luz para ver, del fuego para cocinar, del sol para cultivar, de la tierra para caminar sobre ella, del espacio para habitarlo; sin la biosfera, no podemos existir como un cuerpo físico. De hecho, algunos creen que nuestro cuerpo se ha desarrollado como respuesta al entorno o, quizás, como parte del entorno. La idea de que el mundo que nos rodea es nuestro cuerpo extendido me resulta una de las razones más profundas y evidentes para practicar los yamas, o las actitudes de la no violencia y la bondad. No solo los elementos y las personas que nos rodean son una extensión de nosotros, sino que nosotros somos una extensión de ellos también. En verdad, no existe un "otro" allí afuera, solo existimos todos nosotros juntos, como un gigantesco acontecimiento simultáneo. Si podemos explorar ese nivel de consciencia como una parte integrada de nuestras vidas, realmente podremos vivir en una consciencia unificada.

El segundo cuerpo es el cuerpo sutil, y está formado por la respiración, la mente y el intelecto, llamados *prana*, *manas* y *vijnana* (que también se llama *buddhi*). Se denomina sutil porque no podemos ver estos tres elementos. Pero podemos sentirlos y percibirlos. Nuestra mente, según los yoguis, es el asiento del pensamiento, las emociones, el deseo y la memoria, y es diferente a nuestro intelecto, que representa la capacidad de discriminación. Mientras que en nuestra mente podemos desear una galleta, por ejemplo, nuestro intelecto será el que diga: "mejor come unas frambuesas". Nuestro intelecto está muy cerca de nuestra autopercepción. El Dr. Dan Siegel explica que el proceso mental de estar conscientes (que los yoguis identifican como el cuerpo sutil) puede utilizarse para meditar sobre nuestra esfera completa de experiencia, y luego para distinguir a quien experimenta de aquello que se experimenta. Siegel lo llama la Rueda de la Consciencia, una práctica clara y profunda que nos ayuda a meditar sobre nuestros cinco sentidos: el sentido interior de nuestro cuerpo (interocepción), lo que él llama el sexto sentido; las actividades mentales, el séptimo sentido; y el sentido de la interconexión, el octavo sentido. Estos sentidos existen como el borde exterior de la rueda, donde nuestros sentidos se encuentran con la experiencia. El eje o centro de la rueda, sin embargo, es nuestra autopercepción clara, calma, receptiva, abierta y despierta. Es nuestro centro, un centro que está conectado con todos los otros centros y, quizás, donde podemos percibir la divinidad que reside en nosotros.[49]

El *Chandogya Upanishad* presenta una descripción similar de nuestras vidas. Dice que nuestro corazón es el centro, y el borde de la rueda es la rueda de la vida. Los rayos de la rueda son ese espacio donde nos perdemos en el karma, las falsas identificaciones y la experiencia.

---

49. Puedes ver la Rueda de la Consciencia en la página web del Dr. Siegel, https://www.drdansiegel.com [6/11/2019].

Por ejemplo, a veces cuando empezamos una práctica de yoga, inmediatamente sentimos que entramos en contacto con una parte de nuestro ser que es abierta, despierta, libre y amorosa. Seguimos yendo a clases y, de repente, notamos que la persona que practica al lado es más flexible que nosotros y realiza las posturas muy bien. Pensamos: "Quiero ser capaz de hacer eso. Cuando logre colocar mi cabeza en mis rodillas lograré avanzar. Quizás tomaré un taller de fin de semana para aprender algunos trucos". Nos anotamos en un taller, pero luego nos damos cuenta de que necesitamos una mejor esterilla para practicar, porque eso nos asegura que la práctica será mejor. Y quizás ropa más linda, en caso de que conozcamos a alguien que pueda ser una potencial pareja. Después de todo, los retiros de yoga son el lugar perfecto para encontrar un alma gemela yogui, ¿no? Y claro, ahora que tengo la vestimenta adecuada, quizás deba adquirir un yoga mala, esos collares de cuenta que lucen muy espirituales. Ahora que tengo el nuevo *look* consolidado y mis caderas por fin están más abiertas, me doy cuenta de que abandoné una consciencia abierta y amorosa para crear una nueva identidad completamente falsa. Es así como nos perdemos en los rayos de la rueda, y sucede lo mismo con muchas de nuestras iniciativas. Pero lo bueno de los rayos es que van hacia dos direcciones: se alejan del eje, pero también regresan a él. En cierto punto, podemos reconocer que perdimos el rumbo o que nos descarrilamos, y luego usar este reconocimiento para viajar de regreso al corazón, al centro de nuestro ser.

Nuestro tercer cuerpo es el cuerpo de la dicha, la dicha de contactar con quienes somos realmente, nuestro potencial, nuestra infinita creatividad, nuestra fuente de existencia como pura consciencia. La dicha de la que hablamos no es la alegría del capricho efímero, sino la dicha ilimitada de ser; algo que todos sentimos cuando experimentamos una alegría sin motivo: cuando sentimos una felicidad y un contentamiento inexplicables, y todo se siente bien por ninguna razón en particular. El cuerpo de la dicha brilla a través de los otros dos, pero se vuelve más y más tenue porque los cuerpos externos son más gruesos y densos e impiden que la luz brille, hasta que activamente trabajamos para suavizar nuestro caparazón y volvernos más porosos. Este cuerpo de la dicha puede verse en los ojos luminosos de personas como el Dalai Lama, Desmond Tutu y quizás otros santos vivientes de nuestro tiempo, así como los yoguis y los practicantes de meditación. En particular, vemos esta luz en los ojos y las sonrisas de las personas amorosas, bondadosas y reflexivas.

Otro nombre para el cuerpo de la dicha es el cuerpo causal. La palabra en sánscrito para causal es *karana*, que viene de la raíz verbal *kr* (de donde viene la palabra *karma*), que significa "acción". Todas las acciones que realizamos dejan una huella, llamada *samskara*. Si comes helado por primera vez y realmente lo disfrutas, la huella que queda en tu mente es una experiencia positiva del helado. Comer es la acción; y la impresión, o la memoria, es el samskara. Junto con el samskara está el deseo sutil llamado *vasana* (que significa "fragancia") que va de la mano del samskara. Si la experiencia fue positiva, tendrás el deseo de repetirla. Si fue negativa, tendrás el deseo de evitarla. El samskara y el vasana se almacenan en el cuerpo causal. Son los orígenes de los gustos y las aversiones que residen por debajo del intelecto, la mente, el sistema nervioso y el cuerpo, así como las razones que impulsan nuestras acciones o los caprichos que todos tenemos. Existen billones de fragancias que conforman nuestra individualidad, y son la razón subyacente de los talentos y los obstáculos que tenemos en nuestras vidas. Karma es la acción, samskara es la memoria y vasana es el deseo que surge de esa memoria.

karma

vasana   samskara

El ciclo de la acción, la memoria y el deseo. Los yoguis erradicaron este ciclo al no actuar en base a cada deseo que surgiera en sus mentes.

Cada acción que llevamos a cabo necesita resolverse en algún punto, o si empleamos las palabras de Newton: cada acción tiene su equivalente y su acción opuesta. Si lanzas una pelota al aire, tarde o temprano caerá. La ley del karma nos dice que cada acción que ejecutamos será correspondida en algún momento. Si hago algo bueno por ti, con el tiempo tú harás algo bueno por mí. ¿Pero qué pasa si hago algo bueno por ti, pero me muero antes de que puedas devolverme esta acción? El lazo kármico creado por nuestra interacción no se disuelve por mi muerte; será contabilizado en algún momento posterior. Todas nuestras acciones inconclusas y las impresiones de esas acciones se almacenan en el cuerpo causal, así que cuando morimos estos residuos tomarán una nueva forma con el tiempo, para encontrar la resolución a nuestras deudas kármicas. Esta es, de una manera truncada, la teoría de la transmigración o el ciclo de nacimientos y renacimientos. Es una idea importante en el esquema de los tres cuerpos, porque las causas para nacer o los propósitos en la vida se encuentran en el cuerpo causal. La experiencia se entrelaza en estos tres cuerpos con la idea de un ser individual, el que creo que soy y la historia de mi vida. Las prácticas místicas desatan estos lazos para que podamos experimentar una libertad ilimitada. Según los yoguis y los místicos, más allá de los tres cuerpos están la existencia pura, el ser ilimitado y la consciencia sin punto determinado. Pero esta no es una experiencia sencilla; a veces tenemos una experiencia de consciencia pura y espontánea, pero es muy breve. Incluso esta experiencia breve puede ser transformadora, pero tener libertad de manera continua deriva de un estado de gracia o de la práctica, según con quien hables.

El yoga como práctica fue diseñado para abordar, fortalecer y purificar los tres cuerpos y guiarnos hacia una experiencia continua de libertad. Mediante las posturas y una alimentación saludable, limpiamos el cuerpo físico; a través de la respiración, la meditación y el canto (que trataremos luego), depuramos el cuerpo sutil; y mediante el servicio y el cuidado de los otros, purificamos el cuerpo de la dicha. ¿Pero dónde está la mente en este esquema? Existe en el cuerpo sutil, como el vehículo del pensamiento. No es el aspecto más alto de nuestro mundo interno, solo uno que refleja las imágenes, las ideas y las experiencias que se le presentan. Lo que hacemos con esos pensamientos, imágenes, ideas y experiencias es jurisdicción de nuestro intelecto, o el buddhi. Buddhi es la fuente de la voluntad y la determinación. La habilidad de elegir dónde queremos que se enfoque nuestra mente tiene sus bases en el buddhi, lo que significa que el foco mental no viene de la mente sino de algo más profundo. Entablar una relación con este aspecto revelador de nuestro mundo invisible nos empodera y libera. Soltar nuestra identificación con el contenido de nuestra mente, es decir, nuestros pensamientos, es un primer paso importante en la exploración de los niveles más profundos de nuestro ser.

La herramienta más importante que tenemos en el proceso de adentrarnos en nosotros mismos es la respiración. En el modelo de los tres cuerpos, la capa que reside entre el cuerpo y la mente es la respiración, es el enlace con los niveles internos de la mente y del intelecto. Si quieres trabajar con la calma mental, la respiración es el lugar infalible por el cual empezar. La mente es importante porque pasamos muchas de nuestras horas activas bajo su mando –pensando, planeando, recordando, sintiendo, absorbiendo información– pero no es la parte más profunda de nosotros; es tan solo una estación de paso para la experiencia entrante. El espacio que yace por debajo de la mente es donde se experimenta la paz y, para alcanzarla, tenemos dos maravillosas experiencias que nos guían: la respiración y la consciencia.

Para resumir, los tres cuerpos y las cinco capas son:

- El cuerpo físico y los órganos de percepción que están asociados con el sufrimiento –dolor físico o emocional– y que constituyen nuestro cuerpo más visible.

- La respiración, la mente y el intelecto son invisibles, pero pueden ser sentidos y percibidos, y son lo que se denomina el *cuerpo sutil*. La mente está enlazada al sistema nervioso, que es el mecanismo que usamos para percibir y para vivir en el mundo a través de nuestro cuerpo físico. La mente disfruta de comparar y medir cosas todo el tiempo.

- El intelecto es la fuente de la percepción del yo o la identificación; es el lugar donde escogemos qué dirección seguir con la información brindada por nuestra autopercepción. Si nos identificamos con el interior, nos movemos hacia el conocimiento de quiénes somos. Si nos identificamos con el exterior, nos aferramos a los objetos.

- El cuerpo más interno es el cuerpo de la dicha o la esencia innata de nuestra existencia.

- La consciencia pura es el campo infinito de la existencia y del ser, de donde surgen todos nuestros cuerpos como destellos efímeros y cambiantes de experiencia.

De manera que estos son nuestros tres cuerpos y sus cinco capas. ¿Cómo podemos movernos de nuestro cuerpo físico hacia los aspectos más internos de nuestro ser? El primer paso es preguntarnos ¿quién soy?

6

¿Quién soy?

De acuerdo con los *Yoga Sutras*, las personas llegan a la práctica del yoga luego de reconocer, hasta cierta medida, que están sufriendo o que algo falta en sus vidas. El sufrimiento nace de obstrucciones en el campo de la consciencia. La consciencia, el discernimiento o autoconocimiento, es radiante, clara y abierta; se conoce a sí misma y por lo tanto es eternamente presente. Las obstrucciones son como nubes que velan la consciencia, de manera tal que nuestra identidad permanece en esta nubosidad y no en el campo puro del conocimiento. Estos obstáculos son cinco y se denominan *kleshas*; y han sido presentados claramente por Patanjali, quien en unos pocos versos esclarece el estado de nuestras mentes confusas. El yoga es optimista sobre el sufrimiento y no pone demasiado énfasis en él, más bien nos dice que podemos trabajar con el sufrimiento de forma activa, al realizar tres tareas específicas. Patanjali las llama las "acciones del yoga", es decir, las cosas que podemos hacer para facilitar el yoga. Son estas:

1. Las prácticas de asana y pranayamana: *tapas*.
2. El canto y el estudio de los textos filosóficos: *svadhyaya*.

3. Entregarnos a Dios, a la divinidad o a lo desconocido: *Ishvara pranidhana*.

Luego trataremos cada una de estas en profundidad, pero comencemos con las obstrucciones, los kleshas. Una vez que comprendes mejor este aspecto, puedes definir lo que estamos tratando de reducir, o, como dice Patanjali, diluir, cuando hacemos yoga.

Los cinco kleshas son:

1. *Avidya*: el desconocimiento de quiénes somos en realidad (con frecuencia se traduce como "ignorancia").
2. *Asmita*: la creación de una historia o una narrativa acerca de quiénes creemos que somos.
3. *Raga*: el apego a las formas que nos dan placer.
4. *Dvesha*: el apego a las formas que son desagradables (a menudo se traduce como "aversión").
5. *Abhinivesha*: el miedo a la extinción (usualmente se traduce como "miedo a la muerte").

Avidya

Avidya, el primero de los cinco kleshas, es el campo donde crecen todos los otros y es, sencillamente, no saber quién eres. Cuando sabes quién eres, todos los otros obstáculos se desvanecen. Saber quién eres es *vidya*, o "conocimiento". Ofrece experimentarnos como consciencia, discernimiento o la presencia del testigo. Cuando sabemos quiénes somos, los otros sufrimientos son extirpados inmediatamente. La sílaba *a* en sánscrito indica el opuesto o la ausencia de algo. Si *vidya* es conocimiento, entonces *avidya* es la ausencia de conocimiento.

Podemos tener caudales de otros conocimientos: aprendizaje escolar y de los libros, dominio en el arte o la música, las ciencias o las matemáticas; podemos saber mucho de política o de medicina; pero lo que no conocemos es nuestra naturaleza esencial. La mayoría de las veces, avidya se traduce como ignorancia, pero no es la ignorancia acerca de todo; no significa que somos completa y totalmente idiotas. Es la ignorancia de una cosa, de saber quiénes somos, que en realidad es lo más importante que deberíamos saber. Cuando sabemos quiénes somos, las identificaciones falsas se caen como las hojas de un árbol en el otoño. Lo que permanece es la consciencia.

Asmita

Si no conocemos nuestra esencia, entonces tenemos que crear una identidad –una narrativa– que es esencialmente falsa porque puede cambiar según aquello que nos resulte atractivo o desagradable. Esto se denomina asmita, o el "yo soy". Al no saber quiénes somos, tenemos que inventarnos algo. Esta autonarrativa creada por asmita no es el "ego", sino las historias que construimos y que usurpan el lugar del autoconocimiento. Es una narrativa que se desplaza a través de nuestras vidas y que, quizás, con el tiempo, nos transporte hasta una historia que no sea inventada y que sea simplemente una narrativa de pura presencia.

Por ejemplo, cuando yo era un adolescente, la música definía mi narrativa. Cuando me identificaba con la música punk, llevaba el pelo con corte mohicano y usaba jeans rotos, una campera de cuero, alfileres de gancho por todos lados y remeras de mis bandas favoritas para declarar mi afiliación a ese grupo. Un par de años después, descubrí lo gótico, entonces me oscurecí el pelo, me hice algunos *piercings* y me vestía solo de negro. Una narrativa siguió a la otra, hasta que descubrí un mundo que me mostraba una historia infinitamente más saludable. Sin embargo, como cada narrativa en la que me sumergí, todas las identidades que uno asume contienen intrínsecamente la suposición de que estamos alineándonos con una identidad real. Pero no es así, son identidades temporarias que rellenan el vacío de no saber quiénes somos.

Alrededor de 1986, después de graduarme de la escuela secundaria, trabajaba en una tienda de discos llamada Bleecker Bob's en el Greenwich Village de Nueva York. Uno de mis compañeros de trabajo, Ted, era vegetariano. Hacía yoga desde 1970 con el yogui Amrit Desai, leía un montón de libros de filosofía y, aparte, vendía éxtasis. En ese momento yo llevaba un estilo de vida completamente dañino, consumiendo Big Macs, pizza, capuchinos, gaseosas, cerveza, tequila y cigarrillos. Esa era mi dieta diaria. El único vegetal que comía era el tomate que viene en la pizza o entre la lechuga y los pickles de una hamburguesa. Ted me habló del vegetarianismo, y yo pensé: "Eso suena muy bueno. Creo que me gustaría ser saludable". Así que al día siguiente comencé. Durante el primer mes, no sabía qué comer, de manera que solo comí lechuga repollada, manzanas y galletas de arroz. De a poco aprendí a cocinar algunos platos macrobióticos de un libro que encontré, llamado *El libro de la macrobiótica*, de Michio Kushi. Allí había algunos ejercicios que el autor indicaba para abrir los meridianos y mantener activa la energía del cuerpo, así que los probé, sin saber que en realidad eran posturas de yoga. Así fue cómo me metí en el yoga.

Rápidamente, mi ropa pasó del negro a los colores, mi cabello creció (y lo teñí lo más parecido posible a mi pelirrojo original), mis gustos musicales cambiaron y todo mi estilo de vida dio un giro radical. En vez de volver a casa a las cinco o seis de la mañana, me despertaba a esa hora para cantar mantras o meditar. Era una nueva identidad, una nueva narrativa, pero fue la narrativa que pensé que me acercaría a entender "¿Quién soy?". El problema con las narrativas, sin embargo, es que no importan sus buenas intenciones, si te aferras muy rápido a ellas, te limitarán (incluso cuando se basen en la libertad). Pensar que yo era un yogui o que era espiritual se tornó otra falsa identidad, una que me permitía pensar que era mejor que otras personas que no eran vegetarianas o que no hacían yoga ni meditaban. Cualquier narrativa es una atadura, es ilusoria, nos mantendrá estancados en avidya. La única narrativa que nos lleva hacia la libertad es aquella que no contiene una historia. Si durante el día nos dedicamos a observar cada historia que surge en nuestra mente y logramos no identificarnos con ella, la mente se volverá muy calma. Los pensamientos no pueden habitar una mente que no se complace con ellos, y los pensamientos son historias (y por supuesto, la historia más difícil que nos contamos es que no somos un cuerpo, porque la mayoría de nuestras historias falsas provienen de la identificación con nuestros cuerpos).

Las grandes epopeyas de la tradición hindú que transmiten las enseñanzas espirituales son largas, elaboradas, interrelacionadas con otras narraciones y repletas de historias complicadas que presentan dilemas morales y villanos que, en el fondo, tienen buen corazón. Las historias no son malas, pero si no somos conscientes de cómo las creamos, estaremos atados a ellas. Aferrarnos a nuestras historias puede ser como vivir en una neblina permanente o negar por completo nuestro verdadero ser, que de alguna manera también nos hará sentir que no vivimos alineados con nuestra forma más enaltecida. James Baldwin reconoció el dolor de este conflicto y describió el problema de avidya con gran claridad: "El choque entre nuestra autoimagen y aquello que realmente somos es siempre muy doloroso y existen dos cosas que puedes hacer al respecto: puedes enfrentarte en un choque frontal e intentar transformarte en lo que eres en verdad o puedes replegarte y permanecer con lo que pensabas que eras, una fantasía, con la cual seguramente morirás".[50] El doctor Robert Svodoba, sin embargo, tiene otro punto de vista sobre asmita, uno más suave y muy práctico. Él dice: "Es esencial tener una autonarrativa que sea saludable, y el punto crítico de esta autonarrativa saludable es la comprensión de aquello que le otorga sentido a nuestra vida, y lo que puedes hacer para realizar ese significado".[51]

En este sentido, asmita puede ser una manera de descubrir a través de nuestras historias personales cuál es nuestro propósito en esta vida y si estamos viviendo en concordancia con él. El neurólogo y psiquiatra Viktor Frankl, un sobreviviente del Holocausto, presenta una perspectiva similar acerca de desarrollar una narrativa saludable en su celebérrimo libro *El hombre en busca de sentido*. Sin embargo, su visión no propone que existe un sentido *de* la vida, sino que la vida nos demanda algo en particular, y si respondemos a ella adecuadamente, descubriremos el sentido *en* nuestras propias vidas. Él dice: "No deberíamos perseguir un sentido abstracto de la vida (...) el hombre no debería cuestionarse sobre el sentido de la vida, sino comprender que la vida lo interroga a él. En otras palabras, la vida cuestiona al hombre, y él contesta de una única manera: respondiendo con su propia vida (...) El sentido de la vida cambia, pero nunca se extingue". Este es un abordaje muy positivo de asmita, desarrollar una autonarrativa saludable que no es egocéntrica, sino que responde según la evolución del mundo y el significado intrínseco de sus circunstancias.

---

50. James Baldwin, *The Price of the Ticket*, New York: St. Martin's Press, 1958, 244.

51. Posiblemente la fuente sea *Namarupa Magazine*, pero perdí la referencia en el cuaderno en el que escribí esta cita.

Raga y dvesha

Nuestras historias caen en dos categorías básicas: las cosas que nos gustan y las cosas que nos desagradan.

Como dijo el Tercer Patriarca Zen en sus *Versos para la mente de fe*:

El gran camino no es difícil
para aquellos que no tienen preferencias.
Cuando el amor y el odio no están presentes
todo se vuelve claro y evidente.
Pero ante una mínima distinción,
el cielo y la tierra se separan para siempre.
Si deseas ver la verdad
entonces no formes opiniones a favor o en contra de nada.
Enfrentar aquello que te agrada contra lo que te desagrada
es la enfermedad de la mente.

La enfermedad de la mente es avidya, no saber quiénes somos; nuestras opiniones son asmita, nuestra falsa narrativa; y asmita se define por nuestros gustos y aversiones: raga y dvesha.

Tanto raga como dvesha son apegos. Cuando nos gusta algo, estamos atados a esa atracción, y cuando algo nos resulta desagradable, también estamos apegados a nuestra aversión. Me gusta el café, realmente no me agrada el té verde; me gusta el yoga, de verdad no me gusta el boxeo. Si algo nos llena de placer, quizás otra cosa nos genera disgusto o un sentimiento de superioridad porque no nos gusta. A veces intentamos atenuar nuestro rechazo a algo al decir: "Esta canción/comida/persona no es para mí..."; pero al mismo tiempo, estamos sugiriendo que otra cosa sí es para mí. Con frecuencia pensamos que lo que nos gusta nos produce apego, pero las cosas que nos desagradan o que estamos empecinados en rechazar también son apegos. De hecho, ¡a veces el rechazo a algo o alguien puede brindarnos un enorme placer! Así que no pienses en el placer como bueno y en la aversión como mala, piensa en ambos como apegos que nos ayudan a definir una idea falsa de nuestra individualidad y consolidar nuestra narrativa.

Otra opción es decidir que nos apegaremos a todo y a todos por igual y de forma inequívoca. Una vez, cuando visitaba a mi amigo filósofo del Sur de la India, Perumal Raju, dije algo acerca del no apego, intentando sonar filosófico. Él se rio y me dijo: "No creo en el no apego, prefiero sentir el mismo apego por todo lo que veo en la creación de Dios, bueno y malo". Quedé estupefacto ante su declaración, que era opuesta a todo lo que había escuchado hasta entonces en el mundo del yoga. Pareció que estaba diciendo lo mismo que dijo el Tercer Patriarca Zen: "Cuando el amor y el odio no están presentes, todo se vuelve claro y evidente".

ABHINIVESHA

La quinta razón por la cual nuestro verdadero ser se mantiene oculto es el miedo. El miedo tiene sus raíces en asmita, porque no saber quiénes somos nos mantiene aferrados a nuestra historia, como un náufrago se mantiene aferrado a un tronco o a una balsa maltrecha. En algún lugar dentro de nosotros, pensamos "Si no soy mi historia, ¿entonces quién soy?". A menudo *abhinivesha* se traduce como "miedo a la muerte", pero Swami Hariharananda argumenta que la muerte no es el miedo principal, porque la vida y la muerte son un ciclo integrado y natural en el hinduismo. La muerte no es el final, porque como mencionamos antes, todas nuestras acciones irresueltas, bajo el aspecto de los samskaras, tomarán una nueva forma y encontrarán una resolución. En realidad, nada realmente nace o perece; la naturaleza solamente cambia de formas. No es realmente la muerte lo que tememos, sino lo que la muerte significa para nosotros, que es la aniquilación de nuestra noción de identidad. Lo que tememos es la extinción, no el ciclo de la vida y la muerte. La vida y la muerte son un continuo, y por lo tanto no hay nada que temer, porque el nacimiento y la muerte están eternamente entrelazados en un continuo ir y venir. Pero la extinción es permanente. No podemos regresar.

Ya que todos tenemos cierta seguridad acerca de nuestra existencia, la eliminación de esa certeza nos hace tambalear. Si no existimos, ¿quiénes somos, dónde estamos y qué es todo esto? ¿Un sueño inmenso? ¿Una ilusión gigante? Si esto es todo, ¿entonces cuál es el punto de sentir y experimentar tantas cosas? Amor, odio, dolor, placer, miedo, apego, celos, compasión, anhelo, esperanza, certeza, confusión. Si todas esas cosas son solo un sueño, una enorme ilusión, ¿cuál es el objetivo? Es importante realizar estas preguntas y reflexionar acerca de ellas. Pero ¿dónde exactamente estamos experimentando todos estos sentimientos, pensamientos y emociones?

Los experimentamos en el reino de nuestra mente, allí donde tiene lugar el pensamiento; y todos nuestros pensamientos se originan en nuestras vivencias pasadas, en nuestra vulnerabilidad ante el devenir de los acontecimientos. El punto esencial de la experiencia, según los *Yoga Sutras*, es recordarnos que estamos despiertos. El mundo, conforme a Patanjali, existe para el conocimiento y la liberación. Esto significa que nuestra consciencia puede salir al mundo para adquirir discernimiento y experiencia, y regresar hacia dentro, hacia nuestra autopercepción para "alcanzar" la liberación. El problema es que cuando consideramos que nuestras experiencias son absolutamente reales, como si fueran la realidad indiscutible e imperecedera, entonces nuestra consciencia se pierde en las historias que nos contamos a nosotros mismos. Cuando usamos nuestra consciencia para ver que las experiencias y las historias son siempre cambiantes, entonces la consciencia puede contemplarse a sí misma y trascender la pantalla mental sobre la cual se proyectan todas las ficciones; de esta manera, se reconoce como el testigo de estas historias.

El yoga es, esencialmente, la práctica de profundizar en nuestro interior. Avidya y asmita se vuelven más fuertes cuando no nos exploramos para ver la naturaleza transitoria de nuestra historia. Tanto la narrativa como la noción innata de "yo soy" se convierten en una unidad, ¡y entonces lo único que realmente conocemos es nuestra historia! Por lo tanto, si no sé quién soy, me amarro fuerte a mi historia, y el miedo anida en ese lazo porque en ese momento soy la suma total de mi fábula. Si mi narrativa se evapora, dejo de existir. Esto es lo que conocemos como extinción. No hay renacimiento, no hay continuo, es la aniquilación completa. Esa idea, sin duda, es atemorizante. Sin embargo, si aprendimos a despertar internamente, cuando la historia comience a soltar su amarre, la noción de "yo soy" ya se va a haber fortalecido, y el miedo no tendrá una base sobre la cual establecerse. Lo que permanece es la integridad, la paz, el conocimiento máximo. No hay miedo –ni siquiera una pizca de él– en el "yo soy" puro, porque la existencia precede todo concepto o pensamiento acerca del miedo.

A lo largo de los siglos, científicos, filósofos y yoguis de todos los estilos han buscado esa pantalla en la que se proyectan todas las experiencias, y también el lugar en nuestras mentes donde se almacenan todas las memorias. Los neurocientíficos dicen que nuestros pensamientos y memorias son producto de las conexiones sinápticas de nuestro cerebro. Los yoguis consideran que observar con los ojos de la lógica nunca nos permitirá ver con profundidad, porque la lógica se relaciona con la medición, de manera que la lógica es otra narración dentro de la historia que estamos contándonos sobre "intentar entender todo"; sin embargo, la pantalla sobre la cual se proyectan todas las mediciones es la consciencia, que es imposible de medir. La consciencia es existencia ilimitada, sin aditivos. Nunca ha nacido, nunca morirá, simplemente es. Esta plenitud de ser es la parte de nosotros que es nuestra verdadera existencia y nuestra noción de "yo existo" o "yo soy". Está repleta de propósito, completa de significado propio, y este significado se expresa mediante la magistral manifestación de que somos todos partes integrales de una totalidad. Este sentimiento nunca puede ser destruido, siempre perdura en nuestro interior. Es el sentimiento que Viktor Frankl y muchos otros sintieron en el Holocausto y que les permitió sobrevivir. Es el sentimiento de compasión que mantuvieron los monjes tibetanos, al ser aprisionados por los chinos, con el objetivo de no caer en el odio y en el ciclo de hostilidad hacia sus captores y poder ser compasivos con ellos. Es el sentimiento al cual se aferra cualquiera que es capturado, aprisionado o traumatizado para poder mantener su dignidad. Es la existencia. No es simplemente quiénes somos como individuos, es lo que somos todos nosotros juntos, en simultáneo.

Me resulta interesante cómo el artista Francesco Clemente resumió los kleshas de una forma poética y dentro de un contexto budista: "No sabemos dónde se origina la ignorancia, pero tenemos herramientas. Existe una educación que puede dar fin a la ignorancia. La causa de la ignorancia es el deseo. Existe una educación que puede liberarte del deseo. Liberarse de deseos significa liberarse del miedo a la muerte, y la condición de las personas que están instruidas de esa manera es la libertad. Esto es primordial".[52]

---

52. Elizabeth Avedon, *An Interview with Francesco Clemente by Rainer Crone and Georgia Marsh*. New York: Vintage Books, 1987, 19-20.

Los cinco kleshas son los obstáculos de nuestro conocimiento interior. Tienen un remedio, upaya, que se denomina *kriya yoga*, que son las tres prácticas que mencionamos al inicio del capítulo: tapas, la práctica de posturas yóguicas, pranayama y meditación; svadhyaya, el canto o el estudio de los textos y las escrituras; e Ishvara pranidhana, la entrega a Dios, para aquellos que profesan el teísmo, o a lo desconocido, para aquellos que no. Estas son las herramientas que menciona Clemente.

Estas tres prácticas disminuyen las obstrucciones que nublan el campo de la consciencia, para que su luz nos ilumine con fortaleza y claridad. Sin embargo, se llaman prácticas indirectas porque no trabajan directamente sobre la raíz de los pensamientos, sino que crean y sustentan comportamientos particulares que originan patrones de pensamiento que nos conducen al despertar. En el siguiente capítulo, discutiremos con mayores detalles sobre los yamas y los niyamas, donde aparecen estas tres acciones y sus elementos.

7

Las primeras dos ramas

Aunque la primera rama del yoga se denomina yama, que significa "restricción", nuestra discusión sobre el yoga se inicia con la tercera rama, asanas, porque el cuerpo es el lugar más fácil por donde empezar una práctica espiritual. Podemos verlo, cambiar su forma, ganar rápidamente fortaleza y flexibilidad, así como mejorar su funcionamiento, por ejemplo, nuestra digestión o nuestro descanso. Cambiar la forma de nuestro cuerpo automáticamente hace cambiar nuestra mente, porque la mente y el cuerpo son un continuo. Cambios muy simples, como ser capaces de tocarnos los dedos de los pies cuando antes no podíamos, impactan en nuestro sentimiento de potencial. Las posibilidades comienzan a expandirse. La capacidad ampliada del cuerpo va de la mano con la noción expandida de nuestro potencial para el crecimiento y el cambio. Esta sensación es estimulante y nos motiva a continuar, a hacer más.

Sumado a esto, la naturaleza de nuestros procesos de pensamiento comienza a cambiar naturalmente. Quizás nos enojemos menos o desarrollemos un poco más de paciencia. Tal vez nos sintamos más flexibles, o capaces de relajar nuestra necesidad de controlar todo y a todos. Para algunos, puede experimentarse como un sentimiento de contentamiento, como la sensación de soltar el esfuerzo excesivo, ya que aprendemos a estar más presentes en el ahora. Sin embargo, como sucede con nuestros cuerpos, hay un cierto límite para esto. Llegamos a un punto en el que nuestros isquiotibiales o nuestras caderas no se abren naturalmente por su cuenta, o empezamos a perder la paciencia de nuevo. Tenemos que aplicar un esfuerzo extra para llegar un poquito más allá. La práctica del yoga puede brindar beneficios para el cuerpo, la mente o la habilidad de lidiar con el estrés a corto plazo, pero en algún momento se estabilizará, y veremos que hay que aplicar un poco más de esfuerzo.

Los efectos iniciales de la práctica se dan de manera muy simple. Podemos ver los cambios en las primeras semanas o meses. Pero tenemos que comprometernos con la práctica durante muchos años para explorar los niveles más profundos de nuestros patrones habituales. Desarraigar un patrón de conducta recurrente es un gran trabajo, y muchas veces puede ser frustrante. Podemos hacernos preguntas como: ¿por qué pierdo la paciencia por tonterías?, ¿por qué me ganan los celos?, ¿por qué me frustro fácilmente con las personas o las situaciones? A medida que nos vamos acostumbrando a prestar atención y a ser más sensibles con lo que está sucediendo en nuestras mentes, podemos desarrollar la habilidad de retroceder y observarnos, e identificar cuáles son las causas. Quizás pierdes la paciencia porque estás cansado, agobiado o hambriento. O quizás es porque alguien no actuó de acuerdo con tus expectativas, o porque no eres escuchado. Estos son datos que podemos observar en nosotros. El yoga y la meditación pueden arrojar luz sobre nuestros comportamientos y nuestras reacciones y proveernos opciones para responder de formas más constructivas.

En general, nos damos cuenta tarde de que reaccionamos de manera errada o con mayor énfasis del necesario en una situación que activa nuestro punto débil (como la impaciencia). ¿Podemos detectar estos momentos antes de que sucedan? La artista Laurie Anderson me relató esta historia acerca de su pareja, el fallecido Lou Reed, una persona muy amorosa pero que poseía un temperamento muy fuerte, a veces feroz. Hacia el final de su vida, mientras padecía las aflicciones de su hígado deteriorado, Lou comenzó a detectar más rápidamente los instantes en los que perdía los estribos, y se disculpaba enseguida. Luego, el estallido y las disculpas surgían casi a la par; al final, las disculpas brotaban antes. Lou decía: "Lo siento, casi me enfado". Es la atención exquisita y refinada hacia nuestra mente lo que habilita que el camino de la autoconsciencia se despliegue.

Cuando estamos listos para emprender un trabajo más profundo, los yamas y los niyamas (existen cinco subcategorías en cada uno) son los siguientes pasos de la práctica del yoga. Son límites que nos proponemos intencionalmente en nuestro comportamiento personal. Los límites saludables y deliberados pueden ayudarnos a saber en dónde estamos. Cuando no sabemos nuestro lugar, podemos meternos en situaciones que no son beneficiosas para nosotros. En la práctica espiritual, la libertad comienza con la restricción. En Estados Unidos, creemos que la libertad es sinónimo de la posibilidad de hacer lo que queramos, cuando queramos, dondequiera lo queramos. Esto no es libertad: es hedonismo. La libertad del yoga es la libertad del ser, de una consciencia que no depende de acciones o situaciones externas, sino que es una felicidad intrínseca y sin causa. Es la dicha de saber quién eres en todos los momentos y en todas las circunstancias.

Mientras estudiaba la Torah con mi rabino, Mendel Jacobson, discutíamos acerca del tiempo, el nacimiento y la muerte. Mendel dijo que, según la Torah, no nacemos una vez, sino que nacemos constantemente, y que estos constantes nacimientos y muertes son una limitación de Dios hacia nosotros para que nuestra visión permanezca fresca y nueva. De otra manera, nos volveríamos autómatas. En el hinduismo, el ciclo de nacimiento y muerte se llama samsara, la red de existencia ilusoria. El karma (nuestras propias acciones) puede mantenernos atrapados en la red o liberarnos de ella.

El rabino Mendel me relató una hermosa analogía. Según la Kabbalah, la lluvia es una restricción. La restricción fragmenta el agua en pequeñas gotas; si no hubiera esa restricción, la lluvia sería una gigantesca gota, un diluvio, una catarata infinita de agua, y el universo se inundaría por completo. Las limitaciones de Dios posibilitan una manifestación diversa y, debido a esta diversidad, una mente fresca y abierta. Sin la frescura de cada nuevo día, vivimos en una caja, una suerte de infierno, pero vivir fuera de la caja es vivir en libertad. La restricción es necesaria para la existencia porque nos guía hacia la libertad.

Los cinco yamas definen la idea yóguica de los límites. Los yamas se refieren a un código de conducta basado en la responsabilidad personal y cómo aplicarla a los vínculos. Cuando nuestras mentes y nuestros cuerpos están alineados con la consciencia, como dijo Deepak Chopra, entonces los yamas son despliegues de un comportamiento enaltecido o iluminado. Se convierten en expresiones naturales de la verdad. Pero hasta que se vuelvan algo natural, podemos realizarlos como una práctica. De la misma forma en que intentamos mejorar el funcionamiento de nuestros cuerpos mediante las posturas del yoga, podemos intentar mejorar nuestras interacciones con las personas a través de los yamas.

El primer yama se denomina ahimsa. Como ya mencionamos, en sánscrito la letra *a* al inicio de una palabra significa "lo opuesto" o "ausencia". *Himsa* significa "daño", así que ahimsa se traduce como "no violencia" (lo contrario al daño). A un nivel más profundo, significa que hay una ausencia de perjuicio dentro de nosotros, que no existe una inclinación hacia el mal, que no hay chance de que lastimemos a alguien. Cuando este nivel de bondad está presente en nosotros, cualquiera que se nos acerque se sentirá lleno de paz; incluso si hay dos personas que sienten enemistad entre sí, esta hostilidad tendrá fin.[53] La ausencia absoluta y completa de violencia en nuestros corazones y nuestras mentes es verdaderamente la libertad y el amor por todos los seres.

Pero si no estamos a ese nivel de profundidad, podemos practicar la no violencia de otras maneras. Podemos implementar una dieta que sea menos agresiva con los animales, podemos realizar elecciones acerca de los recursos que usamos. Podemos elegir a una persona que nos disgusta y a quien deseamos cosas negativas y dedicarle pensamientos amorosos. O, durante una hora por día, podemos practicar ahimsa al prestar cuidadosa atención a nuestras mentes, pensamientos, acciones y conductas. Incluso en ese breve período de tiempo, podemos aprender acerca de nosotros mismos. Contemplar ahimsa como la ausencia de daño también nos invita a entender la bondad. Cuando no tenemos pensamientos dañinos hacia nosotros o hacia los demás, tenemos ternura y compasión.

La reactividad es una fuerza motriz en nuestras vidas, y ahimsa es una orientación que nos enseña cómo tratarnos a nosotros mismos, a los demás y al mundo sin lastimar. En general, causamos daño todos los días, de forma inconsciente. Si estamos infelices con nuestro aspecto físico, podemos generar hábitos poco saludables de alimentación, o ejercitarnos en exceso, y experimentar vergüenza y frustración. En nuestras interacciones con las personas que nos rodean, podemos juzgar, criticar, envidiar o competir; incluso podemos desearles el mal. A veces actuamos nociva o engañosamente

---

53. *Ahimsa pratishtayam tat sannidau vairatyagaha, Yoga Sutras* 2.35.

para protegernos. Cada tanto, usamos palabras innecesariamente duras para herir a los demás y a nosotros mismos. Ahimsa es el primer yama porque es el más importante, el fundamento para una mente serena y un corazón amoroso. Las semillas de los otros yamas cuentan con la no violencia en su interior, así como los demás kleshas crecen en el campo de avidya.

Satya es el segundo yama. Significa "honestidad". Satya puede referirse a decir la verdad, pero la verdad expresada de manera amable, una verdad que no causa daño o dolor. Esta es la concepción yóguica de la verdad. En Occidente, a menudo preferimos la "honestidad brutal", que no siempre brinda ayuda. El *Manusmriti*, el más antiguo de los textos hindúes que contiene leyes, códigos e instrucciones, dice así: "Di la verdad, di la verdad de una manera agradable, no digas lo que es verdadero pero desagradable, tampoco digas lo que es agradable pero no es verdadero. Este es el dharma eterno".[54] Decir la verdad, de por sí, no es suficiente. La verdad que decimos tiene que estar alineada con el dharma, el bienestar colectivo, y no solo con nuestro beneficio individual. Satya es un yama desafiante, porque ¿cómo sabemos lo que de verdad es bueno para todos? Si tenemos dudas sobre satya, una buena estrategia es volver a ahimsa. Pregúntate a ti mismo: esta verdad que voy a expresar, ¿causará o evitará la menor cantidad de daño, incluso si es una verdad dura? La forma más importante de decir la verdad es de una manera que pueda ser verdaderamente escuchada. Si decimos algo y nuestro interlocutor entiende lo contrario, esto puede producir mayor malestar. Así que parte de decir la verdad, de la honestidad, es decir lo que necesitas expresar de manera tal que

---

54. *Satyam bruyat priyam bruyan na bruyat satyam apriyam | priyam cha nanrtam bruyadesha sanatanah || Manusmriti 4.138.*

tus palabras transmitan tus sentimientos, y que las personas que escuchan comprendan lo que estás diciendo. Así, según los *Yoga Sutras*, tus palabras asumirán el poder de volverse auténticas; pero Hariharananda agrega: "Los yoguis, sin embargo, no se involucran con propósitos inútiles más allá de su alcance". Esto significa que no solo hay que decir la verdad, también debemos guiarnos por el discernimiento,[55] y en algunas ocasiones, será mejor no hablar en absoluto que expresar algo que no será escuchado.

El tercer yama, *asteya*, literalmente significa "no robar", pero en la práctica representa la satisfacción que deriva de no tomar aquello que pertenece a los demás. *Steya* significa "robar" y *a*, como ya mencionamos, expresa la "ausencia de", así que asteya es la ausencia de la necesidad de tomar lo que corresponde a los otros. Esta forma de robar se refiere tanto a los objetos como a los pensamientos, ideas y sueños ajenos. Es muy fácil asimilar ideas de otras personas y de algún modo terminar creyendo que son nuestras. La manera más sencilla para remediar esto es brindar el reconocimiento a las personas inmediatamente cada vez que nos referimos a sus ideas. Cuando tenemos una satisfacción interna completa, entonces toda la riqueza resplandece desde nuestro interior.[56]

Brahmacharya es la responsabilidad y fidelidad sexual. Para los monjes, puede representar el celibato. Para las personas casadas, implica fidelidad a la pareja. Para las personas solteras, significa ser responsable del acto íntimo del amor. Brahmacharya es un tema extenso en los textos yóguicos porque se dice que si tenemos relaciones sexuales en exceso, en los momentos inadecuados o con las personas

---

55. *Satya pratishtayam kriyaphalashrayatvam, Yoga Sutras* 2.36.
56. *Asteya pratishtayam sarvaratnopasthanam, Yoga Sutras* 2.37.

inapropiadas, perdemos nuestra vitalidad. Cuando nuestra vitalidad decrece, también disminuye nuestra habilidad para enfocarnos.

Los yoguis se dedican a restringir el movimiento externo de los sentidos, y la atracción sexual es, para ellos, un impedimento para la concentración interior, porque es muy fácil perderse en la ilusión de la satisfacción o el regocijo que deriva de la estimulación sensorial. Ellos intentan restringir ese impulso, junto con otras cosas –la respiración, el cuerpo y la mente– de otras maneras. Pero brahmacharya difiere de las otras restricciones y se encuentra en las limitaciones interpersonales (yamas) porque implica el contacto directo físico e interactivo con otras personas. Con las otras restricciones, solo te necesitas a ti mismo. Aunque ahimsa puede referirse a no causar daño físico a los demás, también se refiere al daño que proviene de las palabras y otras acciones indirectas, así que es diferente.

Al ser sexualmente responsables de acuerdo a nuestra etapa vital o al camino que seguimos en ese momento, le brindamos el máximo respeto a nuestras parejas actuales o potenciales, y nos volvemos conscientes de la manera en que cosificamos a los demás mediante el deseo. Cuando no somos responsables de nuestra sexualidad, entonces sucede lo contrario y usamos a las personas para nuestra gratificación personal. En los textos, a veces se dice que brahmacharya es la restricción adecuada de la actividad sexual en palabra, pensamiento y acción. Lo mejor es decidir qué nivel de responsabilidad sexual piensas que puedes mantener, de manera que estimule tu crecimiento espiritual y tu vida y que no te conduzca a actuar con hipocresía o en oposición a tus aspiraciones más elevadas.

Aparigraha es la confianza que adquirimos cuando no codiciamos las habilidades o los objetos que tienen las demás personas. Significa, literalmente, "no codiciar constantemente todo lo ajeno" y a veces se traduce como "ausencia de codicia", lo que suena ligeramente bíblico.

Graha significa "agarrar", *pari* significa "alrededor" y *a*, como ya sabemos, es "lo opuesto a". Todo junto quiere decir no aferrarse a todas las cosas que tus sentidos perciben a tu alrededor. Como un ejercicio, intenta observar un objeto, solo observarlo, y advierte cómo tu mente reacciona ante él. Todos los objetos son creaciones de alguna mente en particular. Podemos usarlos o no, pero si les damos mucho peso o importancia a ellos, cada día, entonces perdemos la perspectiva de lo que necesitamos, de lo que queremos y de dónde surge nuestra felicidad. Si creemos que la felicidad proviene de los objetos, nunca estaremos satisfechos. Si pensamos que la felicidad es nuestro estado natural y puede ser encontrado dentro de nuestro ser, entonces podemos encontrar la felicidad. Aparigraha es esencialmente la práctica de no buscar la verdad o el bienestar en ningún objeto o persona ajeno a nosotros. Radhanath Swami lo expresa de forma sucinta: "En una sociedad iluminada, las personas usan los objetos y aman a las personas; en nuestra sociedad actual, usamos a las personas y amamos a los objetos". Mediante aparigraha, intentamos invertir esta ecuación.

Puedes aplicar cada una de las ideas mencionadas aquí a diferentes aspectos de tu vida, hacia ti mismo y hacia las otras personas de tu vida. Algunos de los yamas resonarán en ti más que otros. Si eliges un mínimo aspecto de los yamas para trabajar, como ser más honesto contigo mismo, la manera en que te expresas o el intento de alterar tu relación con los bienes materiales, muchas otras cosas se ordenarán. Muchas veces, alinear un aspecto de tu vida abre las puertas a otras áreas que parecían cerradas.

También existen otros cinco niyamas, que ordenan las áreas en las que eres responsable por tu vida interior.

Shaucha es limpieza. Se refiere a limpieza de la mente, que significa tener una predisposición afable, y a la limpieza del cuerpo, que implica bañarse y mantener el cuerpo limpio de todas las maneras que sean necesarias.[57] Sin embargo, el yogui se da cuenta de que incluso si limpiamos nuestro cuerpo todos los días, continuará siendo una fuente de suciedad, y por ende desarrollamos una aversión a nuestro cuerpo y al contacto con los cuerpos ajenos. En los tiempos modernos, no creo que tengamos que llegar a ese extremo, ya que los lazos emocionales que se nutren del contacto físico y del contacto curativo tienen un rol relevante en el desarrollo humano. No obstante, los *Yoga Sutras* continúan con un verso adicional sobre la limpieza, que dice que mediante la limpieza mental o la purificación, el yogui adquiere pureza del corazón que está acompañada por la dicha mental. Esa idea de dicha interna nos guía a una condición que le permite a la mente concentrarse de manera tal que los órganos de percepción se tornen hacia el interior. A partir de esto, el buddhi se fortalece y la autorrealización se vuelve posible.

Las características que deben purificarse en la mente son los conocidos seis venenos: deseo, ira, engaño, codicia, orgullo y envidia. Cuando estos seis elementos están ausentes en el corazón y en la mente, el bienestar prevalece en nuestro espíritu, y la naturaleza sáttvica que es inherente a la mente se vuelve predominante. Alcanzamos la claridad, la habilidad de ser reflexivos, receptivos y felices.

Santosha es el contentamiento. Se refiere a una característica constituyente de la mente; una felicidad que no depende de las situaciones externas. El contentamiento nace de mantener nuestra mente dichosa y contenta sin que dependa de ganar o perder, del elogio o de

---

57. *Shauchatsvangajugupsa parairsamsargah*, *Yoga Sutras* 2.40. Los fundamentos de esto es que el yogui comprenda que el cuerpo nunca podrá estar completamente limpio, ya que se ensucia día tras día y, por lo tanto, siempre será una fuente de impureza.

la culpa. Es un rasgo mental estable y regular, en contraposición con los estados mentales cambiantes que dependen de las circunstancias afortunadas para hacernos felices, y nos mantienen disconformes durante los momentos desafiantes o en aquellos momentos en los que no obtenemos lo que anhelamos.[58]

Los siguientes tres niyamas –tapas, svadhyaya e Ishvara pranidhana– se conocen en conjunto como kriya yoga, las acciones indirectas que nos guían hacia la disminución de los kleshas. La manera más inmediata de remover los velos de la ignorancia es la experiencia directa de nuestro ser interno, lo que sucede en el samadhi. Para aquellos que aún no están listos para ese nivel de experiencia, podemos practicar los métodos indirectos que nos preparan para la vivencia directa y eventual del ser.

Tapas es la disciplina, la disciplina que proviene de experimentar alguna práctica que te desafíe hasta cierto punto, día tras día. Puede ser la meditación, los asanas, el pranayama o el canto devocional. La suave fricción que se crea a través de la disciplina estimula el crecimiento, de la misma manera en que cantidades moderadas de estrés pueden mejorar nuestro desempeño. El significado literal de *tapas* es "calentar" o "cocinar". Tapas es el estrés positivo que nos ayuda a crear resiliencia y fortaleza, tanto interna como externamente. Tapas debería crear energía pero no agotamiento, por lo tanto, si te das cuenta de que tus prácticas te están consumiendo, quizás estés esforzándote en exceso, y te causarán inflamación crónica en lugar de crecimiento. Swami Hariharananda nos dice en su comentario de los *Yoga Sutras* que tapas implica desistir de acciones que "traen placeres momentáneos, y conllevan una consecuente adversidad". Si bien tapas tiene

---

58. *Santoshadanuttamasukhalabha*, *Yoga Sutras* 2.43.

un componente físico, también incluye la práctica de aquello que nos resistimos a realizar. La acción física de tapas debería conducirnos al equilibrio mental o la estabilidad de la mente.[59] El ejercicio de resistir los placeres fugaces aumenta nuestra voluntad y nos habilita un espacio de reflexión: ¿realmente necesito este objeto o esta experiencia ahora?, ¿contribuirá a una felicidad perdurable o es simplemente momentánea y por lo tanto terminará en desengaño? Mediante la práctica de austeridades, el velo de la impureza es removido, lo que significa que todo lo que nubla nuestras mentes y visiones se desvanece, tenemos mayor claridad y podemos ver el camino a tomar.

Svadhyaya es la repetición de mantras o el estudio de los textos sagrados. *Sva* significa "uno mismo" y *adhyaya* significa "capítulo". Svadhyaya es el estudio de los capítulos del ser, el verdadero ser o el autoconocimiento. Los capítulos del autoconocimiento se refieren a los Vedas o los Upanishads, los textos hindúes acerca de la liberación, el dharma y la filosofía. Cada familia brahmán tiene una porción de los Vedas asociada a su linaje, y la recitación diaria de esos mantras se llama svadhyaya. Una derivación etimológica es *sva-adi-ayana*, que significa "caminar el sendero hacia uno mismo". El canto de la sílaba *om* también es practicar svadhyaya. Una traducción moderna de svadhyaya es "autoestudio o examinación", pero esta traducción no se encuentra en los textos yóguicos. En los *Yoga Sutras*, el verso dice que a través de la repetición de mantras y el estudio de los textos, nuestras mentes se fusionan con la deidad o con el nivel de la consciencia al cual profesamos nuestra devoción".[60]

---

59. *Kayendriyasiddhirashuddhiksayattapasah*, Yoga Sutras 2.43.
60. *Svadhyayadishtadevatasamprayogah*, Yoga Sutras 2.44.

Ishvara pranidhana es la entrega o devoción a Dios, y en el caso de que no seas una persona teísta, la entrega a lo desconocido. Esta entrega implica ceder los resultados de todas nuestras acciones a Dios o a cualquier visión que sostengas de lo desconocido. La razón por la que ofrecemos los resultados de todas nuestras acciones a una noción de Dios o de lo desconocido es que realmente no sabemos cuáles serán las consecuencias de cada una de nuestras acciones. Aunque tengamos una idea aproximada o cabal de los posibles resultados, no conocemos el entramado completo de los efectos de nuestros actos, tanto en nosotros como en nuestro entorno. Las acciones y sus consecuencias no se limitan a nosotros como entidades individuales. Nuestros actos afectan a las personas, al entorno y a las situaciones que vivimos. Es mejor intentar hacer lo correcto y ofrecer los resultados con la sensación de desconocimiento de lo que vendrá. Si eres una persona teísta, puedes sostenerte en el sentimiento de que Dios es el hacedor de todas las cosas y que somos sus instrumentos, para así alinearte con un bien mayor. La idea de la entrega no comprende que todo nuestro accionar es la voluntad de Dios, sino que todo lo que hacemos es digno de Dios.

Si no crees en Dios, entonces simplemente practica la entrega al ofrecer los resultados de tus acciones a lo desconocido o al universo, con la idea de que honestamente no sabemos qué es la realidad, qué es la naturaleza o de dónde surgió el universo. Hay tanto que no sabemos, incluyendo la materia oscura y la energía (que componen el 96% del universo). Vivimos en el 1% del universo conocido, y este minúsculo porcentaje es un enorme misterio. Conocemos muy poco acerca de él.

En los *Yoga Sutras* se dice que la devoción a Dios es el niyama que nos lleva directamente al samadhi, o la completa absorción en la consciencia pura.[61] Pero los sutras también dicen que solo es posible obtenerlo cuando todos los otros yamas y niyamas han sido cultivados fielmente.

Los yamas y niyamas son diez en total y a veces se los compara con los Diez Mandamientos. Sin embargo, los Diez Mandamientos son la palabra y la ley de Dios, otorgados por Él a Moisés con el propósito de que su palabra sea cumplida. En el día del Juicio Final, aquellos que hayan seguido fielmente los mandamientos podrán ingresar al Reino de los Cielos, mientras que aquellos que no los hayan cumplido (es decir, quienes hayan pecado) serán desterrados.

En el yoga, no existen mandamientos divinos. Los yamas y niyamas son las instrucciones de los yoguis y los rishis que han comprobado su eficacia y que han vivido profundas experiencias de sí mismos en sus meditaciones. Mientras los yoguis ancestrales adquirían niveles cada vez más altos de iluminación, la expresión natural de sus almas tomó la forma de los yamas y los niyamas en sus comportamientos, y este es su legado. Sin embargo, tanto los yamas como los mandamientos tienen una naturaleza moral; nos estimulan a expresar nuestra bondad innata en todas nuestras acciones en el mundo, a ser decentes y honrados, a actuar con honor, amabilidad e integridad. En síntesis, todo aquello que representa las características más enaltecidas del comportamiento humano. Nos enseñan cómo comportarnos en este mundo con consideración, cuidado y autenticidad. También son puntos de reflexión para que registremos y analicemos cuán honestos somos con nosotros mismos en relación con la manera en que vivimos en este mundo. El yoga, en esencia, es una manera de verificar cómo vivimos.

---

61. *Samadhisiddhirishvarapranidhanat, Yoga Sutras* 2.45.

La industria comercial del yoga ha intentado (con mucho éxito) vendernos el yoga como estilo de vida, junto con productos para complementarlo. Más que un *estilo de vida* –que no es más que otro adorno, otro atuendo, otra imagen proyectada– lo que queremos es que nuestro *estilo o forma de vida* sea un poco más consciente. Los yamas y niyamas nos ayudan al brindarnos objetivos de comportamiento consciente para que podamos reflexionar. Queremos un punto de referencia para nuestro estilo de vida, no una nueva identidad falsa.

Hay otro aspecto en el que los yamas y niyamas difieren de los mandamientos. En el yoga existe el concepto del karma, o acción. Cómo nos comportamos determinará los resultados de nuestra vida. El juicio final no es de Dios, sino que nuestras acciones serán su propio juez, así que al final es nuestra conducta lo que representa el juicio y la consecuencia. Aunque Dios, o Ishvara, aparece en los *Yoga Sutras*, es un dios opcional. Puedes creer en su existencia o no; lo primordial en el yoga es que uses todas las herramientas que necesites para calmar y equilibrar tu mente. Si creer en un dios te ayuda a estabilizar tu mente, entonces debes aplicar esa creencia en tu vida y en tu práctica. Si no, no tienes que preocuparte por esto. Esta es otra área en la que el yoga se destaca: hay espacio para todos, independientemente de tus creencias espirituales, religiosas, ateas, panteístas, politeístas, henoteístas o monoteístas. Si tus creencias te ayudan a serenar y controlar tu mente, a experimentar tu bondad innata y amar a todos, entonces estás en el camino correcto. Si tus creencias te separan de las otras personas y te conducen a la pelea, la ira, la violencia, el juicio y a sentirte superior al resto, entonces no es yoga.

Como ya hemos mencionado antes, tapas, svadhyaya e Ishvara pranidhana forman lo que denominamos kriya yoga: las acciones que nos
conducen a prepararnos para alcanzar el estado del yoga, el equilibrio
de la mente. Se califican como acciones que nos llevan *indirectamente*
a ese estado mental, lo que significa que no estamos trabajando para
extirpar las semillas del pensamiento; más bien utilizamos ideas au-
xiliares, al realizar posturas, respiración, canto de mantras y al ofrecer todas nuestras ideas y deseos a dios, con el propósito de calmar,
purificar y limpiar la mente para llevar nuestra consciencia hacia el
interior. Tapas se relaciona con las acciones físicas; svadhyaya, con
las verbales; e Ishvara pranidhana, con las mentales. Estos son los
métodos primordiales que desarrollamos en las primeras etapas de
la práctica. Las etapas posteriores de la meditación trabajan directamente en desarraigar la fuente de los pensamientos, pero las prácticas preliminares del kriya yoga nos enseñan que cuando expandimos
nuestra consciencia hacia acciones, palabras y pensamientos deliberados, podemos ganar discernimiento para responder en vez de reaccionar y utilizar nuestros actos, palabras y pensamientos de forma
reflexiva y atenta.

Para resumir:

- Los yamas son la responsabilidad que asumimos y las elecciones que hacemos en nuestras relaciones interpersonales,
que incluyen la bondad, la honestidad, la abstinencia del
robo, la responsabilidad en las conductas sexuales y la ausencia de codicia.
- Los niyamas son las elecciones que realizamos para nuestra disciplina física y mental, que incluyen la limpieza, el contentamiento

y el ejercicio del kriya yoga: la práctica, el canto y el estudio de textos, y la devoción.

- La devoción a Dios es opcional, pero es provechosa.
- Las acciones del yoga que nos conducen a un mayor conocimiento de quiénes somos y a la disminución de las obstrucciones mentales son la práctica, el estudio y la devoción.

8

LA ENERGÍA INTERNA

A medida que avanzamos en la búsqueda de la consciencia interior y de la paz, atravesamos capas de sutileza. Nuestra psique es compleja y contiene en su interior las impresiones de cada alegría, éxito, fracaso, amor, trauma y conflicto que hayamos experimentado. Los sentimientos físicos asociados con estas vivencias también están almacenados en nuestro sistema nervioso y en nuestros tejidos corporales. Muchas personas experimentan la liberación o el recuerdo de viejas memorias mediante la práctica de los asanas. La razón es bastante simple: nuestro cuerpo recuerda, muchas veces con mayor nitidez que la mente. El trauma así como también los niveles continuamente bajos de estrés nos desconectan de nuestros cuerpos. Bessel van der Kolk, en su brillante libro *El cuerpo lleva la cuenta*, explica:

> Solo al entrar en contacto con tu cuerpo, al conectarte visceralmente con tu ser, puedes recuperar la noción de quién eres, cuáles son tus prioridades y valores. La alexitimia, la disociación y la desconexión están relacionadas a las estructuras cerebrales que nos permiten enfocarnos, saber cómo nos sentimos y llevar a cabo acciones que nos protejan. Cuando estas estructuras esenciales son

sometidas a un shock inexorable, el resultado puede ser la confusión, agitación o desconexión emocional, y muchas veces se les suman experiencias de despersonalización (la sensación de observarte a ti mismo desde afuera). En otras palabras, el trauma hace que las personas se sientan como si fueran *otra persona* o como si *no tuvieran un cuerpo*. Para poder superar el trauma, necesitas reconectarte con *tu cuerpo*, con *tu Ser*.[62]

Aunque todos hemos experimentado alguna forma de trauma, no todos estamos traumatizados. Algunas personas poseen una resiliencia intrínseca que les permite dejar atrás las experiencias traumáticas o crecer a partir de ellas. Sin embargo, cualquier grado de trauma se almacena en el sistema nervioso y crea algún nivel de disfunción en casi todos. Al recuperar la conexión con nuestros cuerpos, comenzamos un camino hacia nosotros mismos al volver a regular las funciones del sistema nervioso, que son los mismos mecanismos que nos habilitan una autopercepción clara: "Este es quién soy. Esto es lo que pienso. Esto es lo que siento. Esto es lo que quiero, esto es lo que necesito". Lo interesante es que la palabra griega *psyche*, que a menudo usamos para referirnos a la mente –o al estado emocional de la mente– en realidad significa "alma" o "espíritu" o, reveladoramente, "el aliento de la vida".

Practicar posturas de yoga es una forma muy efectiva de recuperar la conexión con el cuerpo que habitamos, pero el mecanismo fisiológico que intensifica la restauración del sistema nervioso es la

---

62. Bessel van der Kolk, *The Body Keeps the Score: Brain, Mind, and Body in the Healing of Trauma*. New York: Penguin Books, 2015, 249. Hay traducción al español: *El cuerpo lleva la cuenta: Cerebro, cuerpo y mente en la sanación del trauma*. Barcelona: Eleftheria.

respiración. Ahora hablaremos sobre una técnica que está integrada a la respiración, el *bandha*, que aumenta el poder de la respiración. Hasta aquí hemos cubierto las técnicas prácticas del vinyasa, las posiciones estáticas de los asanas y los componentes del asana que conocemos como tristhana. Los elementos que componen tristhana son el asana, la respiración y el drishti. Dentro de la respiración se incluye el bandha. *Bandha* significa "cierre" o "adhesión". Los dos cierres más importantes que utilizamos cuando practicamos posturas son el *mula bandha*, que significa "cierre profundamente arraigado", y *uddiyana bandha*, que significa "cierre que vuela hacia arriba". El tercer cierre o adhesión que se utiliza en el pranayama, y también en algunos asanas, se denomina *jalandhara bandha*. *Jala* significa "malla o red" y *dhara* significa "mantener".

En los capítulos 4 y 5 hablamos sobre la ligereza que los asanas producen en el cuerpo. Utilizar los bandhas y la respiración en el asana ayuda a crear esa ligereza. La ligereza que mencionamos no tiene que ver necesariamente con tener un cuerpo esbelto y delgado. Algunas personas tienen cuerpos muy esbeltos, pero cuando yo me acerco a levantar una de sus piernas o los ajusto en una postura, en verdad sus cuerpos son pesados; otras personas tienen cuerpos voluminosos pero se sienten muy livianos y flexibles. Las acciones internas del yoga crean ese efecto, a diferencia del fisicoculturismo, que tiene como meta la forma externa del cuerpo. De hecho, si alguien tiene músculos muy desarrollados por levantar pesas o por el ejercicio, su cuerpo es con frecuencia pesado o rígido y, debido a esto, posee menos fuerza interna. Pattabhi Jois solía decir que el yoga es un ejercicio interno, es decir, desarrolla fortaleza y purificación internas, así como belleza interior (una mente bondadosa, amabilidad y compasión). Aunque un cuerpo en forma puede ser una consecuencia del yoga, esta no es la meta final; un cuerpo sano es mayormente útil para asegurarnos una buena calidad de vida. No nos asegura la felicidad, la autoestima o el discernimiento de la naturaleza del ser.

Aunque los bandhas con frecuencia se describen como contracciones musculares, funcionalmente deben ser comprendidos como un aspecto integral y sutil de la respiración. Activar ciertos músculos del suelo pélvico y de la cavidad abdominal favorece la inhalación larga, suave y controlada; así como podríamos decir lo mismo de las exhalaciones estables y fluidas, porque cuando la respiración es serena y controlada, así también la mente. Los bandhas colaboran con el proceso respiratorio, y además crean fortaleza y ligereza interna.

Además de crear ligereza en el cuerpo, los bandhas están al servicio de otros propósitos. Rajas y tamas están concentrados en el cuerpo en el área que está entre el plexo solar y los órganos de reproducción y eliminación. Cuando está desequilibrado, rajas crea agitación y tamas crea pesadez. Por ejemplo, cuando tu digestión está lenta, sentirás pesadez o malestar en el estómago (un desequilibrio de tamas); cuando estás excitado sexualmente, incluso si es solo por tus pensamientos, lo sentirás en la zona de los genitales (una activación de rajas). Debido a que los bandhas se realizan en conjunto con la respiración, también ayudan a arraigar el elemento del aire. Cuando estamos ansiosos o analizamos en exceso, el desequilibro está en *vata*, o viento o aire. La mente se mueve como el aire: está en todos lados, pero no siempre sabemos hacia dónde va; es impredecible como el viento. Podemos tener una idea aproximada de cómo va a ser la temperatura y el tiempo allá afuera, pero ambos pueden cambiar rápidamente y no podemos definir con certeza hacia dónde soplará el viento, o cuál será la temperatura de un momento al otro. Por lo tanto, la modulación estable de la respiración (el viento) es tan importante en el yoga: ayuda a equilibrar el viento y la temperatura de la mente.

Cuando los órganos de eliminación se vuelven pesados debido a tamas, y la digestión y la eliminación no funcionan adecuadamente, pueden surgir enfermedades en los órganos correspondientes, como el síndrome de colon irritable, constipación o disfunciones en la vejiga. Cuando rajas es predominante, nos distraemos, somos rápidos en reaccionar, estamos sexualmente inquietos y damos rienda suelta a nuestra impulsividad. Una de las metas del yoga es balancear rajas y tamas para orientarlos hacia sattva (la armonía), y los bandhas son los mecanismos internos que nos ayudan a realizarla.

El primer bandha del que hablaremos es mula bandha. *Mula* significa "fuente", "origen", "base" u "original", y *mula bandha* significa "profundamente arraigado". Mula bandha se realiza al levantar los músculos del esfínter anal interno, como si estuvieras conteniendo el movimiento intestinal o haciendo ejercicios de Kegel (cuyo objetivo es fortalecer los músculos del suelo pélvico para preparar el parto o para tratar problemas de vejiga). Mula bandha ayuda a mantener la columna erguida, protege la parte baja de la espalda cuando realizas los asanas y ayuda a crear ligereza en el cuerpo al reducir el tamas que se acumula en el bajo abdomen y en el ano. También da fuerza al bajo abdomen al fortalecer los músculos más profundos e inferiores del suelo pélvico. La tonificación consciente de los músculos del esfínter anal también es muy útil para mantener la salud del funcionamiento intestinal porque, como todos los músculos, pierden fuerza y elasticidad con la edad, y necesitamos que estén fuertes para una eliminación saludable. Quizás hayas escuchado que mula bandha es la elevación del suelo perineal. Aunque el perineo puede activarse durante mula bandha, mula bandha es, real y específicamente, la elevación de los músculos internos del esfínter anal, tanto en los hombres como en las mujeres. La forma más sencilla de encontrarlo es al final de una inhalación lenta y consciente, aunque algunas personas sienten que es más fácil encontrarlo en la última parte de la exhalación.

Es muy difícil mantener mula bandha por períodos extendidos de tiempo porque los músculos mencionados son involuntarios.[63] Se encuentran en un estado constante de contracción, controlados por el sistema nervioso simpático, el cual gobierna (entre otras cosas) la activación, la actividad y la contracción muscular. El sistema parasimpático rige la relajación, el crecimiento y la restauración, así como la digestión y la eliminación. Los músculos del esfínter anal se relajan en el momento en que defecamos, debido al sistema parasimpático, que envía señales de relajación que se originan en el hipotálamo.[64] El esfínter anal interno es controlado por el tronco del encéfalo y el sistema nervioso autónomo, que es la parte del cerebro que dirige las funciones de forma automática (como el pulso cardíaco y la respiración) para sostener nuestra vida. Tocaremos estos temas con mayor detalle en los próximos capítulos. Por ahora, es suficiente con saber que las funciones autónomas pueden ser controladas por períodos breves de tiempo, así como podemos aminorar el ritmo cardíaco o controlar la respiración por períodos cortos. Cuando estamos durmiendo, por ejemplo, no podemos regular la velocidad de tu respiración; el sistema nervioso lo hace por ti. Cada vez que controlamos o alteramos una función del sistema nervioso autónomo, esencialmente estamos hackeándolo e imponiéndole una nueva funcionalidad de forma intencional. Esto modifica la base de referencia del sistema

63. OpenStax College, *Anatomy and Physiology*. Houston: Rice University, 2013, 1061.
64. Eric P. Widmaier, Hershel Raff y Kevin T. Strang, *Vander's Human Physiology: The Mechanisms of Body Function*, 10ª ed., New York: McGraw-Hill Higher Education, 2006, 605.

operativo del sistema nervioso de manera que no vivimos completamente en piloto automático. Tenemos influencia en los mecanismos y funciones que regulan nuestros cuerpos. Esto modifica cómo se procesa y se absorbe la información en nuestro cuerpo físico y sutil, y nos brinda un discernimiento más amplio acerca de por qué estamos aquí. Cuando vivimos en piloto automático, no nos cuestionamos por qué estamos aquí o cuál es nuestro propósito.

Cómo practicar mula bandha y uddiyana bandha

Como ejercicio, podemos sentarnos con la espalda erguida y realizar una inhalación suave y relajada. Al final de la inhalación, haz una pausa y eleva el músculo del esfínter anal, como si estuvieras aguantando las ganas de ir al baño. Mantente así, de manera que puedas apoyar el fluir suave de la exhalación; esto también te ayudará a mantener la columna erguida. Si al final de la exhalación puedes percibir que mula bandha se ha aflojado un poco, esto es normal. Al principio, no es necesario sostenerlo durante toda la exhalación, solo al empezar. Luego, después de la inhalación, puedes encontrarlo de nuevo. A medida que te acostumbres a realizar esta acción durante la respiración, puedes agregarla a la práctica de asanas, y notarás cómo sustenta las diferentes posturas y formas que toma el cuerpo cuando hacemos yoga.

Quizás notes que mientras practicas mula bandha, al final de la exhalación, tus abdominales inferiores comienzan a ir hacia adentro, a hundirse. Esto es uddiyana bandha, la contracción ligera de la zona abdominal inferior, cinco centímetros por debajo y a cada lado del ombligo. La zona central y superior del ombligo no debe volverse tensa. Si intentas encontrarlo sin respirar, uddiyana bandha es complicado de identificar al principio. Una forma de localizar uddiyana bandha es encontrar los huesitos salientes de tus caderas y luego mover tus dedos unos cinco centímetros hacia el centro de cuerpo. Mientras exhalas, puedes sentir un área en la que tus dedos se hunden naturalmente al mismo tiempo que la parte inferior de la barriga comienza a contraerse con sutileza. Aquí se encuentra uddiyana bandha. Si inhalas y permites que tu barriga se llene de aire y luego exhalas lentamente y presionas con tus dedos, entonces sentirás uddiyana bandha. Este bandha brinda ligereza y fuerza al cuerpo. También se dice que aumenta el fuego digestivo. Ambos bandhas son funciones de la respiración, y son inseparables de ella.

Mula y uddiyana bandha pueden realizarse en casi todas las posturas. En algunas resultan más fáciles que en otras. En la postura del perro que mira hacia abajo, por ejemplo, resulta más fácil implementar uddiyana bandha que en una extensión hacia atrás. En Paschimattanasana, una flexión hacia delante, y en baddhakonasana (a veces llamada mariposa), es muy importante realizar mula bandha. En las posturas invertidas, los bandhas son específicamente relevantes para la purificación de la cintura, el abdomen inferior y los órganos de eliminación.

Intenta practicar estos bandhas todo lo que puedas al realizar los asanas. Son sutiles, e incluso luego de muchos años de práctica, pueden ir y venir. No te obsesiones con ellos, pero inclúyelos en tu práctica cuando lo recuerdes. Con el tiempo, aportarán ligereza a tu cuerpo y equilibrio a tu mente. No necesitas estar todo el día tratando de hacer mula bandha. Si estas acciones no se realizan con patrones respiratorios conscientes y regulares, se alterará el sistema nervioso simpático y causará tensión en la mente y el cuerpo.

Jalandhara bandha, que significa "mantener la red o la malla", se realiza cuando la columna está erguida y el mentón va hacia delante y luego hacia abajo. El cierre, o la adhesión, está en el medio de las clavículas, justo arriba del esternón. Aunque no estoy seguro, mi conjetura es que la "red" que es sostenida puede referirse al extenso manojo de nervios vagos que pasan a través de esa zona de la garganta. Este bandha fortalece el nervio vago y, según los yoguis, estimula o purifica el chakra de la garganta, que se relaciona con la expresión interpersonal. El nervio vago de esta zona también afecta los barorreceptores –que regulan la presión sanguínea– y que envuelven la arteria carótida.[65] En esta área también se localizan los quimiorreceptores periféricos, que se relacionan con el control de la respiración y monitorizan el suministro de oxígeno al cerebro.[66] Esta puede ser la razón por la cual los yoguis utilizaban este bandha, porque influye en la retención de la respiración. Mientras estamos conteniendo la respiración y nuestro cuerpo considera necesario que volvamos a respirar, comenzará a enviar señales al cerebro. Es posible que al usar jalandhara bandha durante la retención de la respiración, estas señales sean demoradas, y entonces la suspensión de la respiración pueda durar períodos más extensos. Por otra parte, el nervio vago está conectado con las expresiones faciales, especialmente con el borde de los ojos mediante los nervios óculomotores, y a través de la laringe para expresar emoción mediante el tono de la voz.[67] La idea de que el chakra de la garganta purifica la expresión propia (según los yoguis) también puede ser válida, ya que la estimulación de esta región tiene un fundamento

---

65. Ibíd., 439.

66. Ibíd., 508.

67. Stephen W. Porges, *The Polyvagal Theory: Neurophysiological Foundations of Emotions, Attachment, Communication, and Self-Regulation*. New York: W. W. Norton, 2011, 288.

neurológico en la conexión con la expresión emocional. Otra función de la garganta, o *vishuddhi* chakra, es purificar el aire que ingresa a los pulmones, transformando aire en respiración.

La vocalización melódica y agradable, como tararear, entonar el sonido de *om* o los pranayamas *ujjayi* y *brahmari*, nos ayudan a tonificar el nervio vago. Al menos un estudio realizado en el Colegio Médico de Nepal en Katmandú (2010) ha demostrado que cinco minutos de práctica de brahmari pranayama son beneficiosos para disminuir la frecuencia cardíaca, la presión arterial sistólica y, más considerablemente, la presión arterial diastólica, que es la medida de presión en las arterias cuando el corazón descansa entre latidos.[68] Es en este momento que el corazón se llena de sangre y obtiene oxígeno. Cuando nuestra presión arterial es muy alta, la absorción de oxígeno disminuye, por lo tanto, roba los nutrientes esenciales de nuestras otras células. Un exceso de presión arterial puede conducir al estrechamiento de las paredes arteriales debido a la acumulación de grasa y placa, a veces incluso interrumpiendo la corriente de sangre al cerebro. Esto priva al corazón de oxígeno, lo cual acarrea la muerte del músculo o lo que conocemos como infarto.

Cualquiera de las prácticas que estimulen la circulación sanguínea saludable, la oxigenación de la sangre y las células y una frecuencia cardíaca sana nos ayudará a extender y maximizar nuestras vidas. Las prácticas del yoga, en conjunto, pueden hacer esto. La salud no depende solamente de una práctica, sino de una multiplicidad de prácticas combinadas: las posturas, la respiración, los bandhas y las

---

68. T. Pramanik, B. Pudasaini y R. Prajapati, "Immediate Effect of a Slow Pace Breathing Exercise Bhramari Pranayama on Blood Pressure and Heart Rate", *Nepal Medical College Journal 12*, Nº 3 (2010), 154-157.

emociones positivas (como la gratitud, la apreciación y la humildad). Todas nos conducen a la salud, el bienestar y la longevidad integral.

Mula bandha y la mente

En un texto yóguico llamado el *Aparokshanubhuti*, atribuido a Adi Shankaracharya, el verso 114 dice:

yanmulam sarvabhutanam yanmulam chittabandhanam |
mulabandha sada seyvo yogyasau rajayoginam ||

Lo que se traduce aproximadamente como:

Aquello que es la raíz (mula) de toda la existencia
(principalmente, la consciencia pura) es la raíz
de las restricciones de la mente (el campo del pensamiento)
y se denomina mula bandha; debería siempre ser asimilado
por los raja yoguis, ya que son aptos para su práctica.

¿Qué significa esto? *Mula* significa "fuente" u "origen", y *mula bandha*, que significa "profundamente arraigado", se refiere a mucho más que una simple contracción muscular. La parte más arraigada de nuestra psique es nuestro impulso hacia la supervivencia. El instinto de supervivencia está conectado con nuestro sistema nervioso y opera las veinticuatro horas del día, cada momento de nuestra vida, hasta que nuestra vida se aproxima al final, cuando el enlace sutil con el cuerpo comienza a desvanecerse y las funciones de supervivencia comienzan a fallar en su capacidad de mantener las funciones corporales. Las funciones de supervivencia incluyen el ritmo cardíaco, la respiración, la presión sanguínea, la digestión, el sueño y la reproducción sexual. Estas funciones son controladas por el sistema nervioso autónomo, que se aloja mayormente en el tronco cerebral. El tronco cerebral es la raíz del cerebro, la puerta de entrada al sistema nervioso central. Se encuentra entre el cuerpo y el cerebro, y es el transmisor de mensajes de una parte a la otra. Muchas de las prácticas que realizan los yoguis, incluyendo las posturas, los ejercicios respiratorios, el ayuno, la continencia y la regulación del sueño, apuntan a trascender las funciones de supervivencia. El término *funciones de supervivencia* es descriptivo: si dejamos de respirar por unos minutos, si nuestro corazón deja de latir, si no podemos digerir nuestra comida, pronto dejaremos de vivir. Estas funciones nos mantienen vivos. Entonces ¿por qué los yoguis quieren intervenir en esto? Porque íntimamente vinculada a estas funciones está asmita, o las historias que nos contamos sobre nosotros mismos. Nuestra fisiología se aferra al "yo soy" tanto como lo hace la mente. La idea de trascender, sin embargo, significa que salimos de nosotros mismos para poder saber quiénes somos en un nivel más profundo. No es un escapismo, sino lo contrario. Si estos procesos automáticos me mantienen vivo, también me mantienen atado a una narrativa. Pero ¿quién soy más allá de esta narrativa? ¿Qué pasa si modifico mi respiración por un rato todos los días? ¿Qué pasa si consciente y voluntariamente puedo lentificar mi corazón, resistir el deseo o la necesidad de comida o de sexo? ¿Quién seré entonces? Así como miramos los yamas como restricciones que crean un límite saludable que sustenta la base para la libertad interior, las prácticas que activan el tronco del cerebro también son prácticas restrictivas.

Las funciones de supervivencia son la raíz de muchas de nuestras preocupaciones y de todos nuestros apegos. Como hemos discutido en el capítulo precedente, nuestros apegos provienen de una autopercepción falsa, de las historias que contamos acerca de nosotros mismos en vez de buscar el conocimiento de quiénes somos. Las preocupaciones, el miedo y el apego generan muchos de nuestros patrones de pensamiento. Durante el día, nuestra mente está llena de ellos, y durante la noche forman parte de nuestros sueños. Son nuestros patrones negativos y repetitivos, los escenarios que nuestra mente confecciona: argumentos ilusorios, escenarios catastróficos, romances ficticios. Estos patrones están enraizados en las funciones de supervivencia; es nuestra autopercepción falsa y limitada a la que nos aferramos y que no queremos dejar morir. Esta es nuestra mayor atadura, nuestra máxima identificación y nuestro apego más grande. ¿Quiénes seríamos si no fuéramos quienes creemos que somos? ¿Qué quedaría de nosotros?

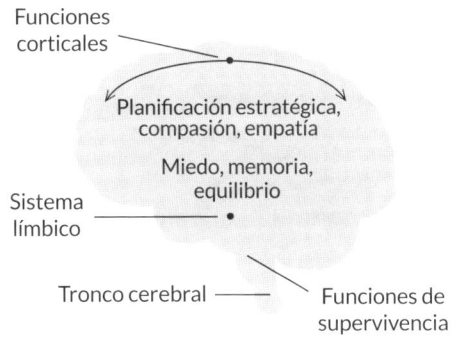

Funciones corticales

Planificación estratégica, compasión, empatía

Miedo, memoria, equilibrio

Sistema límbico

Tronco cerebral — Funciones de supervivencia

Las funciones de supervivencia del tronco cerebral incluyen la respiración, el ritmo cardíaco, la presión sanguínea, la digestión, la reproducción sexual y el sueño.

El yoga dice que lo que queda de nosotros es la pura consciencia, que no tiene una ubicación, sino que es eterna y omnipresente. Al identificarnos con nuestras narrativas personales, no somos eternos ni omnipresentes. Únicamente existimos allí donde se encuentra nuestra mente. La mente es solo un campo de pensamiento. Contiene imágenes, sentimientos, ideas y fantasías pero no contiene la consciencia, porque la consciencia es la luz que habilita cualquier experiencia, en primer lugar. Cuando lo único que conocemos es la mente, se convierte en un problema. Cuando creemos que todo lo que sucede en nuestra mente es verdadero o real, tenemos un problema gigante. Cuando usamos la mente para su auténtico propósito, se convierte en una herramienta. La mente es útil para la comunicación, para formar palabras, para dirigir acciones, para convertir las ideas en algo concreto. Mi mente es útil para transformar mis ideas en palabras y luego coordinar la acción de mis dedos hacia el teclado de la computadora; la computadora es una manifestación física de la mente y la imaginación de alguna persona (la mía, por ejemplo, surgió de la imaginación de Steve Jobs).

En cambio, la mente no es útil para "resolverlo todo" porque "todo lo que existe" no es una idea, es una experiencia. La mente puede reflejar esa experiencia, pero no puede crearla. Cuando la mente crea una experiencia, es limitada; cuando refleja una experiencia, experimenta algo más grande que sus propias capacidades. Es por esto que la mente se describe como sattva, no porque sea pura y armónica, sino porque en sus raíces alberga la capacidad de reflexión, tanto de la autorreflexión como la reflexión sobre algo externo, al igual que la luna se refleja en la superficie de océano. El sol arroja luz sobre la luna, la luna refleja esa luz sobre el mar y nosotros vemos esa luz y nos conmovemos ante ella. Respondemos a esa luz de una forma estética: es hermosa, es serena, es poética, es luminosa y mucho más. Cuando contemplamos la luz de la luna sobre el mar, no pensamos "Oh, esa es la luz del sol que viene desde muy lejos, a una gran velocidad, cruzando millones de kilómetros de espacio, cuyas partículas de luz rebotan sobre una masa de asteroides y polvo estelar, y luego aterriza con un patrón aleatorio sobre una masa de agua en nuestro diminuto planeta, y ese patrón de luz curiosamente seguirá nuestros pasos en cualquier dirección que tomemos mientras caminamos sobre la playa". En lugar de eso, pensamos "¡Qué hermosa se ve la luz de la luna sobre el agua!".

De manera similar al ejemplo del agua en ebullición y la velocidad que mencionamos antes, esta analogía señala la idea de que lo que experimentamos a través de nuestros sentidos es siempre parcial y no es la realidad completa; es solo una percepción de lo real. La idea principal de las tradiciones contemplativas es la de tomar contacto con la consciencia que funciona como el campo de experiencia, en vez de aceptar la experiencia en sí como la realidad única, así como las asociaciones que nacen de ella. En nuestros cuerpos, podemos ver que los procesos fisiológicos son como el reflejo de la luna en el agua. La consciencia se refleja a sí misma mediante el intelecto, la mente, el sistema nervioso y nuestro sistema fisiológico. Según los yoguis, nuestra constitución biológica es el lugar donde se manifiesta la consciencia para disfrutar de un vehículo de autoconocimiento. Las funciones de supervivencia, cuya localización física es el tallo cerebral, pueden ser controladas mediante un compromiso reflexivo con las prácticas yóguicas y la aplicación del discernimiento consciente.

El lugar para empezar a controlar la mente es el tronco cerebral, mediante las funciones de supervivencia (o autónomas), debido a que la raíz de la mente se aloja en lo que conocemos como la porción más antigua de nuestro cerebro, si adoptamos una perspectiva evolutiva. El tronco cerebral nos mantiene vivos a través de la respiración, el pulso cardíaco y todas las otras funciones de supervivencia, y nuestra identificación como seres vivos está completamente entrelazada con estas funciones a nivel inconsciente. Aquí donde se alojan estas funciones inconscientes podemos encontrar la raíz de nuestros pensamientos, específicamente el "Yo soy este cuerpo". Todos los otros pensamientos que tenemos, aquellos que se relacionan con nosotros y nuestra existencia, derivan de esta idea primordial. En la cita previamente mencionada, Shankaracharya dice –en lo que representa un acercamiento ascendente hacia la mente controladora– que el verdadero mula bandha es la restricción de la raíz de la mente, el citta bandha, y no la restricción del esfínter. Él dijo esto porque los yoguis a veces se sometían a intensas austeridades (que incluían el mula bandha, posturas complicadas y la limitación de la respiración) que no siempre culminaban en la liberación, sino en una glorificación del cuerpo y en la habilidad de ejecutar proezas extremas con él. Antes de sentarse bajo el árbol de bodhi y alcanzar la iluminación, el Buda siguió las instrucciones de un gurú del yoga y practicó la austeridad, pero con el tiempo la abandonó porque se dio cuenta de que estaba torturando el cuerpo sin lograr ningún progreso espiritual. Restringir la raíz de la mente es limitar el correlato fisiológico donde nacen nuestras narrativas: el tronco cerebral. En el sistema límbico y el córtex prefrontal anidan los niveles más elevados del pensamiento; pero sin el componente de autopreservación que sucede en el tronco cerebral, esas funciones superiores no existirían.

Mula bandha y el sistema nervioso autónomo

Aunque Shankaracharya dijo que el mula bandha es la restricción de la raíz de la mente y no la contracción del esfínter anal, existe una conexión anatómica directa entre ambas zonas. Cada parte de nuestro cuerpo está en comunicación constante con las otras partes. Los nervios que terminan en el esfínter anal también están relacionados con la frecuencia cardíaca, mediante las terminaciones del nervio vago que se conecta a través de las sinapsis neurales que se extienden desde el intestino hasta el ano. El nervio vago, que analizaremos mejor en el capítulo 11, es responsable de innumerables funciones, una de las cuales es controlar la disminución de la frecuencia cardíaca, una función de supervivencia primordial. Si no fuera por el nervio vago, el corazón tendría alrededor de noventa a cien latidos por minuto constantemente; el mecanismo de freno del nervio vago (el freno vagal) aminora el ritmo del corazón a entre unos sesenta y cinco y setenta latidos por minuto, y permite la fluctuación del ritmo cardíaco según nuestro nivel de actividad. Esta fluctuación, llamada variabilidad del ritmo cardíaco, es una medida para el funcionamiento saludable del sistema nervioso. En ciertos momentos, sin embargo, la estimulación del nervio vago puede ser peligrosa. Los gastroenterólogos, por ejemplo, saben que deben ser cuidadosos con la dilatación anal de los niños pequeños porque puede acarrear bradicardia, una disminución lenta de la frecuencia cardíaca; lo mismo sucede con la intubación de un bebé o un niño para la anestesia. Cuando la epiglotis se mueve para dar paso al tubo a lo largo de la garganta, el corazón puede padecer bradicardia.

Es interesante que tanto el esfínter anal como la epiglotis pueden contribuir a la ralentización del corazón. Al controlar el esfínter anal mediante mula bandha y la epiglotis mediante jalandhara bandha, los yoguis encontraron que es posible disminuir conscientemente la frecuencia cardíaca, y que cuando esta disminuye, existe un efecto correlativo a nivel emocional y mental. Cuando el ritmo cardíaco se aminora con consciencia, el freno vagal está activo y la mente se repliega al interior y se torna extremadamente calma y enfocada. Esto nos habilita a seleccionar y examinar los patrones de pensamiento que deseamos tener en nuestro plano mental, incluso el patrón de no tener pensamientos. Existe un enlace directo entre las prácticas físicas y los efectos mentales y emociones. Parecería que los yoguis descubrieron estas correlaciones en los principios fisiológicos y los aplicaron en la evolución espiritual. Sus cuerpos no fueron subestimados, más bien se convirtieron en el punto de partida para la exploración y la comprensión espiritual, para la investigación de la realidad, la naturaleza y la consciencia.

Las prácticas físicas del yoga (asanas, pranayama, bandhas y demás) nos permiten investigar el punto de encuentro entre la consciencia y nuestra biología particular. ¿Cómo encuentro o descubro la consciencia dentro de mí? Pensamos que la consciencia tiene una ubicación, y al principio, podemos decir que es así. Está atada a nuestros cuerpos. Cuando sentimos o nos identificamos primordialmente con nuestros cuerpos, entonces tomamos la imagen corporal como punto de partida de nuestra identidad, y a los cuerpos ajenos como entidades independientes. Al percibir los cuerpos de los demás como "otros", cosificamos a los demás y, por ende, a nosotros mismos. Entonces nuestros cuerpos se vuelven una fuente de competencia, placer o conquista. Nuestra mente y nuestro sistema nervioso y, quizás, nuestra noción de propósito, son absorbidos por este sentimiento de separación y son esclavizados por los placeres y deseos que asociamos con nuestro cuerpo (como la comida, el sexo o las compras, que no son necesariamente malos, pero no son un propósito de vida). Cuando toda nuestra energía se orienta hacia el exterior, no podemos cultivar una vida interior. Generalmente, nos sentimos impulsados hacia la práctica del yoga o de la meditación cuando sentimos la necesidad de desarrollar nuestra vida interior. Al practicar asanas, nuestra consciencia corporal comienza a expandirse, experimentamos el cuerpo de maneras nuevas, y percibimos nuestras tendencias, emociones e ideas arraigadas. A medida que el cuerpo y el sistema nervioso se abren, podemos soltar aquellas creencias a las cuales nos aferrábamos con tanta fuerza. Cuando esto sucede, nuestra consciencia se expande, porque luego de soltar, naturalmente surge la expansión. A raíz de esto, la compasión, la empatía, la comprensión y el perdón se manifiestan en nosotros, porque son rasgos de una mente que no está centrada en un cuerpo individual; son rasgos que nos permiten conectarnos con el mundo y con las personas que nos rodean. Esta es la consciencia sin ubicación fija: la expansión más allá de nuestras propias necesidades, más allá de nuestro cuerpo particular. Podemos transcender la experiencia de una consciencia local y asentada en el cuerpo y la mente para alcanzar la consciencia expandida o la conexión infinita. El yoga señala que existe una base biológica para esto, y el propósito de nuestros cuerpos es vivir esa experiencia. En el yoga, el cuerpo existe para brindarnos un vehículo útil para lograr nuestro propósito vital, sea lo que sea. Por lo tanto, nuestros cuerpos son sagrados, porque existen para hacer realidad la razón de nuestras vidas.

9

La respiración como espíritu

El enlace entre la respiración y el espíritu se encuentra en la raíz de casi todas las prácticas contemplativas y religiosas. En la Biblia podemos encontrar versos acerca de la respiración como espíritu:

> Entonces el Señor Dios modeló al hombre con arcilla del suelo y sopló en su nariz el aliento de la vida. Así el hombre se convirtió en un ser viviente.
> Génesis 2:7

> El Dios que ha hecho el mundo y todo lo que hay en él no habita en templos hechos por las manos del hombre, porque es el Señor del cielo y de la tierra. Tampoco puede ser servido por manos humanas como si tuviera necesidad de algo, ya que él da a todos la vida, el aliento y todas las cosas.
> Hechos de los Apóstoles 17:24-25

> Mi corazón desborda de palabras sabias,
> mis labios dirán la pura verdad.

A mí me hizo el soplo de Dios,
el aliento del Todopoderoso me dio la vida.
Job 33:3-4

En sánscrito, la palabra para "respiración" es *prana*. Este término es de máxima relevancia en los textos yóguicos y los tratados filosóficos, incluyendo los Upanishads y la *Bhagavad Gita*. *Prana* tiene muchos significados. La traducción más literal es *pr*, "aquello que viene antes", y *ana*, que significa "respiración". Lo que viene antes de la respiración es el impulso hacia la vida. No sabemos cuál es el origen de este impulso, o cómo se manifiesta en nosotros. La respiración es, de hecho, uno de los aspectos más misteriosos de la existencia. Aunque el acto de respirar puede explicarse por la presión atmosférica, ¿cómo puede ser que el respirar origine la vida y que su extinción produzca la muerte?

Regresando al *Chandogya Upanishad*, encontramos una narración que describe cómo el prana es superior a todos los poderes que tenemos como seres humanos, es más grande que nuestra mente, que los elementos e incluso que la esperanza o la reflexión. Esta narración toma la forma de una conversación entre el sabio Narada y el gurú Sanatkumar. Narada pregunta: "¿Qué es lo más importante del universo? He estudiado muchas cosas, pero no me han revelado cuál es la verdad absoluta". El gurú Sanatkumar le responde a Narada que su aprendizaje ha sido solamente de nombres. Entonces explica:

"Superior al nombre es el lenguaje, porque el lenguaje conduce a la comprensión;
Superior al lenguaje es la mente, porque la mente es infundida por el ser;

Superior a la mente es la voluntad, porque ella permite que todo cobre vida;

Superior a la voluntad es la inteligencia, porque es el fundamento del nombre, el lenguaje, la mente y la voluntad;

Superior a la inteligencia es la contemplación, porque la contemplación es tranquilidad;

Superior a la contemplación es el entendimiento, porque es necesario para la contemplación;

Superior al entendimiento es la fortaleza, porque mediante la fortaleza todo lo que existe se mantiene firme;

Superior a la fortaleza son los alimentos, porque sin alimentos nadie puede ser firme, y no es posible ver, reflexionar o comprender;

Superior a los alimentos es el agua, porque sin el agua, los alimentos y todo lo demás no pueden crecer;

Superior al agua es el fuego, porque el fuego se manifiesta antes que el agua en la forma del calor y de la luz;

Superior al fuego es el espacio, porque todo existe en él;

Superior al espacio es la memoria, porque a través de ella la percepción es posible;

Superior a la memoria es la aspiración, porque ella enciende la memoria;

Superior a la aspiración es el prana, porque el prana permite que el espíritu habite en el cuerpo".

No hay nada mayor al prana. Así como los rayos de una rueda están unidos al eje, así todas las cosas están unidas al prana. El prana brinda vitalidad al aire y animación a todos los seres vivos. Sanatkumar continúa:

*"Prana es el padre, prana es la madre, prana es el hermano,
prana es la hermana, prana es el maestro, prana es
el Brahmana (el conocedor de la verdad)".*[69]

La fuerza vital del prana es la base de todo lo demás, y quien venera al prana y llega a conocerlo, entonces conoce todo lo conocible.

Luego, en el mismo Upanishad,[70] encontramos otra historia sobre los órganos de percepción que discuten entre sí para definir cuál es el superior a todos. Cada uno de los órganos, incluso la mente, abandona el cuerpo durante un año para desafiar a sus contrincantes; pero incluso ante la ausencia de uno de ellos, la vida continúa y todos se adaptan. Finalmente, todos los órganos sienten que su energía disminuye, como si empezaran a evaporarse, y se dan cuenta de que el prana ha comenzado a retirarse. El prana les dice: "Es por mi poder que todos ustedes existen, y cuando yo desaparezco, ustedes se desvanecen. Yo soy la energía detrás de la respiración, la energía, la atención, la consciencia y el poder que da vida a los órganos de percepción". Entonces todos los órganos se inclinan ante el prana y exclaman: "Es verdad, tu eres superior entre nosotros, por favor, ¡no nos abandones o moriremos!". El prana es el mecanismo subyacente de coherencia; es el pegamento que nos mantiene unidos y que enlaza nuestro organismo y nuestra identidad a un momento, a un lugar y a una forma. El prana nos liga a la naturaleza ilusoria de una personalidad y una narrativa, pero el prana también puede desatarnos de todas las identificaciones transitorias y guiarnos hacia la identificación íntima con la consciencia.

---

69. Este pasaje del *Chandogya Upanishad* es bastante largo y se extiende desde 7.1.2 a 7.15.1. Lo citado es mi adaptación reducida de la conversación.

70. *Chandogya Upanishad* 5.1.7-5.1.12.

En el *Taittiriya Upanishad*, encontramos la primera descripción de los cinco cuerpos (los que explicamos anteriormente en este libro). Cada cuerpo contiene cinco partes. El cuerpo se describe como un ave con una cabeza, un torso, dos alas y una cola, y todos estos componentes se unen y trabajan juntos como una totalidad. Para describir cada uno de estos cuerpos se utiliza la palabra *maya*. *Maya* significa "niebla" o "nube". Estos cuerpos no están separados como entidades independientes, sino como componentes de una totalidad. En mi primer viaje a Grecia con mi esposa y mi hija, muchos años atrás, me quedé estupefacto ante la imagen de una paloma en vuelo descendente que se repetía en la entrada de varias iglesias ortodoxas griegas. Esta imagen utilizada en la ortodoxia oriental para representar al espíritu santo, o el aliento divino, es la misma imagen que se utiliza en los Upanishads para la naturaleza inseparable de nuestros cinco cuerpos y el prana que los mantiene unidos. El descenso del espíritu santo, o aliento, hacia el cuerpo es lo que nos ata a la existencia terrenal. En este modelo, el cuerpo de cinco capas es el vehículo de la consciencia. La función del yoga se describe al nivel del buddhi, o intelecto, y aquí los Upanishads dicen:

La convicción (shraddha) es la cabeza;
La rectitud cósmica (rtam) es el ala derecha;
La verdad (satyam) es el ala izquierda;
El yoga es el torso;
La inteligencia cósmica, la noción universal del "Yo" (mahat), es el
    sostén.[71]

---

71. *Taittiriya Upanishad* 2.4.

El yoga es la fuerza cohesiva. Une el "yo soy" universal con la expresión más enaltecida de la consciencia individual en la forma de verdad, la fe, la convicción y la alineación con *rtam* (o el equilibrio armónico de la naturaleza) con la inteligencia cósmica en la base y el sostén. En estos Upanishads más antiguos, el yoga es más poético y evocativo, no tan explícito e instructivo; sin embargo, lo que se expresa en este fragmento es que el yoga encauza el poder del intelecto y lo enlaza con su soporte, el *anandamaya*, o el cuerpo de la dicha. ¿Qué es el cuerpo de la dicha, el soporte del intelecto, el cuerpo más cercano al ser puro?

El amor (priyam) es la cabeza;
La alegría (modah) es el ala derecha;
El deleite (pramodah) es el ala izquierda;
La dicha (ananda) es el torso;
La consciencia (brahma) es su fundamento.

Aquí se describe la consciencia como la base de todo, incluso de todos los otros cuerpos. El velo entre la consciencia pura y el cuerpo más cercano a ella, el cuerpo del intelecto, es muy delgado, y el amor es la energía que ayuda a rasgar el velo del intelecto. Los Upanishads declaran que no podemos experimentar el ser interior mediante la fuerza o las grandes proezas, ni con poses de yoga complicadas o con hazañas intelectuales; es mediante el amor que podemos atravesar el velo que nos separa de la dicha del ser y la conexión.

La respiración y la mente

Ciertamente, el prana y la consciencia están entrelazados. El prana fluye hacia donde dirigimos nuestra consciencia, y viceversa. Las prácticas como el pranayama, en particular, enlazan el prana con la consciencia, o la respiración y la consciencia, de manera que mientras la respiración se vuelve muy delicada, sutil y lenta, la mente también se tranquiliza (nos referimos a los contenidos de la mente, los pensamientos, las memorias y demás elementos). Desde la perspectiva del yoga, el pensamiento ocurre cuando la respiración se mueve de forma independiente a la consciencia, pero cuando ambos elementos están en armonía, el pensamiento discursivo puede ser controlado. La respiración es de máxima importancia ya que puede guiarnos hacia el control de la mente. En la *Hatha Yoga Pradipika*, hay un famoso verso que dice:

> *Cuando la respiración se mueve, la mente se mueve.*
> *Cuando la respiración está en calma, la mente está en calma.*
> *De este modo, al controlar la respiración, el yogui alcanza*
> *la estabilidad.*[72]

El proceso de serenar y aquietar el ritmo de la respiración está directamente relacionado con el estado de nuestra mente y nuestras emociones. De hecho, un estudio reciente ha vinculado las fases respiratorias con el rendimiento de la atención.[73] Todos sabemos que cuando una persona está disgustada, enojada o en pánico,

---

72. *Chale vate chalam chittam nischale nischalam bhavet | Yogi sthanutvamapnoti tato vayum nirodhayet || Hathayogapradipika 2.2.*
73. M. C. Melnychuk, P. M. Dockree, R. G. O'Connell, P. R. Murphy, J. H. Balsters e I. H. Robertson, "Coupling of Respiration and Attention via the Locus Coeruleus: Effects of Meditation and Pranayama", *Psychophysiology* (22 de abril de 2018), https://doi.org/10.1111/psyp.13091 [6/11/2019].

le recomendamos que respire. Intuitivamente, sabemos que la respiración calmará cualquier malestar que estemos atravesando, porque cuando estamos disgustados, nuestra respiración cambia. Se torna irregular o inestable, o la reprimimos. El plan fundamental del yoga es el aquietamiento de la mente, y los yoguis usaban la respiración y las diferentes prácticas asociadas a ella para serenar la mente. En los estudios realizados sobre los estados meditativos de los monjes tibetanos y de los yoguis se puede ver que sus patrones respiratorios cambian automáticamente; parten una frecuencia normal de quince a dieciocho respiraciones por minuto y alcanzan una cadencia lenta y estable de cinco a siete respiraciones por minuto.[74] La respiración serena calmará la mente, y calmar la mente aquietará la respiración. Sin embargo, es mucho más fácil comenzar por la respiración, ya que es más fácil de regular que la mente. Podemos sentirla y percibirla, tenemos un cierto grado de control físico sobre su movimiento. Pero no podemos ver la mente, no sabemos dónde está, y se mueve por doquier, muchas veces en contra de nuestra voluntad y nuestro deseo. Los yoguis sugieren comenzar por elementos que podemos controlar parcialmente, como el cuerpo o la respiración, y a partir de allí, ir más profundo.

Al comenzar a explorar esta conexión, podemos vislumbrar el mecanismo intrínseco del yoga y la razón por la cual es tan beneficioso para una gran diversidad de problemas. En el último capítulo, investigaremos los mecanismos neurofisiológicos de la respiración y del sistema nervioso, y observaremos desde una perspectiva científica de qué

---

74. Ido Amihai y Maria Kozhevnikov, "The Influence of Buddhist Meditation Traditions on the Autonomic System and Attention", *BioMed Research International* (2015), artículo 731579, http://dx.doi.org/10.1155/2015/731579 [6/11/2019].

manera la respiración está conectada con nuestra mente y nuestras emociones. Es un poco complicado, pero llega al núcleo del asunto: cómo los estados de consciencia son una parte inherente de nuestra fisiología. Los yoguis se preguntaron: ¿por qué no usar nuestra fisiología para llevarnos hacia los estados más elevados de consciencia que anhelamos alcanzar? En el siguiente capítulo, veremos consejos prácticos para modificar nuestra fisiología mediante la práctica y qué podemos hacer para colaborar con este proceso de una forma equilibrada y saludable.

10

Consejos para la práctica

Lo que practicamos nos convierte en quienes seremos.
Joseph Goldstein

Una vez que establecemos una práctica de yoga, ocasionalmente nos damos cuenta de que no siempre es tan regular, consistente y disciplinada como nos gustaría. Entonces puede suceder lo siguiente:

- Nos desanimamos y renunciamos a la práctica.
- Nos volvemos hiperentusiastas y luego fallamos en mantener este impulso inicial porque entramos en ciclos de inestabilidad, hasta que finalmente dejamos de practicar.

La *Bhagavad Gita* nos provee una fórmula simple para mantener una práctica de yoga perdurable, constante y efectiva:

Yuktahara viharasya yuktacestasya karamasu |
yukta svapna avabodhasya yoga bhavati duhkhaha ||
||||||

Para quien ejerce moderación en la alimentación,
moderación en el disfrute, moderación en el trabajo
y moderación en el sueño, el yoga
remueve todo sufrimiento.[75]

Incluso hace dos mil quinientos años atrás, la moderación parecía ser la clave para una vida feliz. A menudo pensamos que la vida era más fácil en el pasado porque no había tecnología, no padecíamos el estrés de las grandes ciudades y etcétera... pero esto no es verdad. Siempre y cuando existan personas –especialmente personas viviendo en grandes ciudades– tendremos estrés. En este capítulo veremos algunas sugerencias e ideas básicas para que puedas construir una práctica de yoga estable, moderada y efectiva, así como desarrollar un estilo de vida saludable que pueda sustentar tu práctica, es decir, cuidar lo que comes y cuándo lo comes, la calidad de tu descanso y también cómo te relajas y disfrutas de la vida.

Lo que resulta interesante de este verso es que, a pesar de que sabemos que para el yoga necesitamos disciplina y que sin ella nuestro progreso será lento o inexistente, también nos dice que necesitamos ser moderados y disfrutar de la vida. La disciplina no significa rigidez. Significa que reconocemos que lo que estamos haciendo requiere compromiso; una vez que asumimos esto, elegimos nuestro nivel de dedicación, como en cualquier relación. Cuanto más disfrutemos nuestra práctica, más propensos seremos a mantenerla. Tu práctica debería ser algo que te apasione. Incluso si es desafiante o difícil de realizar, debería generarte alegría, bienestar o una sensación de satisfacción porque le has prestado atención no solo a tu cuerpo o a

---

75. *Bhagavad Gita* 6.17.

tu mente, sino también a tu esencia invisible. Aunque el yoga implica disciplina, también debemos estar seguros de que amamos practicarlo. El amor por la práctica hará que nuestra disciplina sea más suave y amorosa. Y con el tiempo, nosotros también lo seremos.

Sugerencias para tu práctica de yoga

1. Decide cuál será tu frecuencia de práctica. Dos, tres, cuatro, cinco veces por semana. Depende de ti. Incluso una vez por semana está bien, siempre y cuando lo hagas. Permite que esto cambie con el tiempo. Una práctica diaria puede ser demasiado esfuerzo al principio, pero con el tiempo, despertarte y practicar todos los días puede volverse natural.

2. Elige los días para tu práctica e intenta mantenerlos para que se conviertan en una rutina. Si estás practicando todos los días, asegúrate de guardar un día para el descanso.

3. Intenta practicar a la misma hora todos los días. Esto es muy importante para generar un ritmo interno, y te ayudará a configurar un nuevo hábito.

4. Si te resulta difícil ir a clase por tu cuenta, busca a un amigo o a alguien que esté interesado en comenzar a practicar de forma consistente. La comunidad, que en sánscrito se denomina *sangha*, es muy útil para mantener la regularidad de la práctica. Nuestro sangha se convierte en un grupo de amigos espirituales.

5. Cada vez que practiques, valora y agradece internamente esa oportunidad. Puedes felicitarte a ti mismo cada vez que practiques. Y cuando termines, reflexiona sobre tus esfuerzos y conéctate con esa sensación. De esta manera incorporarás tu práctica

a tu memoria de largo plazo y formará parte del entramado de rasgos de personalidad de tu mente consciente.

6. Reconoce que la práctica es positiva para ti. Es un momento para estar con tus pensamientos, tu cuerpo, tu respiración y tu potencial para expandir tus capacidades. Todo esto es importante y amerita nuestro tiempo.

7. Si te das cuenta de que te estás volviendo obsesivo o compulsivo con la práctica, retrocede. Si no eres capaz de ser moderado en tu práctica, quizás necesites tomar un descanso o suavizar tu disciplina. Come chocolate, ve al cine o toma una siesta. En cuanto nos volvemos demasiado categóricos en relación con la práctica, reforzamos los viejos patrones. Pero, al mismo tiempo, debes estar atento a la pereza. Dejar la práctica por un día está bien, pero ten cuidado ¡puede llevar a dos días, tres días y luego más!

8. El yoga debe crear una sensación de vitalidad en ti. Intenta hacer tu práctica de manera tal que sientas que estás generando energía, no agotándote a ti mismo.

9. Generar energía mediante el yoga no es tan difícil, lo complicado es no desperdiciarla. Realizar cambios en tu estilo de vida y examinar tus tendencias adictivas será de gran ayuda para prevenir que malgastes la energía que acabas de descubrir.

En la *Bhagavad Gita*, Krishna dice que una práctica sáttvica es aquella que es como un veneno al principio pero se vuelve puro néctar o alegría al final; una práctica rajásica es como néctar al inicio pero veneno al final; y una práctica tamásica es como veneno al principio y también al final. Asegúrate de que todas tus prácticas entren en la primera categoría. Por supuesto, después de un tiempo, nuestras prácticas se vuelven alegría al inicio *y* al final. Pero a veces, simplemente son duras. Y esto también está bien; es una de las razones por las que se llama práctica. Porque más allá de cómo nos fue hoy, mañana tenemos que levantarnos e intentarlo de nuevo.

El yoga y el gozo de la vida no son mutuamente excluyentes. Es importante tener amigos, tener un *hobby*, aprender cosas nuevas. Todo esto es emocional y fisiológicamente positivo; la estructura de nuestro cerebro cambia cada vez que aprendemos algo nuevo. Hace crecer nuevas neuronas y nos mantiene activos y despiertos a medida que envejecemos. Cuando emprendas un camino espiritual, intenta no relegar los momentos compartidos con amigos, el aprendizaje de cosas nuevas, el disfrute de la música, el arte y la literatura; así como el tiempo al aire libre. Todas estas actividades son importantes porque nos ayudan a salir diariamente de nuestras mentes y nuestros problemas por un rato.

Disfrutar de la vida a veces significa alejarnos de las circunstancias difíciles, no como una manera de evitar los problemas, sino para recordar que nuestros problemas no son lo único en la vida. Para mí, la música es mi mayor deleite. La música es buena para nosotros en muchos aspectos, desde el efecto que ejerce en nuestro cerebro hasta la posibilidad de compartir una experiencia emocional con otras personas. Es particularmente humana. Aunque el viento, la lluvia, los océanos y las estrellas crean su propia sinfonía, la música elaborada por los seres humanos es única porque la creamos para el disfrute de todos. La lluvia cae sobre la tierra y crea una canción, la tierra absorbe esa lluvia, el calor luego la evapora hasta llevarla de nuevo a las nubes. ¿Pero quién aprecia el golpeteo de la lluvia? ¿Es la tierra? ¿Son los árboles? ¿Acaso las nubes disfrutan del sonido de la lluvia? ¿O es el oído humano el que capta ese sonido, esa canción de la lluvia, y la convierte en música, en letras, en películas inspiradoras como *Cantando bajo la lluvia* o como "The Rain Song" de la banda Led Zeppelin, que son disfrutadas por millones de personas?

Uno de los objetivos de practicar asana y pranayama es aumentar nuestro poder digestivo. Fortalecer la digestión mejora nuestra salud física y emocional, ya que el sistema nervioso entérico (el sistema nervioso de los intestinos) enlaza las funciones intestinales con los centros emocionales y cognitivos del cerebro.[76] En el yoga, el elemento fuego gobierna la digestión, tanto de la comida como de las experiencias vitales. Cuando podemos digerir la comida, nuestro cuerpo se nutre y tenemos la energía que necesitamos para hacer todo lo que queremos. Cuando nuestra digestión es pobre, es probable que padezcamos todo tipo de problemas, como diarrea, hemorroides, dolores de cabeza y falta de energía, por nombrar solo algunos. En realidad, algunas dietas poco saludables pueden causar desórdenes digestivos, como el reflujo ácido o el síndrome de colon irritable (que también puede ser originado por el estrés, que es la incapacidad de lidiar, o "digerir", con las experiencias de la vida). La microbiota intestinal, que responde rápidamente a los cambios alimenticios así como a los niveles de estrés,[77] es considerada como un factor propulsor de varias enfermedades, incluyendo disfunciones vasculares y ciertos

---

76. Marilia Carabotti, Annunziata Scirocco, Maria Antonietta Maselli y Carola Severi, "The Gut-Brain Axis: Interactions Between Enteric Microbiota, Central and Enteric Nervous Systems", *Annals of Gastroenterology* 28, Nº 2 (abril-junio 2015), 203-209.
77. Deepak Chopra y Rudolph E. Tanzi, *Super Genes: Unlock the Astonishing Power of Your DNA for Optimum Health and Well-Being.* New York: Harmony Books, 2015, 87-88.

tipos de cáncer, como veremos más abajo.[78] Incluso la indigestión frecuente puede ser problemática para la vida cotidiana. La digestión de las experiencias significa que podemos afrontar las situaciones que la vida nos impone. Cuando no tenemos reservas para lidiar con las presiones cotidianas, el estrés comienza a acumularse y nos "estresamos", que es otro tipo de asimilación pobre, y como todos ya sabemos, el estrés nos lleva a buscar consuelo en comidas que saben muy bien pero no son nutritivas. Volviendo al concepto de yoga como relación, podemos sumar los alimentos a la ecuación, junto con las posturas, la respiración, el descanso, la meditación y la conducta. Cuando estamos tratando de crear un nuevo vínculo con la comida, puede ser útil una pequeña introducción sobre qué, cómo y cuándo comer. Aquí van algunas ideas.

Cuándo comer

En lo que se refiere al yoga, es fundamental practicar con el estómago vacío. Todas las torsiones y flexiones hacia delante y atrás serían muy incómodas si tuvieras el estómago lleno de comida o bebida. Tu última comida debería ser entre tres o cuatro horas antes de la práctica, pero puedes comer una fruta o una barrita de cereales una hora antes. También puedes tomar café o té media hora antes de la práctica.

El ejercicio y la digestión son dos procesos metabólicos separados, así como el sueño y la digestión. También es provechoso terminar tu última comida dos o tres horas antes de irte a dormir. El descanso y la

---

78. Q. Feng, W. D. Chen e Y. D. Wang, "Gut Microbiota: An Integral Moderator in Health and Disease", *Front Microbiology* (febrero 2018), https://www.ncbi.nlm.nih.gov/pubmed/29515527 [6/11/2019].

digestión son funciones del sistema nervioso parasimpático, así que cuando ingieras una gran cantidad de comida, te sentirás somnoliento. Si te espera una tarde de trabajo importante, come algo liviano, para poder estar más alerta. Si comes demasiado antes de ir a la cama, tu sistema nervioso estará enfocado en la digestión, más que en el sueño, de manera que tu descanso no será tan profundo o apacible.

Qué comer

Los textos yóguicos dividen los alimentos en las tres categorías de los gunas.

Los alimentos sáttvicos promueven la vitalidad, la energía, el vigor, la salud, la alegría y el buen apetito. Son alimentos frescos tanto en su naturaleza como en su apariencia. Piensa en las frutas, los vegetales, las legumbres y los cereales; las comidas sáttvicas deberían ser ligeramente especiadas, sabrosas, fáciles de digerir, dulces, no demasiado grasosas y preparadas en el momento. Las papas fritas, por ejemplo, no son sáttvicas, aunque sean sabrosas. Busca alimentos que sean altos en fibras y puedan ser preparados en el momento de la comida.

Los alimentos que caen en la categoría rajásica son amargos, agrios, muy salados, demasiado especiados, picantes, secos o muy calientes. Según los textos, producen dolor, aflicción y enfermedad. Aunque es agradable comer un poco de comida especiada de vez en cuando, asegúrate de que no sea tu alimento fundamental. Si tus ojos lagrimean, tu nariz gotea y tu cabeza da vueltas cada vez que comes, no estás comiendo algo saludable. Un exceso de este tipo de comida es un obstáculo para la vida espiritual, porque hace que la mente sea hiperactiva, no es bueno para los órganos digestivos y con el tiempo puede dañar los tejidos de las paredes estomacales.

Los alimentos tamásicos son rancios, insípidos, con aroma fuerte, fueron cocinados hace un día o más, son viejos o están podridos. Es ideal evitar todas estas comidas. Esto incluye las comidas fritas que están preparadas con aceite que ya ha sido usado varias veces. Los alimentos tamásicos conducen a la pesadez, la digestión pobre y la pereza. Si caminas por una feria callejera italiana de Little Italy en la ciudad de Nueva York, verás una gran variedad de comida tamásica. Son altas en grasas, carbohidratos y azúcar procesado y deben consumirse en pequeñas cantidades. Por supuesto que es mejor no ingerirlas para nada, debido a sus efectos en la salud de nuestra sangre y porque la microbiota responderá a su influencia de inmediato.

La microbiota está formada por las bacterias que generan el revestimiento de nuestros intestinos y se encuentra en la piel, en la boca y en la vagina. Antes se creía que estas bacterias superaban nuestro material genético en un 99%, frente a un 1% de células humanas. Esta estimación derivó de un estudio hecho en 1977; sin embargo, nuevos cálculos demostraron que la microbiota es aproximadamente la misma que la cantidad de células en el cuerpo, entre 37 a 40 trillones, según la fuente que consultes.[79] El microbioma es muy versátil y cambia

---

79   R. Sender, S. Fuchs y R. Milo, "Are We Really Vastly Outnumbered? Revisiting the Ratio of Bacterial to Host Cells in Humans", *Cell* 164, N° 3 (enero 2016), 337-340. Según el "Abstract" de este artículo: "Muchas veces se presenta como conocimiento general que las bacterias superan a las células humanas por una proporción de al menos 10:1. Si exploramos en profundidad este tema, descubrimos que la proporción se aproxima más al 1:1". También: American Microbiome Institute, "How Many Bacteria vs Human Cells Are in the Body?" 20 de enero de 2016 (blog), http://www.microbiomeinstitute.org./blog/2016/1/20/how-many-bacterial-vs-human-cells-are-in-the-body [6/11/2019].

rápidamente de acuerdo con los alimentos que ingerimos.[80] Un microbioma saludable colabora con un sistema inmunológico fuerte, con niveles de inflamación más bajos en el cuerpo y con una digestión adecuada. Los microbiomas que están expuestos a influencias negativas como las dietas bajas en fibra, el estrés, la ira y los alimentos perjudiciales altos en grasa y carbohidratos se relacionan con enfermedades cardiovasculares, desórdenes digestivos, problemas inflamatorios y trastornos mentales.[81]

El microbioma es un tópico de gran relevancia hoy en día, y puedes encontrar más información en numerosos libros. Entre ellos se encuentra *Supergenes*, de Deepak Chopra y Rudolph E. Tanzi, uno de los descubridores de los tres genes que causan la enfermedad de Alzheimer; y *10% humano*, de Alanna Collen. Collen es una bióloga evolutiva que se dedicó de lleno a estudiar el microbioma luego de ser mordida por una garrapata en un bosque tropical mientras investigaba acerca de los murciélagos. Ella explica cómo el microbioma y los seres humanos han evolucionado juntos por más de decenas de miles de años, y que el ambiente microbiano en nuestro intestino afecta no solo nuestra digestión sino también nuestra salud física y mental. Es muy conveniente familiarizarse con la noción de que tenemos alrededor de 1,3 kilogramos de microbios en nuestro cuerpo, el equivalente al peso de nuestro cerebro.

Tanto el intestino como la médula espinal tienen sus propias redes neuronales. Ambos ambientes, el cerebro y el intestino (que a su

---

80   L. A. David et al., "Diet Rapidly and Reproducibly Alters the Human Gut Microbiome", *Nature* 505 (23 de enero, 2014), 559-563, https://www.ncbi.nlm.nih.gov/pubmed/24336217 [6/11/2019].

81. Gil Sharon et al., "The Central Nervous System and the Gut Microbiome", *Cell* 167, N° 4 (Noviembre 2016), 915-932.

vez contiene el microbioma), son partes integrales y elementos extremadamente activos en la interrelación y la influencia mutua que existe entre nosotros y el medioambiente. El funcionamiento cerebral es moldeado tanto por los *inputs* que recibimos a través de los órganos de percepción como por los mensajes que envía el microbioma a través del nervio vago. Esta es una de las razones más importantes para llevar una alimentación saludable. Los alimentos que ingerimos envían información al cerebro e influyen en nuestras funciones cognitivas y emocionales. Elecciones alimenticias poco saludables o incluso alimentos saludables pero que son difíciles de digerir por nuestro organismo pueden conducir a bajos niveles de energía, depresión, enfermedad coronaria y habilidades cognitivas deficientes. Por ejemplo, los pimientos morrones son muy ricos en vitamina C y antioxidantes y pueden ser una excelente opción para una dieta sana, pero por alguna razón, mi sistema digestivo no puede digerirlos adecuadamente. Cada vez que como pimientos morrones, mi digestión se desequilibra. Que algo sea muy saludable no significa que sea apto para cada uno de nosotros. En el Ayurveda se dice que lo que lleva a una salud óptima no es lo que comes sino lo que puedes digerir. Experimenta con diferentes alimentos, observa sus efectos en tu sistema digestivo y busca asesoramiento nutricional cuando lo necesites.

Las dietas de moda pueden funcionar para algunos, pero no para todos. La digestión es una experiencia individual y a veces tienes que jugar un poco con tu dieta. En algunas ocasiones, unos pequeños ajustes en la alimentación pueden llevar a un progreso significativo hacia el bienestar. Por ejemplo, para muchas personas dejar de consumir alimentos difíciles de digerir, como el trigo, la leche o el azúcar procesado, puede derivar en cambios instantáneos en la digestión, la eliminación, los niveles de energía y el estado de ánimo. He visto a estudiantes de yoga pasar por profundas transformaciones tanto en sus cuerpos como en el nivel de alegría que obtienen de su práctica al realizar simples cambios como eliminar el azúcar o el trigo de sus dietas. Estos cambios son individuales: lo que sirve para uno puede no servir para otro. Sin embargo, para la mayoría de las personas, pequeños retoques pueden resultar en grandes cambios. Todo esto entra en la jurisdicción del eje intestino-cerebro, y uno de los aspectos más maravillosos de este sistema es su capacidad para responder muy rápidamente a los cambios positivos.

Cómo comer

Aquí van algunas sugerencias que son conocidas:

- Intenta comer sentado.
- Es recomendable comer a la misma hora regularmente.
- Mastica lentamente.
- Come en compañía de amigos o de tu familia cuando sea posible.
- Valora tu comida y agradece por la nutrición que estos alimentos te brindan.
- Intenta no desperdiciar comida.
- Come lentamente y disfruta el sabor de tu comida. Deleitarse con el sabor y apreciar la preparación de esos alimentos facilita la digestión.

Distingue los alimentos que ingieres cada día y observa si puedes identificar en qué categorías se encuentran. Intenta comer más alimentos sáttvicos; está bien comer un poco de rajásicos como café, té, especias, chocolate y azúcar, pero es mejor minimizar su consumo.

Por ejemplo, seis tazas de café al día es mucho. Evita las comidas ta-másicas todo lo posible, salvo en ocasiones especiales. Simplemente, no son buenas para ti.

Una dieta vegetariana es muy buena para tu salud, tu energía y tus capacidades mentales, pero no es para todo el mundo, al menos no de inmediato. Aprende a discriminar lo que puedes comer y cuándo comerlo, y evita los regímenes estrictos. Son muy difíciles de seguir y pueden volvernos rígidos mentalmente. Por supuesto, ciertos tipos de problemas de salud pueden requerir una dieta disciplinada y evitar algunos alimentos.

Sueño

Cuando tenemos una relación equilibrada entre la comida, el ocio, el trabajo y el sueño, nuestras mentes están más claras y es más senci-llo estar en contacto con nuestra autopercepción, nuestro propósito y nuestra dirección. Es importante comprender que la moderación no implica llevar una vida monástica o calibrar constantemente cada paso que damos. Significa que los extremos deben ser menos extre-mos y que deberíamos ser más capaces de percibir cuándo es mo-mento de enderezar nuestro timón y contar con las herramientas para hacerlo. Es fundamental disfrutar de la vida, pero también es pri-mordial disfrutar del trabajo, el descanso, la comida y el yoga. Ahora que ya hemos visto la comida en relación con los gunas, veremos la relación entre los gunas y el sueño. Esto nos brindará algunas pautas o sugerencias para descansar mejor.

El sueño sáttvico es profundo, dura un período adecuado y está libre de pesadillas. Según Krishnamacharya, el sueño viene por la noche cuando dejamos de pensar. Todos sabemos que cuanto más pensamos, más difícil es dormir. Cuando nuestro sistema nervioso simpático está muy activo, nuestra mente está estimulada. La práctica diaria de yoga, en particular la práctica de la respiración resonante (ver práctica A), la meditación y la relajación profunda después de la práctica nos entrenan para aminorar las funciones del sistema nervioso simpático y estimular las funciones del parasimpático. Por eso se llama descanso consciente. Si por la noche te encuentras en la cama y no puedes parar de pensar, amorosamente recuerda que el sueño vendrá si puedes disminuir la actividad mental. Puedes usar las herramientas del escaneo corporal (ver práctica D) o la relajación consciente para percibir dónde se encuentra el sueño en tu cuerpo, y así sumirte en ese espacio.

Se considera que la cantidad adecuada de horas de sueño nocturno son siete u ocho. El cerebro necesita esta cantidad de tiempo para restaurarse a sí mismo cada noche, así como también lo hacen los tejidos corporales y musculares y, principalmente, el sistema inmunológico. En el cerebro hay un sistema especial de células gliales, el sistema glinfático, que limpia todos los desechos que se acumulan durante el día en el cerebro producto de los procesos del pensamiento. Sí, es verdad, pensar realmente deja un residuo físico que puede convertirse en un material en forma de placas, por eso este proceso de limpieza es necesario cada noche.[82]

El sueño profundo, o el descanso con sueños placenteros, siempre es una experiencia muy disfrutable, especialmente al despertar. Para muchos de nosotros ese tipo de descanso es una experiencia inusual.

---

82. N. A. Jessen et al., "The Glymphatic System: A Beginner's Guide", *Neurochemical Research* 40, N° 12 (diciembre 2015), 2583-2599, https://www.ncbi.nlm.nih.gov/pubmed/25947369 [6/11/2019].

Una teoría acerca de los sueños dice que estos son las experiencias que hemos tenido durante el día intentando resolverse a sí mismas, es decir, aquellas que no hemos podido asimilar (digerir), expresar o asumir. Se repiten para que nuestra mente inconsciente pueda comprenderlas, y las represente en un ambiente de ensoñación. Patanjali sugirió meditar sobre el contenido de los sueños para facilitar la asimilación de los patrones de pensamiento inconscientes y conscientes, para así crear una mente integrada y calma.[83]

Rajas, que se define como *activo, apasionado* y *energético*, se refleja en el sueño cuando estamos hiperexcitados o cuando hemos consumido mucha cafeína, azúcar o estimulantes (especialmente aquellos con pantallas, como la computadora, la televisión o el teléfono). El sueño rajásico es inquieto, fragmentado y lleno de sueños perturbadores, o puede ser imposible de conciliar. (El insomnio puede ser rajásico o tamásico. Es uno de los trastornos del sueño más desagradables).

Para corregir esto, es necesario introducir un poco la disciplina. Apagar la computadora más temprano, disminuir el consumo de café o té y evitar cualquier situación desagradable, angustiante o estresante al final del día. La meditación, el escaneo corporal o algunas posturas relajantes pueden ayudar a que tu sistema nervioso se tranquilice y a que puedas dejar el pensamiento a un lado para recibir el sueño. Si has tenido problemas de sueño regularmente, puede ser que tu sistema nervioso y tu cuerpo necesiten tiempo para regularse, pero si creas un hábito disciplinado, pronto verás los frutos. Yo me di cuenta de que unos pocos minutos de respiración resonante por día mejoraron la calidad de mi descanso y la capacidad de quedarme

---

83. *Svapna nidra jnana alambana va, Yoga Sutras* 1.38.

dormido mucho más rápido. No puedes usar estos recursos solo en los días que no puedes dormir, debes intentarlo todos los días para que tu sistema nervioso se adapte a un nuevo ritmo. Aprender a dormir bien también es una práctica.

Como muchas personas, estoy frente a mi teléfono y mi computadora durante muchas horas al día. Recibimos muchos estímulos. La respiración resonante me ayudó a tomar contacto con la rama parasimpática del sistema nervioso que gobierna el sueño. Cuando me voy a dormir a la noche, puedo sentir el sueño de inmediato y entregarme a él. Pareciera que la práctica de respiración me permitió aprender a activar conscientemente la rama parasimpática al momento de apoyar mi cabeza en la almohada, y mi sistema nervioso sabe qué dirección tomar. Muchas personas sienten ansiedad por la dificultad que tienen para conciliar el sueño, particularmente cuando están en la cama intentando dormir. La activación del sistema nervioso parasimpático genera una sensación de calma y la ansiedad disminuye. Es más fácil trabajar con el mecanismo que promueve el sueño, es decir, con la activación del sistema nervioso parasimpático, en vez de intentar eliminar la ansiedad (que casi nunca funciona). De nuevo, muchas de las intervenciones para conciliar el sueño funcionan mejor cuando se convierten en hábitos, y no son recursos que solo utilizas en una noche que no puedes dormir. No son como tomar una aspirina cuando te duele la cabeza. Necesitas entrenar tu sistema nervioso para que sepa cuándo hay que dormir, y para eso, tienes que seguir una rutina regular que te prepare cada noche para dormir, para que el cuerpo, el sistema nervioso y la mente sepan qué hacer cuando te metes en la cama.

La depresión, el exceso de trabajo, el trauma y un estilo de vida deficiente pueden conducir al sueño tamásico, que se caracteriza por una fatiga extrema que impide la conciliación del sueño. Muchos de nosotros hemos tenido la experiencia de estar extremadamente cansados pero no poder dormir, una sensación horrible. El sueño tamásico que proviene de la depresión puede inducirnos a quedarnos en la cama por días, pero sin poder descansar. Ocasionalmente, este tipo de sueño es un síntoma de un trastorno psicológico o fisiológico mayor, y es necesario recurrir a un especialista. Si los síntomas no son extremos sino que forman parte de un agotamiento crónico, unos ajustes en tu estilo de vida, en conjunto con la introspección, pueden ayudarte a recalibrar para no estar siempre agotado. Recuerda: mucho de nuestro estilo de vida es una elección. Incluso cuando vivimos en circunstancias difíciles podemos elegir acciones que nos lleven hacia cambios positivos. Pequeños ajustes pueden producir grandes transformaciones.

Para los trastornos del sueño rajásicos y tamásicos, la introspección es un componente clave para el cambio. Aunque los baños de agua caliente, los aceites esenciales y apagar la computadora temprano son acciones útiles, lo primordial es entender claramente cuáles son los desencadenantes y por qué hacemos elecciones que no son saludables o favorables. En verdad, esto es lo más dificultoso de la práctica espiritual: observar por qué tenemos los hábitos que tenemos y qué es lo que nos lleva a repetirlos. Un poco de honestidad personal puede producir grandes cambios y nuestra naturaleza o personalidad se revela mediante la forma en que practicamos yoga, disfrutamos de la vida, trabajamos y dormimos. Cuando uno de estos elementos está desequilibrado, entonces brindarle un poco de atención puede realizar lo que necesitamos transformar, qué necesita crecer y cambiar. Las prácticas nos brindan un espejo en el cual contemplarnos. Nuestra naturaleza se revela en ellas. No siempre nos gustará lo que vemos, pero, con una actitud positiva, podemos aplicar un poco de esfuerzo y veremos los cambios favorables. Eso es todo lo que necesitas. Con un poco de consistencia, de compromiso y de honestidad podemos realizar grandes pasos hacia la transformación y el crecimiento.

II

El sistema nervioso, Oriente y Occidente

En este capítulo final, analizaremos por qué la respiración y el sistema nervioso son tan importantes. Es un tema complicado, pero permite entender de raíz por qué el yoga funciona. El sistema nervioso es altamente complejo, así que lo abarcaré en líneas generales y ofreceré algunos conceptos fundamentales acerca de sus funciones y procesos tanto desde la perspectiva yóguica como de la científica. Veremos la anatomía del cerebro, pero principalmente exploraremos cómo la respiración consciente y otras prácticas afectan los procesos controlados por el sistema nervioso.

En este capítulo cubriremos:

- Un resumen del sistema pránico y del sistema de las *nadis*.
- Un panorama general del sistema nervioso.
- El nervio simpático y el parasimpático del sistema nervioso autónomo (junto con el nervio vago).
- Las funciones del tronco cerebral.
- Dónde se ubican los kleshas en el cerebro.
- Las cuatro prácticas usadas por los yoguis para armonizar el cerebro y las funciones del sistema nervioso.

La respiración es esencial para nuestra existencia, aunque no solemos pensar en ella y, en general, solo lo hacemos cuando empezamos a quedarnos sin aire. De hecho, actuamos así con todo nuestro cuerpo, por dentro y por fuera: no pensamos en él de manera real y práctica hasta que algo empieza a funcionar mal. Quizás les prestamos mucha atención a nuestro cabello, rostro y físico, pero ignoramos aquellas cosas que en verdad nos hacen salir adelante, o que realmente importan para la calidad de vida, como pueden ser la salud del hígado o la variabilidad de nuestra frecuencia cardíaca. Nuestro cuerpo no viene con garantías o planes de reemplazo, no podemos tirarlo a la basura y adquirir uno nuevo cada vez que algo sale mal. En lo que se refiere a nuestra salud y longevidad, un mantenimiento consistente es una gran ayuda.

Nuestro cuerpo tiene una formidable capacidad de corregirse y sanarse a sí mismo. Los antiguos yoguis ponían especial énfasis en las prácticas respiratorias porque la respiración tiene una enorme influencia en el sistema nervioso, donde habita el mecanismo de autocorrección y el mecanismo interno del cuerpo, la homeostasis. Las prácticas respiratorias no se realizaban independientemente de las posturas y de las otras prácticas, así que revisaremos cómo el conjunto de todas ellas afecta los numerosos ritmos del sistema nervioso. Sin embargo, la respiración consciente es una de las maneras más fáciles de comenzar a equilibrar los ritmos corporales autónomos o automáticos y adquirir las habilidades necesarias para ajustarlos tanto para el mantenimiento diario como para el desequilibrio. El sistema nervioso coordina la mayoría de las actividades del entorno celular, todos nuestros procesos fisiológicos y nuestras respuestas emocionales al mundo que nos rodea, de manera que fortalecer y equilibrar el sistema nervioso es una clave para la salud emocional y física. La homeostasis es el proceso de adaptación del cuerpo a los cambios del ambiente mediante la capacidad de respuesta del sistema nervioso. También es el mecanismo corporal que mantiene la estabilidad de la presión sanguínea, la temperatura del cuerpo, el intercambio de gases y el pH de la sangre en sintonía con el exterior. Este sistema se ha desarrollado a lo largo de millones de años de evolución. Debemos notar que el cuerpo invierte una enorme cantidad de energía metabólica para mantener este equilibrio y proteger la homeostasis.

Según el yoga, una de nuestras responsabilidades primordiales es cuidar el hogar que habitamos: nuestros cuerpos. Es nuestro trabajo mantenerlos limpios interna y externamente, funcionales y resilientes. En los *Dharma Shastras* se dice que nuestro primer dharma, o tarea, es la tarea de cuidar nuestros cuerpos.[84] Si nos dedicamos a nuestros cuerpos un poco cada día, estos durarán más, funcionarán mejor y nos ayudarán a cuidar de nuestras familias, a contribuir con la sociedad y a llevar vidas más gratificantes.

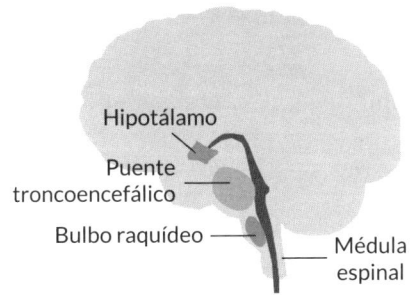

Hipotálamo
Puente troncoencefálico
Bulbo raquídeo
Médula espinal

Aunque la homeostasis es regulada por un complejo mecanismo de *feedback*, su centro de control primario es el hipotálamo, que actúa sobre la médula.

---

84. *Shariram adyam khalu dharma sadhanam, Dharma Shastras.*

Nuestra habilidad para regular el sistema nervioso, para lograr la homeostasis, depende en gran parte de nuestra capacidad de resiliencia, de poder recuperarnos de los desafíos cotidianos, así como de la enfermedad, la fatiga, el estrés emocional o el trauma. Todas las prácticas que hemos mencionado en este libro ayudan a aumentar la resiliencia y a volver al equilibro y recuperar energía todos los días. Cuando nuestro sistema está agotado por cualquier estresor, nuestra recuperación es más lenta y puede indicar que necesitamos hacer una pausa y permitir a nuestro sistema volver a conectarse. A medida que profundizamos en las mecánicas de las prácticas yóguicas, vemos que ampliar la regulación del sistema nervioso (mediante los asanas y el pranayama) es una característica compartida esencial.

LOS CINCO COMPONENTES DEL PRANA

Desde la perspectiva del yoga, la discusión sobre el sistema nervioso comienza con el prana, porque en el yoga el prana es la fuerza que impulsa los distintos procesos que ocurren en el sistema nervioso. *Prana*, en líneas generales, significa "respiración" y "energía vital". En los textos yóguicos, generalmente se equipara al prana con la respiración porque la respiración es el sostén de la vida y, por lo tanto, es la fuerza o la energía vital; se utilizan el prana y el apana (su fuerza opositora) para señalar la inhalación y la exhalación. Se considera que el prana es una única manifestación, pero adopta diferentes nombres según la labor que desempeñe. Yo soy una persona, pero también soy un padre, un esposo, un hijo, un profesor y un estudiante. Los nombres sánscritos de los cinco pranas son *prana, apana, samana, vyana* y *udana*. En términos científicos, decimos que el sistema nervioso se activa entre las neuronas, enviando mensajes eléctricos a otras neuronas mediante la sinapsis para dirigir al cuerpo en sus diferentes operaciones. En términos yóguicos, las sinapsis eléctricas se relacionan con los cinco pranas, y la contraparte anatómica de las neuronas se encuentra en el sistema de nadis. En sánscrito, los cinco pranas se denominan los *pancha* (cinco) *vayus* (vientos). Estos cinco elementos tienen diferentes funciones asociadas con cada uno de ellos. En general, sus funciones principales son:

1. El prana se encarga de la nutrición.
2. Apana rige la eliminación de desechos.
3. Samana gobierna la asimilación de la nutrición.
4. Vyana administra la distribución del material digerido.
5. Udana facilita la expresión exterior.

Estos cinco procesos aplican a todas nuestras interacciones con el mundo, mediante las diferentes funciones del sistema nervioso y fisiológico. Si lo aplicamos al proceso de la respiración, el desglose sería así:

1. Prana gobierna la inhalación.
2. Apana rige la exhalación.
3. Samana es responsable del intercambio de gases en los pulmones.
4. Vyana maneja la distribución de oxígeno a cada célula del cuerpo.
5. Udana controla la expresión del habla, o el movimiento saliente de aire distinto de la exhalación (eructos, tos, demás).

Aplicado a la alimentación:

1. Prana es la ingestión.
2. Apana es la eliminación de desechos.
3. Samana es la digestión y la asimilación.
4. Vyana es la distribución de nutrientes a todo el cuerpo.
5. Udana es el uso de la energía de la comida para percibir el mundo y actuar en él.

Aplicado a la experiencia mediante los órganos de percepción:

1. Prana es la experiencia que ingresa mediante nuestros sentidos.
2. Apana es la descarga de la experiencia mental.
3. Samana es la asimilación de la experiencia, ya sea positiva o negativa.
4. Vyana es absorción de la experiencia en tu cuerpo físico, en la forma de emoción, sentimiento o memoria.
5. Udana es la capacidad de actuar en el mundo en respuesta a la asimilación o absorción de la experiencia.

La respiración, la digestión, la eliminación, la experiencia sensorial y la interacción con el mundo: estas son algunas de las funciones que regula el sistema nervioso, y las listas mencionadas son algunos ejemplos de cómo operan los cinco componentes del prana para supervisar esas mismas funciones. En una visión más amplia, el prana no se relaciona solamente con la respiración o la energía, sino con el proceso completo de la nutrición, la absorción, la eliminación, la distribución y la expresión. Nuestro sistema nervioso regula estos mismos procesos.

Las nadis

Los cinco pranas maniobran o se mueven mediante las nadis. *Nadi* en sánscrito significa "flauta, tubo o río". Existen tres tipos diferentes de nadis:

1. *Shiras*, los vasos sanguíneos.
2. *Dhamini*, las ramas del sistema nervioso.
3. *Nadi*, los canales energéticos e invisibles.

En la literatura yóguica se dice que existen setenta y dos mil nadis, un número simbólico; otras veces se dice que son los signos del zodíaco (doce) multiplicados por los primeros seis chakras y que representan el ámbito completo de la experiencia humana, el crecimiento y la emoción. De aquí deriva el número setenta y dos, el agregado de los miles se debe a que son muchos. Algunos textos explican que hay setenta y dos mil nadis tanto en el lado derecho como el izquierdo de la columna. De esta gran cantidad de nadis, hay diez que son particularmente notables. Tienen sus orígenes debajo del ombligo, en un lugar llamado *kandasthana*, y terminan en los siguientes lugares respectivamente:

- Las narinas derecha e izquierda.
- Las orejas.
- Los ojos.
- Los genitales.
- El ano.
- Los dedos de los pies.
- La punta de la lengua.
- Una nadi para la absorción de la comida y otra para controlar la evacuación.

Se puede visualizar una correlación entre la delineación occidental del sistema nervioso y el prana que se mueve por las nadis: ambos se relacionan con las funciones autónomas de la digestión, la evacuación y la reproducción sexual, y con las operaciones del sistema nervioso central y periférico de los órganos de percepción. También se conectan con el equilibrio, una función del oído interno y del sistema somático. De estas diez nadis, tres son de principal importancia para los yoguis: la *ida* (frío), la *pingala* (calor) y la *sushumna* (singularidad). También se conocen como la *surya* nadi (sol), la *chandra* nadi (luna) y la *brahma* nadi (consciencia pura).

Las prácticas de respiración consciente, como el pranayama, estimulan y equilibran los aspectos energéticos de la ida y la pingala. Mediante la respiración nos conectamos con nuestro mundo interior, y cuando estamos conectados internamente, es más sencillo actuar de una manera balanceada y atenta con el mundo en el que vivimos, nuestros seres amados, nuestros colegas, las figuras políticas que nos dan ganas de chillar. Para que podamos vivir en equilibrio con el mundo y las personas a nuestro alrededor, nuestro sistema nervioso necesita estar balanceado, y este balance se puede nutrir intencionalmente. La respiración estable y consciente, y la respiración alternada por las narinas (ver práctica B) son dos maneras de nutrir nuestro equilibrio interno fisiológico, y son herramientas muy poderosas. En un aspecto más profundo, las nadis ida y pingala representan la consciencia dual, el ida y vuelta, que es un sinónimo de los tres estados cambiantes de la consciencia –despertar, soñar y el sueño profundo– que atravesamos todos los días. Nuestra identidad se pierde en estos estados fluctuantes, en la miríada de percepciones constantemente cambiantes, historias, sueños, pesadillas y proyecciones. La sushumna nadi representa la identificación que podemos lograr con una experiencia no localizada e interconectada de consciencia, de puro ser, cuando se armoniza la energía que fluye entre la ida y la pingala.

La ida (luna) y la pingala (sol) finalizan en las narinas izquierda y derecha respectivamente. Representan los pares de opuestos, que pueden ser vistos como complementarios, más que opositores:

- Masculino y femenino.
- Sol y luna.
- Lógica e intuición.
- Calor y frío.
- Pensar y sentir.
- Inhalar y exhalar.
- Cortisol y dopamina.
- Adrenalina y serotonina.
- Reactivo y reflexivo.
- Simpático y parasimpático (sistemas nerviosos).

Los yoguis intentaron equilibrar estos pares mediante las posturas y, más aun, mediante diferentes prácticas respiratorias, como la respiración alternada y la respiración de una sola narina. La dominancia de una narina cambia en un rango que puede durar entre una hora y media hasta tres horas. Esto representa el ritmo ultradiano, un ritmo corporal que ocurre repetidamente a lo largo del día en menos de un ciclo de veinticuatro horas. Por ejemplo, la circulación sanguínea, el pulso, la frecuencia cardíaca, la secreción hormonal y el parpadeo son ritmos ultradianos. En contraste, un ritmo circadiano (del latín *circa*, "alrededor", y *diem*, "día") ocurre una vez cada veinticuatro horas, como nuestro ciclo de vigilia y sueño. El ciclo de la dominancia de las narinas se relaciona, simultáneamente, con la inervación del sistema nervioso autónomo de la mucosa nasal y con la dominancia de los hemisferios cerebrales. En cuanto a la dominancia de los hemisferios, las narinas son contralaterales con el cerebro, lo que significa que el hemisferio derecho se conecta con la narina izquierda, y el hemisferio izquierdo con la derecha.[85]

Los lados de nuestro cuerpo también son colaterales con el cerebro: el hemisferio derecho controla el costado izquierdo de nuestro cuerpo, y viceversa. Por lo tanto, influir en el funcionamiento del cerebro mediante la respiración a través de las narinas tiene correlato con la denominación yóguica de la ida y la pingala. Aunque los estereotipos divulgados por la psicología popular (que consideran que el hemisferio derecho es más artístico y el hemisferio izquierdo es más intelectual) han sido refutados, es cierto que algunas funciones tienen mayor predominancia en un hemisferio que en el otro. El hemisferio izquierdo, por ejemplo, está asociado con el procesamiento del lenguaje, y el derecho con la interpretación de la experiencia sensorial. La idea de que el hemisferio izquierdo es lógico y el derecho es más experiencial tiene cierta verdad, aunque la realidad no es tan simplista. A pesar de que los hemisferios tienen funciones especializadas, operan más en forma global que individual, comunicándose mediante la densa banda de neuronas llamada cuerpo calloso, que conecta ambos hemisferios entre sí. Por ejemplo, la forma en que el cerebro interpreta una fórmula matemática sucede en ambos hemisferios, pero la memorización de una tabla de matemáticas ocurre solo en el izquierdo, y estimar una cantidad de objetos, en el derecho. Ambas operaciones son matemáticas, pero las

---

85. Shirley Telles et al., "Hemispheric Specific EEG Related to Alternate Nostril Yoga Breathing", *BMC Research Notes* 10, Nº 1 (2017), https://bmcresnotes.biomedcentral.com/articles/10.1186/s13104-017-2625-6 [6/11/2019].

características de cada operación requieren diferentes perspectivas. La especialización de funciones está relacionada con la manera en que el cerebro procesa la información, no tanto con la información en sí (como la matemática).[86]

Al respirar de forma alternada por nuestras narinas, este ritmo ultradiano particular puede armonizarse y equilibrarse, de la misma forma en que el estrés, la fatiga y el estilo de vida pueden alterar nuestros ritmos corporales (incluyendo la digestión y la eliminación, que también son ritmos). Podemos pensar acerca de la respiración alternada de la misma manera en que pensamos sobre estirar ambos lados de nuestro cuerpo cuando hacemos posturas de yoga: elongamos y fortalecemos ambos lados corporales para adquirir un funcionamiento saludable y para responder adecuadamente ante el entorno. Cuando lo hacemos, tenemos una sensación de armonía y equilibrio en nuestros cuerpos. Para obtener eso realmente, necesitamos la habilidad de ambos lados de nuestro cerebro, y cuando respiramos por una narina a la vez, estamos aumentando la funcionalidad total de nuestro cerebro al focalizar en un lado a la vez, al igual que fortalecemos los lados de nuestro cuerpo para que funcione de forma más eficiente como totalidad.

Existen varios estudios muy interesantes sobre la respiración de una sola narina que demuestran que la respiración por la narina derecha aumenta las habilidades cognitivas, mientras que la respiración por la narina izquierda aumenta la consciencia espacial, es decir, el

---

86. Tania Lombrozo, "The Truth About the Left Brain/Right Brain Relationship", 2 de diciembre de 2013, https://www.npr.org/sections/13.7/2013/12/02/248089436/ the-truth-about-the-left-brain-right-brain-relationship [6/11/2019].

saber dónde estás en relación con lo que te rodea.[87] La consciencia es-pacial te ayuda a caminar por la habitación en la oscuridad de la no-che y no chocarte contra los muebles, o caminar por la calle y percibir que estás demasiado cerca de otra persona o sobre el borde de la ve-reda. Aunque el cerebro procesa la información globalmente, en es-tos estudios todavía vemos que el hemisferio izquierdo se *asocia* con el lenguaje y la matemática –todo aquello que es lógico, secuencial, racional, analítico y objetivo– y con la forma en la que examinamos algo al fragmentarlo en partes. El hemisferio derecho está asociado con todo lo que es menos cognitivo y más asociativo, como la poesía, la música y lo que es intuitivo, holístico y subjetivo, o aquello que con-sideramos como un todo más que por unidades separadas.

En su libro *Un ataque de lucidez*, la neuroanatomista Jill Bolte Tay-lor describe en gran (y magnífico) detalle cómo el cerebro izquierdo piensa y controla el caminar y el hablar, y cómo el cerebro derecho siente, es creativo y ve las cosas como una totalidad, como "trillones de células compartiendo una mente en común", como si viviera en una consciencia unificada. Mientras el cerebro izquierdo intenta ex-plicar todo, el cerebro derecho permite que las cosas sean, o quizás las exprese mediante la música, el arte, la danza o la poesía. Al respi-rar por una narina a la vez y al alternar el fluir de la respiración entre ambas narinas (como los yoguis enseñaron) accedemos a las funcio-nes de nuestro cerebro hemisférico y podemos equilibrar o influir en ellas con la respiración. Hablaremos sobre la inervación de la mucosa nasal en la sección del sistema nervioso autónomo.

---

87. S. A. Jelle y D. S. Shannohoff-Khalsa, "The Effects of Unilateral Forced Nostril Breathing on Cognitive Performance", *International Journal of Neuroscience* 57, N° 3-4 (noviembre 1993), 73, https://www.ncbi.nlm.nih.gov/pubmed/8132419 [6/11/2019].

Desafortunadamente, las nadis no son siempre canales diáfanos por donde circula la energía. Por ejemplo, las nadis que podemos ver, como las shiras, son arterias que pueden taparse con grasa y colesterol. Las nadis sutiles, que no podemos ver, pueden obstruirse debido a problemas emocionales o psicológicos, y esto impide el fluir de cualquiera de los cinco pranas, lo que puede resultar en un problema físico. Un ejemplo sencillo es que cuando padecemos estrés o ansiedad –que es una reacción psicológica a la carga ambiental– nuestros músculos se acortan, causando dolor de cuello, de espalda o migrañas. Los científicos occidentales no han descubierto tejidos que representen las nadis sutiles, aunque algunos plantean la hipótesis de que se alojan en el tejido conectivo y en el fluido intersticial.

El Dr. Neil Theise, de NYU Langone Health, recientemente publicó nuevos hallazgos que demuestran que las áreas del cuerpo que antes se consideraban como tejido conectivo profundo "son, en cambio, compartimentos interconectados y repletos de fluidos", convirtiendo a esta zona –llamada intersticio– en un gran órgano interconectado que recorre una extensa parte del cuerpo, con la habilidad de comunicar las partes entre sí. Esto significa que el *revestimiento* del tracto digestivo, los pulmones, el sistema urinario y las venas y arterias adyacentes, junto con la fascia entre los músculos, todo está interconectado como un órgano unificado. El Dr. Theise plantea que "los conjuntos de colágeno en este espacio probablemente generen corrientes eléctricas a medida que se curvan con los movimientos de los órganos y músculos que los rodean, y pueden desempeñar una función en técnicas como la acupuntura".[88]

---

88. NYU Langone Health, "Researchers Find New 'Organ' Missed by Gold Standard Methods for Visualizing Anatomy and Disease", comunicado de prensa,

Según sus descripciones, la acupuntura es el sistema más cercano que utiliza una red invisible de canales para transportar energía a distintas partes del cuerpo e influir en los procesos corporales, las emociones y los estados mentales.[89] Esta es una idea muy similar a la de las nadis y, más específicamente, a la de *vyana vayu*, que distribuye nutrición y mensajes a todo el cuerpo. Por ejemplo, cuando un doctor ayurvédico o chino te toma el pulso para diagnosticar los órganos y los equilibrios y desequilibrios energéticos, intenta percibir y leer el vyana vayu, que transporta las pulsaciones que son emitidas por los órganos y que son transmitidas por el flujo sanguíneo. Los descubrimientos del Dr. Theise están dirigidos no tanto a las modalidades como la acupuntura, sino a entender cómo las enfermedades como el cáncer pueden diseminarse mediante estas cavidades llenas de fluido, y también a los usos potenciales como herramienta de diagnóstico. Sin embargo, estos hallazgos señalan una dirección interesante, la de comprender las distintas maneras en las que el cuerpo se comunica con sus diversas partes y, quizás, revelan otro correlato con el sistema de las nadis.

Granthis: los nudos que nos atan

Los textos de yoga dicen que tenemos setenta y dos mil nadis y que todas tienen nudos. Uno de los objetivos del yoga es desatar esos nudos,

---

27 de marzo de 2018, https://nyulangone.org/press-releases/researchers-find-new-organ-missed-by-gold-standard-methods-for-visualizing-anatomy-disease [6/11/2019].

89. El sistema indio de los puntos marma, que tienen similitud con los puntos de la acupuntura, también puede ser mencionado aquí, pero no cuento con suficiente conocimiento al respecto.

que se llaman *granthis*. El significado literal de la palabra *granthi* es "un nudo". De acuerdo con la sabiduría yóguica, nuestro sistema de nadis se encuentra lleno de nudos como estos, entre los cuales se destacan tres nudos principales, que forman el *granthi traya* y que nos amarran a nuestra percepción limitada de identificación.

1. *Brahma granthi*, que nos ata a nuestras funciones de supervivencia.
2. *Vishnu granthi*, que nos enlaza a nuestros vínculos emocionales.
3. *Siva granthi*, que nos ata a nuestro intelecto, o nos liga con una identidad espiritual limitada.

Estamos atados a nuestra existencia limitada por estas tres condiciones, y al desatar estos nudos, podemos ser libres. Cuando estos nudos se desprenden, el prana fluye libremente en todas las nadis, sin trabas o bloqueos, y puede dirigirse a la columna central de la sushumna. En este punto nos movemos de la consciencia dual –esto es, de la respiración que entra y sale, calor y frío, bueno y malo, masculino y femenino– a la unidad de consciencia, en la que la respiración se vuelve interna o situada en la columna vertebral (veremos más sobre este tema a continuación). Pattabhi Jois dijo que estos tres granthis se posicionan entre cada uno de los huesos del coxis, y que mula bandha puede aflojar estos huesos y, por ende, disolver los nudos. Otras fuentes dicen que el Brahma granthi está en el *muladhara* chakra, cerca del ano; el Vishnu granthi, en el *anahata* chakra, en el centro del corazón; y que el Siva granthi está en el *ajna* chakra, entre las cejas. Aunque los granthis no son visibles para el ojo humano, se relacionan con una ubicación, una emoción y un componente psicológico. Detrás de estas atribuciones está la idea de que estamos encadenados a una visión limitada de nosotros mismos mediante las necesidades de supervivencia, los apegos emocionales y los logros intelectuales. Esta es otra forma de observar las bases de asmita en el sistema de las nadis. Los granthis son manifestaciones físicas, mentales y emocionales del karma que nos atan a las historias que contamos sobre nosotros mismos. La mayoría de estas historias pueden agruparse en las siguientes categorías:

- El miedo por la supervivencia, que incluye preocupaciones sobre tener el dinero suficiente, encontrar una pareja, envejecer; esto pertenece al Brahma granthi.
- La necesidad de poder y reconocimiento y el apego emocional corresponden al Vishnu granthi.
- El orgullo intelectual, el conocimiento, la superioridad espiritual y la arrogancia moral se relacionan con el Siva granthi.

La purificación de las nadis promueve la disolución de los nudos que nos encadenan, nos conduce a la libertad. En síntesis, esta es una de las formas que los yoguis tenían de ver el sistema nervioso: un sistema de nadis y granthis, impulsado por el prana. Un tema que todavía no hemos cubierto aquí es el sistema de chakras; esto se debe a que este sistema se relaciona mayormente con los órganos viscerales y el sistema glandular, y mi foco en este libro es primordialmente el sistema nervioso autónomo y el tronco cerebral. En la mayoría de los textos que cité, los chakras tienen poca mención, en general solo se habla de dos o tres, en especial el muladhara, el vishuddi y el sahasrara (primero, quinto y séptimo, respectivamente).

Ahora observemos un resumen sobre cómo la ciencia occidental describe el sistema nervioso, y dónde encontramos algunas similitudes.

El sistema nervioso es la principal red de comunicación de nuestro cuerpo.[90] Contiene billones de células nerviosas y coordina una extensa variedad de actividades corporales, desde funciones automáticas como el ritmo cardíaco, nuestras habilidades conscientes de controlar el movimiento muscular, hasta la integración de diferentes *inputs* de los órganos de percepción. El "control" o la "purificación" de los órganos de percepción corresponde a la primera descripción del yoga en el *Katha Upanishad*, cuya fecha estimada se encuentra entre los siglos I y V a. C.:

Tham yogam iti manyante sthiram indriya dharinam.

||||||

Se considera que el yoga es la purificación constante
de los órganos de percepción.[91]

Esto se debe mayormente a que el sistema nervioso, que contiene nuestros órganos sensoriales, construye y procesa la experiencia que tenemos del mundo. Por ejemplo, nuestro sentido de la visión: las cosas que vemos en el mundo –cada árbol, persona, objeto, animal– entra a nuestros ojos como fotones de luz. Estos fotones se refractan en la curva de la córnea y entran a nuestra retina boca abajo. Los mensajes que la retina recibe luego son enviados a través del nervio óptico al cerebro, que de alguna manera reconstruye la información entrante

---

90. Existen otros sistemas de comunicación, como el sistema inmunológico, que operan de forma independiente del sistema nervioso.

91. *Katha Upanishad* 2.3.11.

en una imagen del mundo que no está invertida. Cada uno de los órganos de percepción toma la información entrante y la traduce en una experiencia, pero la percepción que tenemos de esa experiencia como real tiene lugar en una relación (sobre la cual se comprende poco) entre la consciencia y el cerebro. La percepción de la experiencia es modificada por los órganos sensoriales y por el cerebro, y la confundimos con la realidad. En verdad, es una modificación de la información (que es percibida de una forma exclusivamente humana) y no, por ejemplo, como la percibe un gato o una mosca de la fruta.

Cada uno de nuestros sistemas nerviosos procesa la información entrante y la información interna, y convierte ese material en señales que el cerebro pueda comprender. Una parte de la información proviene de los órganos internos, como los mensajes que envía el intestino al cerebro, y otra parte es externa, como la temperatura del ambiente, o la percepción de que es de noche y llegó la hora de dormir.

Cuando digo "cada uno de nuestros sistemas nerviosos" me refiero a que no tenemos un solo sistema nervioso. El principal tema de este capítulo, y una de las preocupaciones centrales de los yoguis, es el sistema nervioso autónomo que controla las funciones automáticas del cuerpo, como la respiración, el ritmo cardíaco, la digestión, el sueño y la temperatura corporal. A modo de síntesis, estos son los principales sistemas nerviosos del cuerpo:

- El sistema nervioso central está formado por el cerebro y la médula espinal. El cerebro supervisa una inconmensurable cantidad de procesos, que incluyen nuestras funciones autónomas, nuestro sentido del equilibrio, nuestros centros emocionales y nuestras habilidades cognitivas. La creación y el uso del lenguaje, el almacenamiento de memorias, la experiencia de miedo o amor y la dirección tanto de las funciones automáticas –como el ritmo cardíaco y la respiración– así como de las funciones conscientes –como el movimiento–, todo se lleva a cabo en nuestro cerebro. La médula espinal es un sistema de transmisión que lleva mensajes del cerebro al sistema nervioso periférico y viceversa.

- El sistema nervioso periférico consiste en todo el tejido del sistema nervioso que rodea al cerebro y la médula espinal. Está separado en dos secciones: el sistema nervioso autónomo y el sistema nervioso somático. El sistema nervioso somático está a cargo del control voluntario de los movimientos corporales, como los receptores de estiramiento, los reflejos y la flexión y extensión de los miembros. Los reflejos, por ejemplo, no necesitan devolver información al cerebro. Las funciones del sistema nervioso somático conforman la mayor parte de la discusión vigente sobre la práctica de asana, y lo que se enseña en los libros y cursos de la "anatomía del yoga". La otra rama del sistema nervioso periférico se llama sistema nervioso autónomo y presenta dos ramas: el sistema simpático y el parasimpático, el tema principal de este capítulo. El sistema autónomo gobierna todas las funciones automáticas del cuerpo, como el ritmo cardíaco, la presión sanguínea, la temperatura corporal, la digestión y la reproducción sexual. La ida y la pingala se relacionan con las funciones de estas dos ramas complementarias.
- El sistema nervioso entérico se encuentra en el revestimiento de los intestinos. Aunque es un sistema independiente, se lo considera parte del sistema nervioso autónomo, y también es parte de una intrincada red de comunicación llamada el eje intestino-cerebro. Es mediante este eje que el sistema nervioso entérico (o, algunos dirán, el microbioma) interactúa con el cerebro (sistema nervioso central). Marilia Carabotti, una científica de la Universidad Sapienza de Roma, ha investigado extensamente acerca

del eje intestino-cerebro y ha demostrado que enlaza "los centros emocionales y cognitivos del cerebro con las funciones intestinales periféricas", y que tiene una influencia profunda en el estado de ánimo, la salud digestiva y las funciones cognitivas superiores. También juega un papel en la homeostasis intestinal.[92]

- Además de estos tres sistemas nerviosos principales, hay subredes de órganos específicos, como el corazón. Este tiene una densa red de neuronas que pueden enviar mensajes y secretar hormonas de manera independiente del cerebro, aunque no hay tanta información sobre este circuito en comparación con otros sistemas. El corazón está regido por los nervios de los sistemas simpático y parasimpático, y recibe el soporte de células que lo habilitan a funcionar independientemente del cerebro. En efecto, las células marcapasos del nodo sinoauricular, que proveen la estimulación eléctrica para que el corazón pueda latir, no necesitan mensajes del cerebro para funcionar.

Una forma de pensar acerca de los diversos sistemas nerviosos es como una enorme red de conexiones que vinculan cada parte del cuerpo y cada una de sus acciones, cada entrada o salida de alimento o de comida, cada pensamiento, en un conjunto de procesos. Los procesos de pensar y sentir emociones se reflejan en el cerebro como patrones de activación neuronal. Y nuestras funciones de supervivencia, como el ritmo cardíaco y la respiración, son procesos, actividades y, más importante, ritmos que guían nuestros días y noches, los cambios estacionales, los años que atravesamos y las relaciones que formamos. Vivimos según los ritmos de la vigilia, el hambre y la digestión.

92. Carabotti et al., "The Gut-Brain Axis".

Los ritmos de nuestra respiración cambian de una narina a la otra, y los ritmos de la respiración y el corazón cambian según la actividad o las emociones que sentimos. Nuestras ondas cerebrales fluctúan con nuestros estados de consciencia.

Todos estos ritmos ocurren en nuestros sistemas nerviosos, y allí también suceden los mecanismos primordiales del yoga, aquellos que convierten al yoga en un método tan poderoso. Los nervios envían mensajes, secretan hormonas y forman nuevas conexiones que se nutren de las experiencias que tenemos desde que somos bebés hasta nuestra vida adulta. En efecto, son nuestra red social interna. Las prácticas del yoga ayudan a estabilizar y equilibrar estos ritmos al acceder al procesador central de estos ritmos –el sistema nervioso central– mediante el movimiento, la respiración y una consciencia focalizada. A medida que incorporamos una forma de vida yóguica, la sensación de consciencia expandida que acompaña la práctica del yoga comienza a cablearse en nuestro sistema nervioso. Creamos nuevos ritmos armónicos y generamos sincronía en los ritmos que estaban desequilibrados.

En su libro *La biología de la creencia*, el doctor Bruce Lipton, neurocientífico, expone una definición sucinta del sistema nervioso a la que recurro con frecuencia cuando quiero resumir su objetivo y su naturaleza interconectada: "La función del sistema nervioso es percibir el ambiente y coordinar el comportamiento de todas las otras células de nuestra vasta comunidad celular".[93] El sistema nervioso percibe, coordina y comunica.

Nuestra comunidad celular es nuestro cuerpo y todo lo que hay en él, y cuenta con 37.2 billones de células. Para lograr la comunicación y

---

93. Bruce H. Lipton, *The Biology of Belief*, edición del décimo aniversario. Carlsbad, Calif.: Hay House, 2016, 10.

cooperación de todas estas células se necesita una inconmensurable coordinación, y ni hablar de la coordinación de nuestro cuerpo en la infinita complejidad del mundo y la respuesta de nuestro sistema nervioso ante él. No solo tenemos que responder al día y la noche, el sonido y la temperatura, sino ante la gravedad, la rotación de la tierra y el cuerpo en relación con el espacio que nos rodea. Nuestro oído interno, la cóclea, por ejemplo, es un increíble instrumento para oír y para mantener el equilibrio. La cóclea trabaja en coordinación con los receptores de equilibrio en nuestras articulaciones y músculos para generar algo que conocemos como propiocepción, que le permite al cuerpo saber dónde se encuentran todos sus miembros y la relación entre ellos, sin que tengamos que observarlos. Imagina que tuvieras que mirar tus piernas cada vez que dan un paso para asegurarte de que están en el lugar correcto. El test de sobriedad que consiste en estirar un brazo, cerrar los ojos y luego tocar tu nariz con el dedo es un examen de propiocepción (porque el alcohol altera la propiocepción). Los asanas fortalecen nuestro sentido de propiocepción al ayudarnos a percibir o a desarrollar un conocimiento interior de la ubicación de nuestro cuerpo en el espacio, o la relación espacial de nuestros miembros entre sí, al promover la capacidad de mantener posturas y ángulos corporales inusuales.

El oído interno también registra el estado de gravedad cero del centro de la tierra, para que no perdamos el equilibrio a medida que la tierra gira sobre su eje.[94] Los movimientos hacia arriba y hacia abajo,

---

94. Mira el documental *Slomo*, de Josh Izenberg, para ver una increíble demostración de este fenómeno: Josh Izenberg (director), *Slomo*, *New York Times* Op-Docs, 31 de marzo de 2014, https://www.nytimes.com/2014/04/01/opinion/slomo.html [6/11/2019].

como los saludos al sol, son estimulantes para la cóclea y, por lo tanto, para nuestro sentido del equilibrio. El núcleo supraquiasmático en el hipotálamo es un marcapasos de nuestro ciclo de vigilia y sueño (el ritmo circadiano) y registra los movimientos del sol y de la luna, para que vivamos ciclos de aproximadamente veinticuatro horas por día. La capacidad de coordinar la prácticamente infinita cantidad de interacciones con el mundo que nos rodea durante las veinticuatro horas de cada día de toda nuestra vida es nada menos que milagroso. Quizás es por esto que Buckminster Fuller exclamó: "¡Soy un verbo, no un sustantivo!".[95]

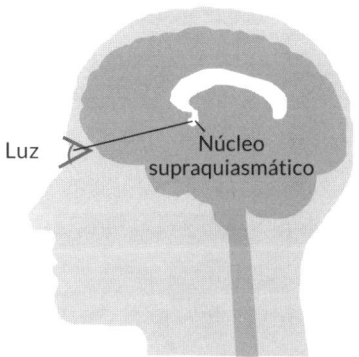

El núcleo supraquiasmático se encuentra arriba del hipotálamo, cerca de la intersección de los nervios ópticos. Es responsable de controlar los ritmos circadianos y de regular muchos de los ciclos de veinticuatro horas del cuerpo.

Aunque somos un manojo de procesos que participan en las manifestaciones del universo, de alguna manera sentimos que estamos separados y diferenciados, y que los acontecimientos que se presentan se limitan solo a nosotros. Esta es la gran ilusión de la separación.

95. R. Buckminster Fuller, con Jerome Agel y Quentin Fiore, *I Seem to Be a Verb*. New York: Bantam Books, 1970.

En verdad, somos una masa floreciente de integridad, interconexión e influencia, con la capacidad de promover el cambio.

Nuestros sistemas nerviosos y nuestras mentes son sensibles, reactivos y receptivos. Nuestras células son las bases biológicas para la interconexión. Registran el movimiento de la tierra y del cielo y nos ayudan a mantener el equilibrio.

El sistema nervioso autónomo: simpático, parasimpático y el nervio vago

Aunque las funciones del sistema nervioso central supervisan tanto las funciones superiores del cerebro así como las del tronco cerebral, las propiedades del sistema nervioso autónomo son mayormente funciones de supervivencia y han evolucionado en el cuerpo humano durante 320 millones de años. El tronco cerebral, donde se alojan las funciones de supervivencia, literalmente nos enlaza con millones de años de evolución de supervivencia, y los vestigios de esos rasgos todavía están en nosotros. El impulso por sobrevivir se expresa mediante el ritmo cardíaco, la digestión, la reproducción sexual y la habilidad para sentir y responder ante el peligro, pero las funciones superiores reflejan el impulso que tenemos por socializar, amar, escuchar, ser escuchados, planear, soñar, imaginar y crear.

El sistema nervioso autónomo regula nuestras funciones de supervivencia. Estas funciones ocurren automáticamente, sin que tengamos que pensar en ellas. ¿Te imaginas si tuvieras que hacer latir tu corazón conscientemente de sesenta y cinco a setenta y dos veces por minuto cuando estás en reposo, y luego hacerlo latir más rápido cuando tienes que hacer ejercicio? Y al mismo tiempo, ¿si tuvieras que recordar inhalar y exhalar mientras haces latir tu corazón? Y por encima de esto,

¿digerir conscientemente tu comida, ajustar la temperatura corporal al ambiente externo y, si estuvieras embarazada, guiar cada paso del desarrollo del bebé dentro de la panza? No hay manera de que podamos hacer ni una pizca de todo esto, particularmente porque tenemos que hacer algo que se llama "dormir", y cuando hacemos eso, no tenemos control consciente de nada, ni siquiera de nuestros pensamientos. De manera que nuestro sistema nervioso autónomo es una fuerza impulsora en nuestras vidas. Si no fuera por este increíble sistema, no podríamos vivir.

Como hemos mencionado, el sistema nervioso autónomo contiene dos mecanismos complementarios, el sistema nervioso simpático y el parasimpático. Aunque el sistema nervioso autónomo es complicado si queremos entrar en sus detalles, las funciones fundamentales de las distintas ramas pueden ser explicadas con sencillez. Espero describirlas aquí de manera tal que puedas tener una idea de por qué son, quizás, los sistemas que reciben mayor influencia del yoga.

Dicho de la manera más sencilla, el sistema nervioso simpático opera cuando nos movemos hacia la actividad, por ejemplo, cuando nos despertamos por la mañana, hacemos ejercicio o nos tensionamos. Una de sus tareas diarias es mantener las funciones de homeostasis del cuerpo al coordinar la comunicación entre los órganos. La palabra *simpático*, que significa "conexión entre partes", fue introducida por el médico Galeno (129-200 d. C.) para explicar cómo el sistema nervioso central se comunica con las vísceras o los órganos internos, como el corazón, los pulmones o los órganos digestivos.[96]

96. Alexandru Barboi, "Sympathy, Sympathetic: Evolution of a Concept and Relevance to Current Understanding of Autonomic Disorders", *Neurology* 80, Nº 7, supplement (marzo 21, 2013), http://n.neurology.org/content/80/7_Supplement/S57.005.short [6/11/2019].

El sistema nervioso parasimpático opera, por ejemplo, cuando descansamos, dormimos, digerimos o practicamos mindfulness o técnicas de relajación. Nuestra frecuencia respiratoria se asocia con el balance entre los dos sistemas. El sistema nervioso simpático funciona como el acelerador de un auto, y el parasimpático, particularmente las ramas del nervio vago, es el freno. De hecho, el mecanismo se llama freno vagal. Este mecanismo restringe la actividad de los nervios simpáticos y aminora la frecuencia cardíaca, como mencionamos antes, a un promedio de sesenta y cinco a setenta y dos latidos por minuto en un adulto saludable. La alternancia entre el acelerador y el freno permite que el corazón acelere y aminore su ritmo con cada respiración; en la inhalación, el freno vagal suelta lo suficiente como para que el corazón se acelere ligeramente; con la exhalación, el freno vagal oprime lo suficiente para que el corazón disminuya la velocidad.

El freno vagal, entonces, se convierte en un moderador de suma importancia que desacelera los procesos rápidos de los nervios simpáticos. Las frecuencias respiratorias más lentas pueden fortalecer el freno vagal y, por ende, ayudarnos a reducir la ansiedad, el estrés y la inflamación, un proceso que discutiremos más adelante. La respiración más rápida ocurre durante actividades que involucran una descarga más enérgica, como el estrés, la ira y la enfermedad. Según el doctor y psicólogo Richard Gevirtz, un investigador sobre *biofeedback*, la ira y la ansiedad desequilibran el freno vagal; la apreciación y la gratitud lo fortalecen.

Cuando percibimos un peligro y entramos en un estado de vigilancia o hipervigilancia, el sistema nervioso simpático entra en un estado de máxima velocidad conocido como "combate o huida". Esto ocurre principalmente durante la hipervigilancia, pero no es lo único que el sistema simpático hace, así que describir su función como "combate o huida" no habilita una visión completa de él. El sistema nervioso simpático opera durante cada momento del día, independientemente del peligro. Una de las razones por las que nos referimos a este sistema como "combate o huida" es que nuestro cerebro ha sido cableado para aprender lo que se llama el "sesgo de negatividad". Esto significa que el cerebro evolucionó para aprender más rápidamente de una experiencia negativa o peligrosa que de una positiva, y por lo tanto entra en estados de máxima velocidad incluso sin que seamos conscientes de esto. Como el Dr. Rick Hanson me comentó en un intercambio de correos: "En general, el cerebro registra la información y las experiencias negativas mucho más rápido que la información y las experiencias positivas. En efecto, aunque las experiencias positivas sean más frecuentes que las negativas, estas últimas tienen mayor impacto". Por ejemplo, si en el mismo día alguien dice algo que nos resulta ofensivo o nos mira de forma extraña, y por otra parte alguien sostiene la puerta para que podamos salir o nos regala un elogio, probablemente dejemos que el desaire tenga más peso que el cumplido o la amabilidad, y rumiemos intensamente lo que percibimos como insulto durante varios días.

Debido a este sesgo, a veces percibimos situaciones que son neutrales o no amenazantes como peligrosas, o nos mantenemos en alerta mucho más de lo necesario, y este mecanismo de respuesta se encuentra bajo la jurisdicción del sistema nervioso simpático. Esta respuesta atípica también ocurre durante los eventos traumáticos. Aunque este sistema también opera de formas muy básicas y ordinarias durante el día (como cuando dilata los ojos o los canales de aire de los pulmones), también encontramos personas que están dominadas por el sistema simpático constantemente a raíz de su estilo de vida, o por las incesantes demandas que el mundo actual deposita en nosotros. Esto hace que las personas permanezcan en un estado de combate o huida cuando ya no es necesario, y esto es lo que se conoce como estrés, más precisamente *distrés*, según Hans Selye, el endocrinólogo húngaro-canadiense que le otorgó a la palabra *estrés* la asociación que tiene hoy en día. Una de las razones por las que la gente asocia el yoga con la relajación y la reducción de estrés se debe a que el yoga fortalece o "activa" el sistema nervioso parasimpático y lentifica o "desactiva" el sistema nervioso simpático para, de esta manera, regular la respuesta al estrés. "Combate o huida", un nivel bajo pero constante de estrés y un sistema simpático a toda máquina, todo esto invalida el freno vagal. Por lo tanto, ser capaz de aminorar la respiración puede ayudarnos a tomar el control nuevamente.

El doctor Hanson sugiere que si deliberadamente permanecemos en contacto con experiencias positivas mentalmente por un par de respiraciones (idealmente, deberíamos sentirlas en el cuerpo y enfocarnos en los beneficios que nos aportan), esto tenderá a reforzar su impacto en el cerebro. De esta manera, las experiencias que tenemos pueden aumentar nuestro aprendizaje, así como nuestra sanación, desarrollo y crecimiento. Vivencia tras vivencia, y sinapsis tras sinapsis, podemos ayudarnos a nosotros mismos a adquirir mayores recursos psicológicos para la superación, el bienestar, la efectividad y para la colaboración con los demás. A lo largo del camino, quizás seamos capaces de sensibilizar el cerebro cada vez más hacia las experiencias favorables, elevando considerablemente nuestra curva de crecimiento.

El sistema nervioso parasimpático gobierna las funciones que están relacionadas con el crecimiento, la restauración y la reparación, así como con "el descanso y la digestión". Lentifica el corazón en la exhalación, y puede hacerlo más efectivamente mediante una exhalación prolongada. Mediante el yoga y la meditación, puedes percibir cómo las actividades del sistema nervioso parasimpático son favorecidas, y sentirás una calma interna, una sensación de seguridad y contentamiento. Dentro del sistema parasimpático, hay un conjunto de nervios que se denomina nervio vago. Este conjunto constituye el 80% del sistema nervioso parasimpático. Hablaremos sobre el nervio vago en la siguiente sección, pero es necesario mencionarlo al comienzo de cualquier comentario acerca del sistema parasimpático, ya que la mayoría de sus nervios componen el nervio vago.

Es importante recordar que tanto el sistema simpático como el parasimpático son ramas complementarias del sistema nervioso autónomo. No son opuestas entre sí. La respiración es un buen ejemplo de una actividad complementaria. Cuando respiramos, tenemos que inhalar *y* exhalar. El sistema nervioso simpático nos impulsa hacia la acción. El sistema parasimpático nos lleva hacia el descanso. Cuando inhalamos, el corazón acelera su ritmo. Cuando exhalamos, lo aminora. Intuitivamente sabemos que la inhalación nos mueve hacia la actividad porque cuando necesitamos mentalizarnos para iniciar algo, como tirarnos de cabeza al agua, tener una conversación difícil con alguien o motivarnos para cualquier actividad, por lo general, tomamos una inhalación antes. El acto de inhalar acelera el corazón y permite un mejor intercambio de oxígeno, gracias al aire que ingresa a nuestros pulmones.

La exhalación relaja, calma y despeja. Si estamos molestos o estresados y necesitamos calmarnos, generalmente nos enfocamos en exhalar, en la forma de un suspiro o mediante una larga espiración por la boca. Como mencionamos arriba, puedes pensar en el sistema simpático como el acelerador y en el parasimpático como el freno del sistema nervioso autónomo. Aceleramos, desaceleramos; a veces, estamos en punto muerto. A veces tenemos que ir muy rápido, a veces tenemos que hacer una parada en el camino. Estas dos ramas controlan todo esto. Desde la perspectiva yóguica, la inhalación está asociada con el prana, o la nutrición recibida, y la exhalación está asociada con el apana, o el desecho eliminado. Según la visión de las nadis, el efecto caliente y activo se refleja en la pingala nadi, que termina en la narina derecha (recuerda que el calor ocurre por un aumento de la velocidad), y el efecto frío y pausado pasa por la ida nadi, que termina en la narina izquierda.

Los textos del yoga dicen que mediante la respiración alternada puedes equilibrar la energía solar y lunar del cuerpo. En términos científicos, esto significa que estás equilibrando los hemisferios del cerebro y balanceando las dos ramas del sistema nervioso autónomo; sin embargo, la inervación de la mucosa nasal es más complicada que las funciones que acabamos de mencionar que se refieren solamente a las narinas. Aunque los yoguis describen el lado derecho como "solar" y el izquierdo como "lunar" –que tiene correspondencia con el potencial energizante del sistema nervioso simpático y el potencial calmante del sistema parasimpático– los cambios en las narinas derivan de *ambas* ramas.

La mucosa nasal está inervada por el sistema nervioso autónomo, de manera que cuando una narina está abierta, se debe a la dominancia del sistema simpático, y la narina que está parcialmente (o completamente) cerrada está bajo la influencia del parasimpático. Los lados se alternan por períodos que van de cuarenta y cinco minutos a tres horas, aproximadamente, y esto conforma el ciclo nasal. Así que la narina derecha no es únicamente simpática y la izquierda parasimpática, la dominancia va y viene. Por eso la respiración alternada aporta tanta serenidad y equilibrio. Sin embargo, dado que las narinas también son colaterales al cerebro, respirar por la narina derecha influirá en el hemisferio izquierdo, y viceversa. Hay diferentes niveles de influencia que derivan de la respiración por una sola narina y la respiración alternada.[97]

---

97. Telles et al., "Hemisphere Specific EEG", 306.

Este es un gran dato para tener en cuenta cuando necesites calmarte, prepararte para dormir o aumentar tu energía para enfocarte en algo. Las prácticas respiratorias pueden tanto energizarte como serenarte. Pueden aumentar tu destreza para examinar las cosas de forma analítica o incrementar tu habilidad de llevar la consciencia hacia el interior para favorecer tu capacidad innata de ser contemplativo y sereno, para percibir quién eres internamente. En sánscrito, la energía caliente o solar está concentrada en la sílaba *ha*, y la energía fría o lunar está concentrada en la sílaba *tha*, que juntas forman el nombre Hatha Yoga: la unión del sol y la luna, o del simpático y parasimpático. Ambos sistemas nerviosos se alinean conceptualmente con las dos ramas complementarias de la práctica de asanas: vinyasa y asana sthithi. El vinyasa es la actividad y la descarga energética del sistema nervioso simpático, y el asana sthithi es la quietud y la absorción del sistema parasimpático. Estas dos prácticas, en conjunto, trabajan para equilibrar las ramas de nuestras funciones autónomas.

Para recapitular:

- El sistema nervioso simpático rige las respuestas ante el entorno y procesa las demandas metabólicas de energía que necesitamos (desde escapar de un tigre o un oso hasta levantarnos de la cama a la mañana).
- El sistema nervioso parasimpático gobierna el crecimiento, la reparación, la restauración, la asimilación y la relajación.
- Son sistemas complementarios y trabajan en conjunto.
- El sistema nervioso simpático funciona como el acelerador y el sistema parasimpático, en particular el nervio vago, como el sistema de frenos.

El nervio vago es verdaderamente uno de los nervios más complejos y fascinantes de nuestro sistema nervioso. Supervisa y conecta la mayoría de nuestros órganos internos y, de este modo, afecta nuestra frecuencia cardíaca y nuestra habilidad de expresar emociones mediante el lenguaje y la expresión facial. Probablemente sea el sistema de comunicación más amplio que tenemos aparte de nuestro cerebro, y esto es solo una mínima parte de lo que hace. El nervio vago es la rama más antigua de nuestro sistema nervioso parasimpático, y es el décimo de los doce nervios craneales. Es el nervio principal del sistema parasimpático y es, en realidad, un gran manojo de nervios tanto simpáticos como parasimpáticos, aunque está compuesto principalmente por nervios parasimpáticos. Los nervios craneales provienen directamente del cerebro y pasan por una abertura especial en el cráneo, mientras que los nervios no craneales del cuerpo surgen desde el cerebro mediante la médula espinal. La mayoría de los nervios craneales se dirigen hacia una función específica, como el nervio olfatorio que va hacia la nariz, o el nervio óptico que va hacia los ojos. Sin embargo, el nervio vago viaja extensamente hacia casi todos los órganos que están sobre y por debajo del diafragma, de aquí su nombre *vago*, que significa "que anda de una parte a otra" y que tiene la misma raíz que *vagabundo*. Por debajo del diafragma, el nervio vago viaja hacia el estómago, el hígado, el páncreas, la vejiga y los intestinos, y también inerva el músculo diafragmático. Sobre el diafragma, el nervio vago viaja hacia el paladar suave, la úvula, la laringe, la faringe, el corazón y los pulmones. El vago se origina en dos zonas diferentes del tronco cerebral. La rama que nace del núcleo motor dorsal controla las funciones asociadas con la digestión y la respiración. La rama que nace del núcleo ambiguo, también en el tronco cerebral, está asociada con el movimiento, la emoción y la comunicación.

Debido a que el vago es el nervio más largo y más extendido del sistema nervioso autónomo, su tono es un aspecto importante para nuestra salud fisiológica y emocional. El tono vagal es como el tono de un músculo. Permite que el nervio vago lleve a cabo todas las funciones que supervisa. Un tono vagal bajo está asociado con la inflamación corporal, la presión sanguínea elevada, la diabetes, los problemas digestivos, la epilepsia, la ansiedad, la depresión y la enfermedad cardiovascular. El tono vagal elevado reduce la inflamación, mejora la salud cardiovascular, aumenta la tasa de variabilidad de la frecuencia cardíaca, mejora la digestión, beneficia el descanso e impacta positivamente en el estado de ánimo. Se ha demostrado que al aumentar el tono vagal, puedes revertir los problemas que fueron producidos por un tono vagal bajo. Debido a que el nervio vago transporta mensajes, si no está tonificado no es capaz de realizar adecuadamente sus tareas, y el cuerpo debe compensar estas carencias de otra manera. Una respuesta compensatoria del cuerpo es secretar mediadores de inflamación, como en los momentos de estrés, incluso cuando no son necesarios. Esta acumulación de respuesta inflamatoria puede afectar diferentes órganos y causar los problemas que mencionamos arriba. Cuando nuestros sistemas de comunicación están fuertes, y las señales internas son claras y directas, los órganos internos se mantienen en equilibrio y llevan a cabo sus funciones. La doctora Bethany Kok, quien dirige investigaciones en el departamento de Neurociencia Social en el Instituto Max Planck de Ciencias Cognitivas Humanas y del Cerebro, y que realizó sus estudios de postgrado en la Universidad de Carolina del Norte en Chapel Hill como parte del Laboratorio de Emociones Positivas y Psicofisiología, ha demostrado que al practicar meditaciones orientadas a las emociones positivas (ver práctica C para más información sobre la Dra. Kok y cómo practicar la meditación de *loving kindness*), podemos aumentar el tono vagal y la salud física, y disminuir sentimientos de ansiedad y estrés.[98]

Otros estudios demostraron que un buen tono vagal puede equilibrar la presión sanguínea, y que la estimulación del nervio vago –un desarrollo de la medicina bioeléctrica– puede reducir los episodios de epilepsia y casos de artritis reumatoide.[99] Las prácticas que fortalecen el tono vagal también fortalecen el freno vagal, el mecanismo que aminora nuestro ritmo cardíaco en la exhalación y que lo acelera en la inhalación. Esta operación es un indicio de salud cardiovascular, y también brinda un panorama de la salud de nuestro sistema nervioso autónomo. Prácticamente cada práctica de yoga –de una forma u otra– se relaciona con el fortalecimiento del tono vagal. Enumeraré estas prácticas al final del capítulo.

El doctor Stephen Porges y la teoría polivagal

El doctor Stephen Porges, Científico Distinguido de la Universidad de Indiana y director fundador del Consorcio de Investigación de Estrés

---

98. Bethany Kok et al., "How Positive Emotions Build Physical Health: Perceived Positive Social Connections Account for the Upward Spiral Between Positive Emotions and Vagal Tone", P*sychological Science* 24, N° 7 (6 de mayo de 2013), 1123-1132, http://journals.sagepub.com/doi/full/10.1177/0956797612470827 [6/11/2019].

99. Scott E. Krahl, "Vagus Nerve Stimulation for Epilepsy: A Review of the Periphreal Mechanisms", *Surgical Neurology International*, 2012, https://www.ncbi.nlm.nih.gov/pmc/articles/PMC3400480/ [6/11/2019].

Traumático (quien ha publicado más de trescientos artículos revisados por sus pares, además de muchos otros logros) desarrolló una teoría que considera que, a través de las operaciones jerárquicas del nervio vago, el sistema nervioso autónomo responde ante los desafíos del entorno –ya sea una respuesta ante el peligro o ante el amor– de una manera predecible. Esto significa que frente a cualquier desafío que el mundo nos presente, el sistema nervioso ya sabe cómo responder (con suerte) de una manera adecuada.[100] La llamó teoría polivagal, que rápidamente se convirtió en la presentación más célebre e inspiradora del nervio vago y de los muchos aspectos vitales en que este nervio influye.

Brevemente, la teoría establece que las diferencias en la estructura del nervio vago dictan las funciones que lleva a cabo. Las ramas que están sobre el diafragma son nervios mielinizados: esto significa que los impulsos eléctricos que se trasmiten mediante ellos pueden moverse muy rápido, como los mensajes que pueden llegar al cerebro en una milésima de segundo. Esto explica por qué vemos cambios rápidos en la frecuencia cardíaca cuando sentimos miedo o excitación. Las ramas que están por debajo del diafragma no son mielinizadas y, por lo tanto, sus acciones son más lentas. Porges identificó tres mecanismos de respuesta diferentes en el nervio vago:

1. *Inmovilización*: el nervio vago "primitivo" no mielinizado que se encuentra en los intestinos favorece la digestión, y a nivel conductual promueve la inmovilización en situaciones peligrosas, al aminorar la frecuencia cardíaca y la salida de sangre del corazón. Esto conduce a una reducción general del ritmo corporal

---

100. Porges, *The Polyvagal Theory*, 264.

para proteger los recursos energéticos y preservar la vida. También hay expresiones de inmovilización saludable.

2. *Movilización*: es provocada por al sistema nervioso simpático espinal, que promueve la movilización y la descarga energética necesarias para el "combate o huida". Estas son vainas de nervios mielinizadas, de manera que sus mensajes son muy veloces. Puedes percibir esto en acción cuando saltas a un lado para esquivar a una persona, una bicicleta o un auto (o, antiguamente, a un león o a un oso en la selva o en el bosque) antes de que tu mente consciente registre que deberías moverte.

3. *Actividad social y comunicación:* el nervio vago mielinizado influye en nuestra participación o falta de participación con el mundo que nos rodea. Esta rama del nervio vago se relaciona con la expresión de la emoción, la respiración, la vocalización y la expresión de las interacciones y del comportamiento social. El nervio vago mielinizado inhibe o disminuye la acción del sistema nervioso simpático en el corazón y, por ende, es responsable de promover un comportamiento calmo.[101]

Estas tres partes del nervio vago explican mucha de nuestra relación con el mundo: un comportamiento social comprometido y sereno, una conducta de movilización para la protección, y un comportamiento de inmovilización, defensivo, desconectado, que puede verse en las personas que han sufrido traumas severos o que están protegiendo su vida. Uno de los aspectos de la teoría polivagal que me atrajo inmediatamente fue la investigación de Porges para comprender las estructuras psicológicas que forman parte de, o que

---

101. Ibíd., 14, 151.

afectan a, los estados fisiológicos y emocionales que experimentamos. Gran parte de sus investigaciones, aunque no la totalidad de ellas, cae en las categorías que me interesan a mí: ¿cómo es que nuestra fisiología afecta nuestros estados mentales? y ¿podemos usar los estados mentales para influir en nuestra fisiología? Porges descubrió un mundo de hallazgos científicamente verificables que pueden ayudar a responder a estas preguntas; yo inicié esta investigación con mi cuerpo, mi respiración y mis experimentaciones. La teoría polivagal me ha ayudado a clarificar muchos aspectos. A modo de ejemplo, algo que me interesa es la idea de Porges sobre la inmovilización positiva:

> La inmovilización, o congelamiento, es uno de los mecanismos más antiguos de nuestra espacie. La inhibición del movimiento disminuye nuestro metabolismo (reduce nuestra necesidad de comida) y aumenta nuestro umbral de dolor. Pero además del congelamiento defensivo, los mamíferos se inmovilizan para actividades prosociales esenciales, como la concepción, el nacimiento, la lactancia y la creación de lazos sociales.[102]

Desde esta perspectiva, la práctica de asanas puede ser una inmovilización intencionada para crear un ambiente interno seguro, para reducir las necesidades metabólicas y para ampliar la tolerancia ante el dolor y el malestar. Ciertamente, muchas de las posturas nos resultan incómodas la primera vez que las hacemos, pero uno de los propósitos que impulsa el yoga es ser capaces de realizar algo que nos resulta muy incómodo con tranquilidad, y de observar cómo la mente y el sistema nervioso son lo suficientemente flexibles como para adaptarse a

---

102. Ibíd., 14.

situaciones desafiantes sin perder el eje. El mundo no es amable, y no le importa demasiado si estamos cómodos o no. Es nuestra tarea crear esas condiciones para nosotros mismos. La habilidad de permanecer calmos y observadores, sensibles y serenos, es una cualidad importante a la hora de navegar este mundo, y un uso intencionado de la respuesta de la inmovilización (como la práctica de asanas) puede jugar un rol significativo en esto.

Los cuatro ejercicios neuronales que brindan una explicación concreta para varias prácticas elementales encontradas en los *Yoga Sutras* serán analizados en las próximas secciones.

El nervio vago y la emoción

Charles Darwin fue uno de los primeros en escribir sobre la asociación del nervio vago (al que llamó nervio neumogástrico) con la expresión de las emociones. Él lo describió como el nervio de la emoción, conectado con el corazón, donde se sienten las emociones, y con las cuerdas vocales y el rostro, donde se expresan las emociones. Darwin notó que una de las zonas relevantes de influencia del nervio vago es, como Porges la llama, la conexión corazón-cerebro, o, como la llaman los taoístas, la conexión corazón-mente. Las emociones son procesadas y expresadas debido a diferentes *inputs*, pero el nervio vago tiene un papel esencial en este proceso. El nervio vago se comunica con núcleos que se conectan con la cavidad del oído interno llamada cóclea, que procesa la audición; se comunica con el cerebro para interactuar con los núcleos que controlan los músculos faciales y que, por lo tanto, expresan las emociones; y se conecta con la laringe para controlar el tono vocal. La combinación del habla, el tono, la escucha y la expresión fácil es nuestra forma principal de comunicación con los demás, pero además nos permite identificar el tipo de expresión que la otra persona está realizando, ya sea amorosa, amenazante, reconfortante, seria, reprensiva o llena de humor. Es interesante que los músculos faciales también puedan provocar cambios en la función cerebral y promover cambios en las emociones, y es por esto que a veces sonreír cuando no tenemos ganas (al menos algunas veces) nos hace sentir mejor. Ciertos músculos específicos que tienen influencia vagal son los que están en los ángulos de los ojos y de la boca, donde las emociones se expresan mayormente.[103]

Una de las formas o razones por las que expresamos nuestras emociones se basa en cómo nos sentimos internamente. Una característica distintiva clave del nervio vago es que el 80% de su composición es sensorial, lo que significa que recibe mensajes de los órganos internos y envía esos mensajes al cerebro, para indicarle la condición del cuerpo al cerebro. Estos nervios que envían mensajes al cerebro se llaman nervios aferentes; el otro 20% son los nervios eferentes, que envían mensajes del cerebro al cuerpo. Puedes recordar qué son los nervios *eferentes* porque su nombre tiene similitud con la palabra *efecto*: los nervios eferentes envían las instrucciones desde el cerebro hacia el cuerpo. El nervio vago incluye entonces nervios bidireccionales: transporta mensajes desde y hasta el cerebro, mientras que otros nervios solamente envían mensajes en una dirección. El nervio vago informa al cerebro sobre lo que está sucediendo en la mayoría de los órganos internos. Por ejemplo, cuando estamos respirando de manera lenta y consciente, estamos estimulando las terminaciones del nervio vago de los intestinos, el diafragma y los pulmones mediante movimientos

103. Stephen W. Porges, "The Polyvagal Perspective", *Biological Psychology* 74, N° 2 (marzo 2007), 116-143.

rítmicos, y para enviar un mensaje de calma, seguridad y comodidad al cerebro. Muchas de las prácticas del yoga promueven y crean tipos de mensajes específicos que se envían por el cuerpo hasta el cerebro para afectar nuestra salud y nuestro compromiso con el entorno.

La forma en que el cuerpo monitoriza sus condiciones internas se llama interocepción. El proceso de comprometernos con el mundo externo, más que con el interno, se llama exterocepción, y corresponde a los órganos de percepción. Gran parte del placer y la efectividad de los asanas deriva de la comunicación interoceptiva sobre los estados internos, de manera que cuando hacemos torsiones, nos flexionamos hacia delante y hacia atrás, y masajeamos todos los órganos internos, enviamos mensajes desde estos órganos internos hacia el cerebro, contándole cosas como "¡Ah!, me estoy estirando, me estoy fortaleciendo, recibo gran cantidad de sangre, oxígeno y nutrientes… ¡soy feliz!". Practicar asanas combina beneficios exteroceptivos e interoceptivos. La habilidad para aumentar nuestra capacidad de percibir cómo nos sentimos a un nivel físico, emocional y espiritual es uno de los signos de la práctica contemplativa. La interocepción es una forma de estar atento a lo que sucede en nuestro interior.

La práctica de pratyahara, el repliegue consciente de nuestros órganos sensoriales del contacto con los objetos mundanos, es una de las formas que los yoguis han utilizado para trabajar con el sistema nervioso; esto se debe a que la exterocepción, el movimiento hacia fuera de los sentidos, utiliza energía del sistema nervioso simpático para recolectar la información. Este drenaje energético puede ser agotador o hiperexcitante para la mente. ¿Cómo puedes darte cuenta de que tu energía es drenada mediante tus órganos de percepción? Veamos un ejemplo. Luego de contemplar obras de arte en un museo durante dos o tres horas, es probable que te sientas cansado. De forma similar, luego de dos o tres horas de consumo compulsivo de Netflix te sentirás drenado, o como dice mi esposa, con muerte cerebral, pero tu mente igual seguirá zumbando. La energía metabólica que se utiliza para impulsar los órganos sensoriales es consumida por el movimiento externo. El control de los órganos de percepción mediante la meditación repone nuestra energía porque no la malgastamos en recolectar, captar o filtrar información del mundo exterior. Incluso sentarte en quietud o cerrar los ojos por unos minutos, o por unas respiraciones, es calmante y puede reabastecer tu energía. Replegar tu consciencia del mundo exterior y dirigirla hacia tu mundo interior tranquiliza la mente porque aquieta el sistema nervioso simpático.

En lo que se refiere a la expresión emocional, el nervio vago se extiende hasta la laringe, donde se modula el tono vocal, hacia la cóclea (donde ocurre la audición) y se comunica con los nervios que controlan los ángulos de los ojos y de la boca, donde se despliegan las expresiones faciales para transmitir nuestras emociones. Podemos modular nuestro tono vocal gracias al nervio vago, para así expresar ternura, amor, afecto, enojo o enfado. Cuando modulamos nuestro tono vocal, la persona (o el animal) que escucha puede percibir lo que estamos transmitiendo mediante las vibraciones que alcanzan el oído interno. Las expresiones que realizamos con los ojos y la boca añaden más expresión al mensaje emocional. Por esto es que cuando una persona sonríe con los ojos y no solo con su boca, sentimos que están sonriendo sinceramente. Una sonrisa sola puede reflejar frialdad u hostilidad. La expresión de la emoción nace de una variedad de *inputs* y de la confluencia de procesos internos. El punto aquí es que el tono del nervio vago puede apoyar y guiar interacciones sociales positivas, mediante la capacidad de leer y expresar emociones en las situaciones apropiadas. Una persona que sonríe y ríe durante un funeral, por ejemplo, puede lucir raro. Cuanto más saludable sea el estado de nuestras redes de comunicación, más saludable será el funcionamiento del sistema nervioso central, y esto afectará el estado de nuestro cuerpo. Debido a que muchos de los procesos del sistema nervioso son bidireccionales, al usar nuestro cuerpo de formas particulares –como al practicar los asanas, la no violencia y las otras ramas del yoga– podemos influir en los sistemas de comunicación internos: el cerebro, el nervio vago y la forma de secreción de las hormonas y los neurotransmisores.[104]

Para recapitular la exposición sobre el nervio vago:

- Es el décimo nervio craneal.
- Por encima del diafragma se conecta con la laringe, la faringe, el corazón y los pulmones, y se comunica con los núcleos que controlan los músculos faciales y el oído interno.

_____

104. Divya Krishnakumar, Michael R. Hamblin y Shanmugamurthy Lakshmanan, "Meditation and Yoga Can Modulate Brain Mechanisms That Affect Behavior and Anxiety: A Modern Scientific Perspective", *Ancient Science* 2, Nº 1 (abril 2015), 13-19, https://www.ncbi.nlm.nih.gov/pmc/articles/PMC4769029/ [6/11/2019]. Existen varias similitudes y diferencias importantes entre las hormonas y los neurotransmisores. Ambos producen cambios en el cuerpo y en el comportamiento. Las actividades del sistema nervioso, en mayor parte, dependen de la emisión de neurotransmisores para que transporten mensajes e instrucciones al cuerpo. El sistema endocrino depende de las hormonas. Las hormonas, como la adrenalina y el cortisol, son producidas por las glándulas que componen el sistema endocrino. Son secretadas directamente en el torrente sanguíneo, y producen cambios conductuales y corporales lentamente. Los neurotransmisores, como la acetilcolina y la dopamina, son mensajes químicos liberados por la activación de las neuronas. Producen cambios en el cuerpo rápidamente. El 90% de las neuronas que liberan serotonina, un importante regulador de ánimo, se encuentran en el intestino.

- Por debajo del diafragma, se conecta con el estómago, el páncreas, el hígado, la vejiga y los intestinos (y también con el diafragma).
- El tono vagal elevado se asocia con la salud cardiovascular, el funcionamiento sano del sistema inmunológico, los niveles bajos de inflamación, las emociones positivas, la conducta y las interacciones sociales favorables y los estados de ánimos equilibrados.
- El tono vagal bajo se asocia con niveles altos de inflamación, que incluyen enfermedades inflamatorias como la artritis reumatoide, la enfermedad cardiovascular, la epilepsia y los desórdenes digestivos como el síndrome de colon irritable. Un tono vagal bajo también se relaciona con niveles altos de ansiedad y depresión.
- El tono vagal puede estimularse mediante la práctica de yoga y de meditaciones que focalicen en aumentar las emociones positivas.
- La exhalación aminora el ritmo del corazón al activar el freno vagal.

¿Cómo puedes saber si tu tono vagal es alto o bajo? ¿Cómo puedes mejorar su tono y su funcionamiento si fuera necesario? El tono vagal es medido mediante la variabilidad del ritmo cardíaco. Veremos esto a continuación.

Variabilidad del ritmo cardíaco

La variabilidad del ritmo cardíaco es la variación de latido a latido de nuestra frecuencia cardíaca, y sirve como una medida confiable para el funcionamiento adecuado del sistema autónomo central.

Recuerda que cuando inhalas, nuestro ritmo cardíaco aumenta, y cuando exhalamos, disminuye. Cuando esto sucede, podemos comprobar que el freno vagal está lentificando el corazón en la exhalación y soltándose durante la inhalación, para permitir que la sangre se mueva a través del corazón y amplíe el nivel de oxigenación de la sangre mediante el aumento de velocidad de la frecuencia cardíaca. Este cambio en la frecuencia del corazón se llama variabilidad, y una de las principales tareas del sistema autónomo central es regularla. La variabilidad es algo bueno para el ritmo cardíaco y, de hecho, para todas nuestras funciones autónomas. Como bien dijo el psicólogo e investigador de *biofeedback*, el Dr. Richard Gevirtz, la naturaleza disfruta de un poco de caos. El cambio y la variación conducen al crecimiento, la salud, la creatividad y la expansión.

Si el corazón se mantuviera siempre igual –por ejemplo, si dejara de latir– no sería bueno, en especial si tienes deseos de seguir viviendo. Debido a que el corazón acelera y disminuye su ritmo con las inhalaciones y exhalaciones, esta actividad puede ser monitorizada por un examen de electrocardiograma, que mide la actividad eléctrica del corazón.

La variabilidad de la frecuencia cardíaca es, por lo tanto, una foto de la salud y el equilibrio del sistema nervioso autónomo. Si el corazón no se tranquiliza con la exhalación, el freno vagal no está funcionando adecuadamente, y el sistema nervioso simpático está a toda marcha, o está encendido pero sin poder detenerse cuando debería. Esto puede ser desencadenado por una experiencia traumática o, como ese el caso en muchas personas, es el resultado de la exposición a constantes niveles bajos de estrés diariamente. Nuestra cultura actual vive con el sistema simpático a toda velocidad, enchufado todo el tiempo: canales de noticias las veinticuatro horas, uso permanente de teléfonos y de internet, mensajes de nuestros jefes a toda hora y en los fines de semana. Como el tono vagal bajo es un indicador de una variabilidad cardíaca baja, podemos identificar las enfermedades que se asocian con ella: enfermedad cardíaca, presión arterial alta, diabetes y muchas enfermedades inflamatorias.

Cuando las personas están en un estado de excitación simpática constante, el córtex prefrontal, que es el área de nuestro cerebro que se asocia con la expresión de compasión, la empatía, la planificación a corto plazo, el pensamiento estratégico y las conexiones sociales positivas, se ve transitoriamente perjudicado porque el sistema límbico entra en un estado de hipervigilancia. Las situaciones desafiantes generan que las glándulas suprarrenales secreten adrenalina y que el cerebro produzca cortisol para ayudarnos a enfrentar la contingencia. Sin embargo, si respondemos a cada pequeña dificultad como si fuera un enorme peligro, estamos constantemente liberando hormonas y neurotransmisores más rápidamente que la capacidad de nuestro sistema de reabsorberlos. El cortisol excedente se adhiere a receptores del córtex prefrontal, deteriorando aun más la habilidad de responder reflexivamente, debido a que el córtex prefrontal se "desconecta".[105] El cortisol es una hormona que regula y combate la inflamación en el cuerpo, pero cuando es producida en exceso, comienza a generar inflamación. Si nos cortamos, nos caemos y nos lastimamos, si estamos expuestos a un virus o una bacteria, el cuerpo enviará mediadores de inflamación y células

105. Amy F. T. Arnsten, Murray A. Raskind, Fletcher B. Taylor y Daniel F. Connor, "The Effects of Stress Exposure on Prefrontal Cortex: Translating Basic Research into Successful Treatments for Post-Traumatic Stress Disorder", *Neurobiology of Stress* 1 (enero 2015), 89-99, https://www.sciencedirect.com/science/article/pii/S2352289514000101 [6/11/2019].

defensivas a la zona afectada para curarla, un proceso que conocemos como la respuesta de curación. Esta es una inflamación amigable.

La inflamación que no es bien controlada por el proceso homeostático no es amigable, y puede conducir hacia la inflamación crónica, los dolores articulares o el síndrome metabólico. También se considera que los nervios simpáticos que están constantemente "encendidos" pueden acelerar la progresión del cáncer, por ejemplo, el de próstata.[106] Hoy en día, los niveles consistentes de estrés mínimo son uno de los propulsores de la inflamación crónica, y nos encontramos en un círculo vicioso: estamos aumentando la producción de aquello que supuestamente ayuda a reducir la inflamación y combatir las bacterias dañinas, creando condiciones para su sobreproducción, gracias a nuestro estilo de vida hiperestimulado. Entonces, la variabilidad de la frecuencia cardíaca elevada es una medida que nos muestra cuán bien funciona el freno vagal, y cuán bien podemos apagar la respuesta al estrés cuando sea necesario; además, el tono del nervio vago juega un papel importante en la mediación de la inflamación. Existen varias aplicaciones que pueden darte una medición básica de tu VRC para que puedas monitorizarla día a día y deducir de dónde vienen tus estresores cotidianos. Los atletas profesionales utilizan cada vez más los dispositivos de control de VRC para elevar su rendimiento, porque pueden verificar el mejor momento para el entrenamiento y, más importante, para la recuperación, dependiendo de los niveles de VRC.

---

106. Matthew A. Pimental, Ming G. Chai, Caroline P. Le, Steven W. Cole y Erica K. Sloan, "Sympathetic Nervous System Regulation of Metastasis", in *Metastatic Cancer: Clinical and Biologocal Perspectives*, ed. Rahul Jandial (Austin, Tex.: Landes Bioscience, 2013).

LAS FUNCIONES DEL TRONCO CEREBRAL

El tronco cerebral tiene tres secciones diferentes: el mesencéfalo, el puente troncoencefálico y el bulbo raquídeo. Las diferentes partes del tronco cerebral controlan la corriente estable y constante de mensajes que se transmiten entre el cerebro y el cuerpo, y también gobiernan las funciones del sistema nervioso autónomo, como la respiración, la frecuencia cardíaca, la presión arterial, la digestión, la reproducción sexual y la temperatura corporal. Estas funciones de supervivencia también se relacionan con las funciones corporales homeostáticas, que controlan cómo el cuerpo mantiene su equilibrio, adaptándose a las demandas del entorno de diferentes maneras a lo largo del día. La homeostasis está controlada por el hipotálamo y el sistema neuroendocrino, e incluye el balance del pH sanguíneo (que tiene que ver con los rangos de oxígeno y dióxido de carbono), la temperatura corporal central, los niveles de glucosa en sangre, la presión arterial y la composición equilibrada de muchos de los químicos que conforman nuestro organismo. Cuando la temperatura cambia afuera, nuestro cuerpo se autorregula para adaptarse a ese cambio; cuando hacemos ejercicio, el corazón se acelera para sostener la creciente demanda de oxígeno de nuestras células; cuando digerimos, nuestra sangre fluye hacia los órganos digestivos para apoyar la asimilación y la absorción, llevando sangre lejos del cerebro (esta es la razón por la que te sientes somnoliento o con dificultad para pensar luego de una comilona). Mantener la homeostasis implica mucha energía. No nos mantenemos siempre en equilibrio; es un constante ida y vuelta. Lo mismo sucede con las posturas de yoga. No alcanzamos un equilibrio absoluto en el que permanecemos, sino que hacemos continuos microajustes. El equilibrio es, en realidad, el acto de ajuste constante.

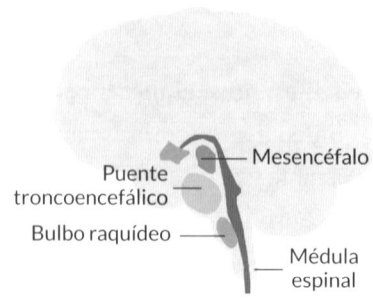

El tronco cerebral está formado por el mesencéfalo, el puente troncoencefálico y el bulbo raquídeo. Juntos controlan la corriente permanente de información entre el cerebro y el cuerpo.

Aunque hay una superposición entre las funciones del tronco cerebral, también hay tareas específicas que cada parte realiza. El puente troncoencefálico regula el sueño, el control de la vejiga, el equilibrio, el gusto, el movimiento ocular y la postura; también determina el índice de respiraciones por minuto y la cantidad de aire respirado. La disminución consciente de la respiración en verdad nos permite manipular intencionalmente el funcionamiento cerebral mediante el puente troncoencefálico. El mesencéfalo se asocia con el procesamiento visual y auditivo, los ciclos del sueño y la vigilia, el estado de alerta y la regulación de la temperatura. El bulbo raquídeo se encarga de las funciones autónomas como la respiración, la frecuencia cardíaca, la presión arterial y los reflejos corporales como el estornudo y el vómito. Las prácticas como el asana, la respiración consciente y el drishti actúan sobre muchos de los procesos que el tronco cerebral supervisa, como la frecuencia respiratoria, el equilibrio, el balance y el procesamiento visual. Todas las prácticas básicas del tristhana ejercitan, fortalecen y equilibran las funciones neuronales.

¿Qué es el tronco cerebral en relación con el resto del cerebro? El tronco cerebral se encuentra entre la médula espinal y las funciones superiores del cerebro; es una puerta por la que circula la información desde el cuerpo hasta el cerebro. Es la parte más antigua de nuestro cerebro, y alberga los vestigios y huellas de trescientos veinte millones de años de evolución. Compartimos las funciones del tronco cerebral con los otros mamíferos. Nuestro sistema límbico, que procesa las emociones, la memoria y el sentido del equilibrio, se desarrolló alrededor de cien millones de años atrás. El neocórtex es la más reciente evolución de nuestro cerebro, tiene solo sesenta mil años, y se desarrolló porque nuestra especie se volvió cada vez más social. Verdaderamente, nuestro neocórtex es nuestro sistema de conexión social.

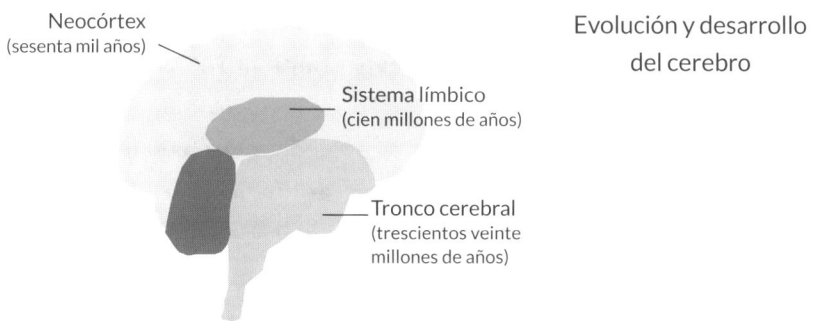

Neocórtex
(sesenta mil años)

Sistema límbico
(cien millones de años)

Tronco cerebral
(trescientos veinte
millones de años)

Evolución y desarrollo
del cerebro

Es interesante que muchas de las prácticas de los yoguis orientaban la atención directamente a las funciones de supervivencia, esas funciones que son procesadas mediante el tronco cerebral. Estos practicantes restringían la respiración y la frecuencia respiratoria con el pranayama; dominaban la frecuencia cardíaca y la presión arterial mediante los bandhas; controlaban el hambre con el ayuno; practicaban el celibato para subyugar el impulso sexual y, más generalmente, practicaban posturas para mejorar el equilibrio general, el balance y los niveles de alerta mediante el movimiento consciente. En su comentario sobre el tapas, Hariharananda dice que las funciones del tronco cerebral son naturales. Pero para trascender la naturaleza y volverse sobrenaturales, los yoguis practicaban lo opuesto, y desarrollaron técnicas para controlar estas funciones naturales.[107] ¿Por qué?

Los kleshas en el tronco cerebral

Mi suposición acerca de esto es bastante simple y directa. Creo que las bases fisiológicas para los kleshas, las obstrucciones que nos impiden saber quiénes somos (que discutimos en el capítulo 7) existen o tienen sus raíces en el tronco cerebral, en nuestras funciones de supervivencia. El klesha final es abhinivesha, el miedo a la extinción. Abhinivesha no es el miedo que surge mediante el pensamiento consciente, es un miedo que de alguna forma existe desde los inicios de la célula. La célula no necesariamente identifica el miedo, pero hay un impulso que la moviliza a evitar el peligro, a buscar nutrición y a respirar de una manera que solo las células pueden lograr. Ese impulso también existe en las bases de nuestro funcionamiento inconsciente del sistema nervioso. Sin embargo, como humanos, también tenemos conocimiento de esto a un nivel consciente. Le tememos a la muerte y nos aferramos a la vida mediante las funciones de supervivencia automáticas y mediante el sentido del riesgo que nos permite evitar situaciones peligrosas. Esto no comenzó a suceder en el momento de nuestro nacimiento, sino billones de años atrás, mientras la vida se desarrollaba en nuestro planeta, y el impulso de vivir y sobrevivir formó las bases de nuestras funciones autónomas. Nos aferramos a nuestra respiración, nuestra frecuencia cardíaca, nuestra necesidad

---

107. Patañjali, *Yoga Philosophy of Patañjali,* 225.

de comer y de reproducirnos. Aferrarnos a la vida no es una cuestión filosófica, es un imperativo fisiológico. Sin embargo, este apego por la vida que nace de las funciones de supervivencia nos lleva a atarnos a una noción falsa de nuestra existencia separada, y a las historias que son reflejadas mediante asmita para describir este ser. Tanto asmita como abhinivesha tienen una ubicación anatómica en el tronco cerebral, donde se encuentran las funciones de supervivencia. Esto es alentador, porque todo lo que se refleje mediante un proceso fisiológico se puede transformar y, si podemos localizarlo y trabajar con él, podemos cambiarlo.

Puedo imaginarme a los yoguis preguntando "¿Qué pasaría si trascendiéramos el mecanismo fisiológico que nos ata a una auto-percepción errónea? ¿Qué pasaría si por un rato, todos los días, controláramos, lentificáramos o incluso detuviéramos nuestro ritmo cardíaco, nuestra necesidad de comer, tener sexo o respirar? ¿Qué pasaría si atenuáramos nuestra identificación o nos sintiéramos completamente cómodos con las funciones de supervivencia, al menos por un breve período de tiempo, para que el miedo por la supervivencia no nos gobierne? ¿Sería posible usar nuestros cuerpos para trascender las funciones cerebrales que nos atan, como los granthis, a nuestra forma física limitada, que nos atan a nuestra noción construida y limitada de personalidad, la construcción de "yo soy", que surge junto con este apego a la vida? Esto significaría que podemos trabajar con la raíz de asmita, del "yo soy", de donde surgen nuestras narrativas. Luego de eso, quizás, podríamos movernos hacia los niveles superiores de los procesos cerebrales y de la consciencia, comenzando por el sistema límbico, donde podríamos trabajar con el equilibro y la percepción espacial, nuestro lugar en el mundo. Podríamos disminuir las paredes de la amígdala, donde se procesa el miedo, y luego purificar nuestra memoria y nuestras emociones procesadas mediante el hipocampo y el hipotálamo. Desde allí, podríamos profundizar mucho más hasta llegar al reino de la compasión universal (desde el córtex prefrontal) y luego ingresar en la consciencia unitaria de las funciones de todo el cerebro, que sucede cuando experimentamos la dicha o la consciencia trascendental. *Esto no es para decir que nuestra biología, o nuestro cerebro, crea la consciencia; es para sugerir que podemos usar nuestra biología y nuestro cerebro para acceder a niveles más elevados de consciencia.*

No propongo dar una respuesta acerca de la consciencia o de su origen; simplemente deseo demostrar cómo podemos usar la materia física con la que ya contamos para experimentar un sentido y un objetivo elevados. Es una sugerencia que emplea las prácticas de los yoguis como un punto de partida para experimentar las funciones cerebrales superiores que pueden llevarnos al autoconocimiento, o a estados enaltecidos del ser, o a la felicidad. Cada nivel de nuestras funciones cerebrales procesa aspectos de nuestras vidas que tienen correlato con el viaje espiritual hacia el autodescubrimiento y la libertad. Cuanto más sutiles se vuelven estas prácticas, como el pasaje del asana al pranayama y luego a las prácticas compasivas, más se ven afectadas nuestras estructuras cerebrales profundas y nuestros sistemas nerviosos. Cuando nos sentimos seguros y arraigados, los circuitos del tronco cerebral nos conducen a un estado defensivo, como sucede cuando percibimos peligro o estamos ansiosos. Cuando percibimos peligro, los circuitos del tronco cerebral se activan y los circuitos que nos permiten acceder a las funciones cerebrales superiores se apagan. Debido a que el tronco cerebral principalmente gobierna las funciones autónomas, la diversidad de la experiencia se reduce a cuestiones de supervivencia. Sin embargo, cuando las cuestiones de supervivencia no nos dominan, los circuitos neuronales que pueden comunicarse con las funciones superiores se abren, y podemos acceder a un mundo infinito de experiencias diversas que se presentan con el sistema límbico y las funciones corticales del cerebro. Tenemos funciones cerebrales superiores porque están allí para nosotros, pero no podemos usarlas si vivimos gobernados por el miedo.

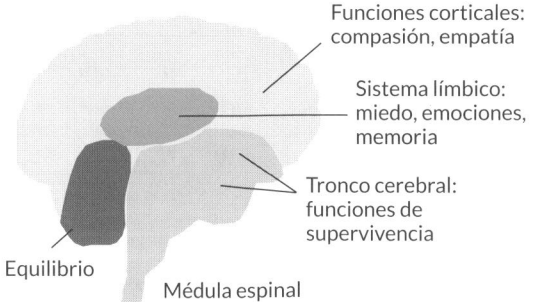

Funciones corticales: compasión, empatía

Sistema límbico: miedo, emociones, memoria

Tronco cerebral: funciones de supervivencia

Equilibrio

Médula espinal

Trascender las funciones de supervivencia nos ayuda a acceder a las funciones cerebrales superiores y controlarlas.

LAS PRÁCTICAS DEL KRIYA YOGA

¿Cuáles son las prácticas que diluyen los kleshas, para que las obstrucciones que impiden saber quiénes somos se vuelvan más porosas y la luz del autoconocimiento brille en nuestra consciencia? Cuando hablamos de que asmita y abhinivesha tienen una ubicación física en el tronco cerebral, ¿cómo podemos mitigar su dominancia en nosotros? Estas son las prácticas del kriya yoga: tapas, svadhyaya e Ishvara pranidhana, y son la puerta de entrada –o las prácticas indirectas– que nos llevan a estados más enaltecidos del yoga.

Tapas significa "cocinar", o "calentar", e incluye prácticas tales como posturas, pranayama y meditación. Tapas trabaja directamente en restringir las funciones de supervivencia del tronco cerebral al controlar la respiración y la frecuencia cardíaca mediante los asanas y el pranayama; la digestión mediante la dieta restringida y los hábitos de consumo saludables; el hambre, la sed, la temperatura corporal y la presión sanguínea mediante la meditación y ciertas prácticas respiratorias; y el impulso sexual mediante elecciones de estilo de vida. Estas prácticas se llaman tapas porque generan una pequeña dosis de incomodidad. Los textos dicen que si nos disgustamos por nimiedades, entonces nuestras mentes no estarán listas para los niveles más profundos del yoga. Pero si cultivamos la capacidad de sobreponernos a pequeñas adversidades –como al permanecer en una postura desafiante durante un tiempo, o al sentarnos para meditar por cierto período sin movernos– cultivamos la fortaleza mental de ser capaces de superar el malestar, y esto ayuda a la mente a permanecer estable. La vida siempre nos presentará adversidades, y ser capaces de transitarlas con paciencia es la cualidad de un yogui.

Svadhyaya es el canto de mantras y el estudio de textos espirituales. El canto influye en las emociones mediante la devoción, y también accede a los mecanismos de pensamiento abstracto del hemisferio derecho mediante los sonidos no simbólicos, como los mantras. El hemisferio derecho es dominante en la regulación de las funciones autónomas, y por ende está asociado con la expresión y la interpretación de la emoción.[108] El amor y la devoción que son generados a través del canto devocional se dirigen al sistema límbico y alcanzan las funciones superiores en lugar de las funciones de supervivencia. Todo esto, en conjunto, convierte el canto devocional en otro mecanismo para regular las funciones autónomas *y* para expresar el amor o el éxtasis, la emoción trascendente. Además, para que puedas cantar tienes

---

108. Porges, *The Polyvagal Theory*, 140.

que regular tu respiración, así que esta práctica devocional también cumple la función de tapas porque tienes que controlar la respiración.

El canto es particularmente interesante porque la música y el ritmo del sonido forman parte de las pocas actividades que afectan el funcionamiento de la totalidad del cerebro al mismo tiempo. Muchas de nuestras acciones estimulan o el lado derecho o el izquierdo; o el tronco cerebral o el córtex prefrontal; nuestras actividades cognitivas son intelectuales o intuitivas, pero es poco frecuente que la totalidad del cerebro responda de forma coherente. Concetta Tomaino, DA MT-BC, músicoterapeuta y directora ejecutiva del Instituto de la Música y el Funcionamiento Neurológico, comenta que la música estimula el funcionamiento integral del cerebro sincrónicamente, incluyendo el tono, el patrón, el ritmo, el significado y la memoria. Esto activa el funcionamiento integral del cerebro y del resto del organismo. La música ayuda a fortalecer la memoria y la experiencia, lo que explica por qué, al escuchar canciones que son importantes para nosotros, la música evoca no solo un momento particular de nuestras vidas sino también *los sentimientos* asociados con ese momento; por lo tanto, es muy útil en el tratamiento del Alzheimer y la rehabilitación de los derrames cerebrales. Algunos estudios científicos sobre la meditación con mantra (Meditación Trascendental) demuestran que también habilita la activación de las sinapsis cerebrales para formar un patrón coherente.

Nuestro cerebro es un buscador de patrones, y nosotros estamos programados para los patrones que se asocian con la rima, el ritmo, el movimiento y la emoción. Interactuar con estos patrones recablea nuestro cerebro mediante la neuroplasticidad: la habilidad de las neuronas a programarse, reprogramarse, crecer (mediante la neurogénesis) y crear nuevas conexiones. También hemos construido ritmos en nuestro cuerpo, como la frecuencia cardíaca, el pulso, el guiño de los ojos y la respiración, ritmos que escuchamos cuando meditamos, y ritmos que guían nuestra vida. Un recién nacido apoya su cabeza contra el pecho de su madre para escuchar sus latidos para sentir seguridad y consuelo, y recordar el ritmo que lo acunó durante los nueve meses de su gestación.

Aun más, todo lenguaje está basado en el ritmo, el compás, la cadencia, el tono, lo que llamamos prosodia. El antiguo *Taittiriya Upanishad* enumera las reglas del canto y de la expresión en su párrafo inicial, y declara que las reglas de la prosodia llevan a la comprensión de todas las formas en las que la consciencia y la materia se enlazaron para crear la manifestación, y describe los cinco objetos perceptibles: el universo, la luz, el aprendizaje, la progenie y el ser (un ser que se basa en la articulación mediante el lenguaje). Claramente, el canto y la música son excelentes vías para activar los patrones integrales del cerebro y sus funciones. La música y el canto literalmente programan nuestro cerebro para experimentar niveles más profundos de experiencia y comprensión. También pueden ayudar a sanar el trauma, las secuelas de los derrames cerebrales y la recuperación de la memoria. El cuerpo no es meramente un conjunto de procesos; también es una recopilación de ritmos. El yoga trata de reunir todos estos ritmos en una sincronía, para contrarrestar todas las cosas que ocurren durante el día y que nos llevan a vivir en una asincronía, en particular el exceso de estrés.

Ishvara pranidhana significa "entregarse a Dios", si eres teísta, o "entregarse a lo desconocido", si no lo eres. Esta entrega nos lleva hacia las funciones superiores del cerebro en el córtex prefrontal. Los vínculos están bajo la jurisdicción de esta área del cerebro, así que nuestra relación con lo divino o con la naturaleza será procesada en esta zona. Inherente a Ishvara pranidhana es la noción de no saber, o no tener "todo resuelto", y que está bien dejar que las cosas sean, sin tener que controlar todo constantemente. Esto crea un espacio en nosotros donde podemos practicar la aceptación, la receptividad y el perdón. Según los textos de yoga, la perfección de Ishvara pranidhana nos guía hacia la unidad de consciencia, al trascender la percepción de un "Yo" limitado. Esto sucede gracias al discernimiento claro de la mente iluminada. Con Ishvara pranidhana volvemos a la idea de relación –como en nuestra relación con lo divino, con la naturaleza–, nos lleva de regreso a la definición de *yoga* como "relación" que analizamos en el capítulo I. El vínculo es un imperativo fisiológico, un principio trascendente, y la fundación de nuestro ser integrado e interconectado con las personas y con el mundo natural, que nutren nuestra interdependencia.

Las prácticas del kriya yoga (tapas, svadhyaya e Ishvara pranidhana) son el reflejo de la teoría de los tres cerebros (o cerebro triuno) de Paul MacLean, quien fue el primero en describir las partes del cerebro en relación con la teoría evolutiva. Cada parte tiene sus propias funciones, pero no son independientes; en realidad, se influyen y se complementan entre sí. El cerebro reptiliano corresponde al tronco cerebral y al cerebelo; gobierna las funciones de supervivencia y equilibrio. El cerebro mamífero, también llamado sistema límbico, es donde se almacenan las memorias y se procesan las emociones. Está compuesto por el hipotálamo, la amígdala y el hipocampo. La amígdala es la responsable de trabajar con el miedo y la forma de reaccionar ante él; el tronco cerebral produce calor en el cuerpo (nos transpiran las manos o se enrojece el rostro) y acelera la frecuencia cardíaca. El hipocampo se relaciona con la retención de la memoria, y el hipotálamo coordina muchas de las actividades del sistema nervioso autónomo, incluyendo la homeostasis. El neocórtex, o cerebro neomamífero, fue la última zona del cerebro en evolucionar y allí se desarrollan el lenguaje, nuestra capacidad de pensamiento abstracto, el planeamiento estratégico y a largo plazo, la expresión de la compasión y la empatía, la capacidad casi ilimitada para el aprendizaje y la creatividad.

Tapas, svadhyaya e Ishvara pranidhana tienen correlato con la teoría del cerebro triuno, y aunque en teoría estas prácticas pueden ser realizadas independientemente, están entrelazadas y se influyen entre sí de la misma forma que el cerebro. Estas prácticas remueven las obstrucciones que velan nuestra consciencia y habilitan la posibilidad de ejercer cierto control sobre las funciones de supervivencia del tronco cerebral (tapas), la purificación y la expresión de las emociones en el sistema límbico (svadhyaya) y finalmente, con el despliegue del amor, la compasión, la empatía y la integración social positiva del córtex prefrontal (Ishvara pranidhana). Cuando los tres aspectos de la función cerebral están en equilibrio, nos habilitan el funcionamiento integral del cerebro, en lugar del funcionamiento fragmentado que experimentamos diariamente, producto del estrés y de vivir sin sintonía con la naturaleza. Cuando experimentamos la coherencia integral del cerebro, vivimos en un estado de conectividad, autoconocimiento e integración total. Es el estado más sereno del ser que podemos experimentar a nivel consciente, el estado de trascendencia que describen los yoguis, el nirvana de los budistas y el rapto de los místicos.

Para resumir, tapas está relacionado con las prácticas físicas, svadhyaya es verbal y emocional, e Ishvara pranidhana es mental y emocional. Las prácticas físicas apuntan al tronco cerebral mediante los asanas, el pranayama y la meditación. Las prácticas emocionales y verbales se dirigen al mesencéfalo, compuesto por los núcleos que procesan el miedo y la memoria, y que sustentan las funciones homeostáticas.

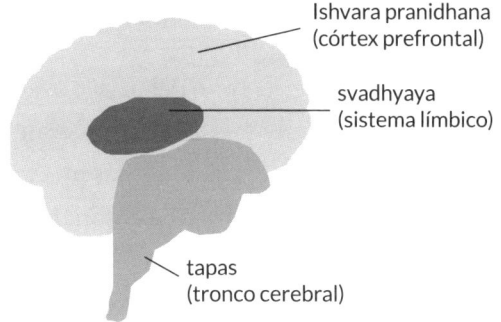

Ishvara pranidhana
(córtex prefrontal)

svadhyaya
(sistema límbico)

tapas
(tronco cerebral)

Las prácticas del kriya yoga afectan los tres niveles generales de las funciones cerebrales en el tronco cerebral, el sistema límbico y el neocórtex.

El kriya yoga y sus correspondencias con el cerebro

Tapas	Físico/restricciones	Asanas/pranayama	Tronco cerebral
Svadhyaya	Verbal/emocional	Canto/bhavana	Sistema límbico
Ishvara pranidhana	Mental/emocional	Entrega/compasión	Córtex prefrontral

Ishvara pranidhana nos lleva a las funciones corticales superiores, donde expresamos la compasión, la empatía y la conexión, así como el pensamiento estratégico y la planificación. Este trío de prácticas colabora con las funciones integrales del cerebro y nos conduce a expresar nuestro máximo potencial humano y existencial, lo que incluye la habilidad de salir de nuestras visiones limitadas sobre nosotros y el mundo y así experimentar una perspectiva positiva, trascendente e inclusiva.

Stephen Porges demostró cuán importante es el tono del nervio vago para poder autorregularnos, generar relaciones saludables y tener un sistema nervioso activo y equilibrado que mantenga todos los procesos homeostáticos en adecuado funcionamiento.[109] Al examinar las tradiciones religiosas y rituales, identificó cuatro categorías diferentes de prácticas que apuntan a la regulación del nervio vago mediante el fortalecimiento del tono vagal.[110] Estos ejercicios neuronales reúnen casi todo el material que hemos cubierto en este libro hasta ahora, y revelan, mediante un lenguaje occidental y científico, una base fisiológica sensata para las prácticas principales del Ashtanga Yoga y para las prácticas del kriya yoga en particular. Los ejercicios neurales explicados por Porges son:

- *Postura*: Modificar la postura, incluso simplemente sentarse erguido, estimula el barorreflejo de la arteria carótida, activando los nervios barorreceptores que monitorizan y controlan la presión arterial y que influyen en el estado de ánimo. La postura se utiliza en todas las tradiciones religiosas y místicas, quizás por su influencia en el estado de ánimo. En el islam, el rezo se basa en las postraciones; los hindúes practican asanas y postraciones (las bases del saludo al sol); los judíos jasídicos se balancean

109. Ibíd., 94-95.
110. Centro de Investigación y Educación de la Compasión y el Altruismo, Universidad de Stanford, *Science of Compassion 2014: The Psychophysiology of Compassion* (video), n.d., http://ccare.stanford.edu/videos/science-of-compassion-2014-the-psychophysiology-of-compassion/ [6/11/2019].

hacia delante y hacia atrás durante la plegaria (la oración judía); los sufíes realizan giros –en particular los derviches–; y la danza estática es una variante de postura corporal. Balancearse, mecerse, postrarse, girar, inclinarse: todas estas formas estimulan el nervio vago mediante diferentes vías. También son los estadios de movimiento que los bebés y los niños atraviesan durante su evolución: mecerse hacia delante y hacia atrás, balancearse en círculos, rodar sobre el suelo, gatear y, finalmente, caminar.

- *Respiración*: La respiración afecta los nervios aferentes del abdomen, mediante el movimiento del diafragma y la barriga, y estos nervios envían mensajes de ritmo, seguridad y satisfacción al cerebro. La respiración también estimula y tonifica directamente el nervio vago al estimular la laringe y los nervios vagos que la inervan. Ujjayi pranayama, que se realiza al estrechar ligeramente la glotis, respirar con sonido sibilante y exhalar por una de las dos narinas, estimula el nervio vago mediante el masaje de la laringe; y también apacigua el sistema nervioso simpático. La respiración sonora que se escucha en ciertas prácticas de yoga, que a veces se llama "respiración oceánica", también tonifica el nervio vago (la respiración oceánica a veces se utiliza como sinónimo de respiración ujjayi, pero son dos prácticas diferentes).

  La respiración merece una mención especial aquí por su capacidad de regular la respuesta al estrés que se activa mediante el sistema simpático. La respiración, en particular las exhalaciones prolongadas, puede ser voluntaria o involuntaria, y tiene el beneficio de activar el freno vagal. Todos estos ejercicios en conjunto –pero especialmente la respiración en sí– nos trae al presente y a un estado no defensivo. Como explica Porges, cuando no estamos a la defensiva, estamos conectados. Cuando nuestro sistema simpático está estimulado y vivimos en modo defensivo, estamos desconectados, aislados y permanecemos enjaulados en el modo de supervivencia. Como seres humanos, no podemos vivir sin los demás. No significa simplemente que necesitamos sentir la conexión, es que ya somos parte de un conjunto. La separación es una ilusión. Al negar nuestra conectividad innata, nos divorciamos de nuestra realidad colectiva, nuestra consciencia colectiva, y sufrimos. Muchas de nuestras enfermedades prevenibles y no transmisibles –como la ansiedad, la depresión, la enfermedad cardíaca y algunos tipos de cáncer– son causadas por marcadores biológicos de inflamación que son activados por la constante excitación del sistema simpático y por el estado defensivo persistente.

- *Vocalización*: El canto estimula los nervios laríngeos, que están conectados con el nervio vago, y también estimula el funcionamiento integral del cerebro. La vocalización estimula el nervio vago, que circula cerca de la laringe; el canto tiene un efecto de masaje en el nervio vago, el reflejo nauseoso y la expresión de la emoción. Con la vocalización, no solo producimos sonidos, sino que son sonidos que contienen significados y sentimientos. Varios años atrás, una de mis alumnas sufrió un derrame cerebral y perdió su reflejo nauseoso. Mientras estaba en el hospital empezó a escuchar y a cantar los *bija* mantras de los chakras, y al poco tiempo recuperó este reflejo.

- *Comportamiento*: El eje corazón-cerebro es afectado por nuestra conducta, y las emociones y los procesos de pensamiento positivos como la bondad y la gratitud aumentan el tono vagal mediante el eje corazón-cerebro. Actuar desde el amor, la bondad, la compasión y el cuidado también fortalece el tono del nervio vago, según ha sido demostrado. El estudio de Bethany Kok que mencionamos antes confirmó que la práctica de la meditación de bondad amorosa (*loving kindness*) tiene el mismo efecto tonificante que la estimulación del nervio vago, un implante quirúrgico de imanes en la garganta que se usa para estimular la función vagal.

Seguramente al leer esta lista ya sospeches hacia dónde nos lleva. Es llamativo que estos ejercicios neuronales se alineen completamente con las prácticas que realizamos en el yoga:

- *Postura*: mediante los asanas, tanto en la práctica de yoga como en la meditación.
- *Respiración*: el pranayama y la respiración consciente que realizamos en las posturas, así como la atención de la respiración utilizada en las prácticas meditativas (los ejercicios neuronales de las posturas y la respiración se relacionan ambos con tapas).
- *Vocalización*: el canto de mantras en svadhyaya, como el canto de *om* o de otros mantras; el canto védico y el canto de llamada y respuesta de kirtan.
- *Comportamiento*: el cumplimiento de los yamas y los niyamas, así como las prácticas de bondad amorosa como la ternura, la compasión, la alegría de compartir y la ecuanimidad de la mente descritas en los *Yoga Sutras*, en el capítulo 1, verso 33 (ver práctica C, meditación de *loving kindness*). El comportamiento también es visible en la devoción de entregarse a Dios, o Ishvara pranidhana.

Es claro que todos los ejercicios que Porges enumera, que tienen efectos específicos y mensurables en el tono y el fortalecimiento del nervio vago, son exactamente iguales a las prácticas de yoga que han sido utilizadas por miles de años para crear un estado mental y emocional de apertura, compasión y adaptabilidad. El tono vagal fortalecido permite la autorregulación y esta habilidad nos permite tener cierto control sobre las funciones autónomas. Incluso si no te interesa profundizar en estas prácticas, en un nivel muy básico pueden ayudarnos a convertirnos en seres humanos más integrados. Yo no tengo ninguna duda de que esta correlación entre el nervio vago y el yoga tiene un propósito, ya que estas cuatro categorías son prácticas que los yoguis hacían intencionalmente porque sabían que así podían controlar su sistema nervioso y aprender a autorregularse para atenuar los velos de los kleshas (que nublan la consciencia ilimitada).

Pero todavía nos falta una pieza en este rompecabezas: el concepto de *kundalini*.

Kundalini

Kundalini es el nombre atribuido a la energía creativa del universo que habita latente en nuestro interior. Cuando se remueven todas las impurezas del sistema nervioso, cuando se disuelven los granthis, cuando prana y apana están en equilibrio y se controla la mente, esta energía que yace dormida en la base de la columna vertebral se despierta y asciende por la sushumna nadi hasta llegar al cráneo para producir la iluminación. En algunos textos, como el *Yoga Yajnavalkya*, la kundalini es un bloqueo que se encuentra en la entrada de la sushumna.[III]

III. A. G. Mohan, traductor, con Ganesh Mohan, *Yoga Yajnavalkya*. Madras, India: Ganesh & Co., verso 12.8.

Cuando este obstáculo es eliminado, el prana asciende y desciende a través de la sushumna, en lugar de fluir dentro y fuera de las narinas.

La kundalini no se menciona en los *Yoga Sutras*. El objetivo de este libro no es bucear en las ideas místicas que son inverificables por otros medios que no sean los testimonios. Sin embargo, traigo a colación el tema porque existen precisamente dos fuentes que conozco que identifican la sushumna nadi como parte del complejo del nervio vagal, específicamente donde asciende desde el corazón al cerebro. La primera fuente es Pattabhi Jois, quien me mencionó esto en una conversación, y la segunda es un pequeño libro llamado *La misteriosa kundalini*, del doctor Vasant G. Rele de Mumbai, escrito en 1927. En este libro, Rele provee descripciones cuidadosas de prácticas yóguicas y del sistema nervioso, e identifica los chakras y las nadis con sus contrapartes científicas. Él explica que, al controlar tanto las terminaciones nerviosas aferentes como eferentes del nervio vago en el plexo solar y en el tronco cerebral (los nervios que transportan información desde y hasta el cerebro), el yogui puede adquirir control sobre las funciones autónomas. Rele dice: "Esto es lo que el yogui desea, que el funcionamiento automático normal no interfiera con su aspiración de volverse uno con lo que es omnipresente".[112] El sexto párrafo del *Taittiriya Upanishad* también localiza la sushumna nadi como ascendiendo desde el espacio del corazón hasta (enigmáticamente) "dos arterias en el paladar superior" detrás de la úvula, y luego asciende hacia los huesos del cráneo. Es verdad que el nervio vago inerva el paladar blando, la úvula y la raíz de la lengua, de manera que existe una similitud verosímil aquí.

---

112. Vasant G. Rele, *The Mysterious Kundalini: The Physical Basis of the "Kundalini Yoga"*. Bombay, India: D. B. Taraporevala Sons & Co., 1927, 65.

De acuerdo con los yoguis, cuando respiramos a través de las narinas, estamos en un mundo de dualidad, de fluctuaciones de todos los pares de opuestos complementarios. Cuando el prana avanza por el canal central de la sushumna, conectando el corazón con el cerebro, se considera que la respiración es interna y que existimos en un estado de consciencia unificada no dual.[113] Cuando la consciencia se torna hacia adentro, la respiración deja de moverse hacia dentro y hacia fuera. O como dice el *Hatha Yoga Pradipika*, cuando la respiración cesa su movimiento, la mente se detiene y permanece en la quietud. Esto se llama kevala kumbhaka, o el cese natural de la respiración. No se manifiesta cuando contenemos la respiración, sino cuando la respiración *se detiene*. Un ejemplo de esto se produce cuando estás en un estado profundo de concentración y te das cuenta de que por un período breve no respiraste, pero tampoco contuviste la respiración. Por definición, kevala kumbhaka sucede cuando la respiración tiene lugar en la médula espinal: una de las expresiones máximas de una práctica de pranayama.

En verdad, tenemos centros respiratorios en el cerebro y en la médula espinal que controlan la respiración y que son independientes de los pulmones, el corazón y el diafragma, llamados generadores centrales de patrones. Producen patrones rítmicos internos de respiración incluso cuando no ingresa el aire; esto significa que incluso cuando no estás respirando físicamente, el ritmo de la respiración seguirá ocurriendo dentro de ti para mantenerte vivo. También existe otro grupo de interneuronas, el complejo pre-Bötzinger, que se localiza en la médula junto con las funciones de supervivencia, y

---

113. T. K. V. Desikachar y Kausthub Desikachar, traductores, *Yoga Taravali*. Chennai, India: Krishnamacharya Yoga Mandiram, 2003, versos 13-15.

que es esencial para la generación de ritmos respiratorios en los mamíferos.[114] Murali Doraiswamy, profesor de la Universidad Duke y un destacado investigador del Instituto Duke de las Ciencias del Cerebro, me comentó que "existen muchos marcapasos intrínsecos en el cuerpo, incluso muchos de ellos sobreviven luego de que un ser humano está clínicamente muerto. Las neuronas en los núcleos supraquiasmáticos del hipotálamo son un ejemplo, y el tronco cerebral es otro". El núcleo supraquiasmático es el conjunto de neuronas del cerebro que controlan el ritmo circadiano, que mencionamos antes en este libro.

El mecanismo exacto de este funcionamiento todavía no está muy claro. El complejo pre-Bötzinger está compuesto tanto por neuronas marcapasos como por neuronas que no funcionan así, lo que significa que dentro de sus células existe un patrón que se manifestará independientemente de la estimulación del sistema nervioso central. Las células del corazón tienen una constitución similar: si removemos una célula del nodo sinoauricular, que es el marcapasos del corazón, esa célula continuará latiendo. El corazón está compuesto por células que laten individualmente, por su cuenta, o que propagan sus propios impulsos eléctricos, por lo menos en tres nodos. Las células del complejo pre-Bötzinger hacen lo mismo con la respiración; no dependen del aire que entra y sale de los pulmones para poder propagar su patrón respiratorio.

114. J. C. Smith, H. H. Ellenberger, K. Ballanyi, D. W. Richter y J. L. Feldman, "Pre-Bötzinger Complex: A Brainstem Region That May Generate Respiratory Rhythm in Mammals", *Science* 254, N° 5032 (noviembre 1991), 726-29, doi:10.1126/science.1683005, PMC 3209964, PMID 1683005.

En los primeros estudios de los yoguis que declaraban poder detener su ritmo cardíaco, los electrocardiogramas y otros mecanismos de medición demostraron que los latidos del corazón –el marcapasos– no se detenía, pero de alguna manera la corriente sanguínea hacia el corazón se volvía más lenta o se interrumpía temporalmente. Si nos basamos en la estructura anatómica, podemos estimar que sucede lo mismo con la respiración interna, a través de la cual la corriente externa de respiración cesa, pero los marcapasos internos continúan con tu tarea de conservar la vida.

Además, Doraiswamy explica que algunos científicos consideran que cada célula de nuestro cuerpo contiene su propio marcapasos o generador de ritmo, una idea realmente deslumbrante. William Bushell, PhD, miembro del Instituto de Tecnología de Massachusetts, de la Universidad de Harvard y de la Universidad de Columbia, sugirió que los yoguis también son capaces de activar el estado celular de hibernación cuando ingresan en profundos estados de samadhi, y pueden aminorar o suspender las funciones corporales durante ese momento.[115] De acuerdo con un estudio que Doraiswamy compartió conmigo, los estados de hibernación pueden inducir cambios en el marcapasos medular que contribuyen a su resiliencia. El estudio también demostró que durante los estados de hibernación, la actividad eléctrica del córtex y otras funciones superiores se vuelven silenciosas, pero los marcapasos respiratorios continúan funcionando. Las prácticas avanzadas de yoga, como kevala kumbhaka, pueden ayudar al yogui a detener temporalmente las funciones autónomas, como la respiración o la corriente

---

115. W. C. Bushell, "Longevity: Potential Life Span and Health Span Enhancement Through Practice of the Basic Yoga Meditation Regimen", *Annals of the New York Academy of Sciences* 1172, Nº 1 (agosto 2009), 20-27.

sanguínea que va hacia el corazón, y de esta manera permitir que el yogui siga vivo al entrar en un estado semejante a la hibernación.[116]

En cierta medida, los cuatro ejercicios neuronales identificados por Stephen Porges también ocurren en las tradiciones místicas y religiosas, no solo en el yoga. A través de estas cuatro prácticas, o ejercicios, podemos acceder directamente a las funciones automáticas internas de nuestra fisiología y empezar a tener cierto control sobre nuestra mente y nuestras emociones, para no vivir simplemente bajo el arbitrio de nuestro sistema nervioso. Esto tampoco quiere decir que queremos superar nuestro sistema nervioso autónomo todo el tiempo; significa que de la misma forma en que podemos influir en nuestra salud mediante la dieta, y en nuestra energía mediante el descanso, el ejercicio y quizás con algunos *hobbies*, podemos ejercitar un nivel de dirección sobre nuestro sistema nervioso a través de las prácticas de yoga, y esa dirección puede llevarnos a mayores niveles de salud, felicidad y satisfacción de nuestros propósitos. En su máxima expresión, nos guían hacia la calma completa y absoluta.

Conclusión

Por supuesto, hay muchísimo por decir de varios de los temas que presenté en este libro. Traté de incluir y abarcar mucho de lo que yo

---

116. K. B. Hengen, T. M. Gomez, K. M. Stang, S. M. Johnson y M. Behan, "Changes in Ventral Respiration Column GABAaR ε-and δ-Subunits During Hibernation Mediate Resistance to Depression by EtOH and Pentobarbital", *American Journal of Physiology* 300, Nº 2 (febrero 2011), https://www.ncbi.nlm.nih.gov/pmc/articles/ PMC3043800/ [6/11/2019].

aprendí, así como algunos de mis pensamientos sobre la interacción y la influencia del yoga en el sistema nervioso. Otros autores y científicos podrán completar los huecos que dejé en el camino, corregir mis errores y ampliar el cuerpo de conocimiento con el paso del tiempo. Independientemente de esto, todavía podemos contar con la veracidad de al menos dos puntos que mencioné. En primer lugar, sabemos que un buen tono vagal disminuye la inflamación, mejora la resiliencia, aumenta la adaptabilidad, colabora con la homeostasis y ayuda a regular el estado de ánimo y las emociones, y que las prácticas del yoga (kriya yoga) tonifican el nervio vago. Todo esto contribuye a una vida más feliz, saludable e interconectada. Cuando tenemos mucha inflamación en el cuerpo o en la mente, todo se desequilibra, en particular nuestro humor y nuestras emociones. Y por supuesto, queremos ser personas felices y amables y efectivas, así que mantener tonificado el nervio vago es una puerta de entrada para otras manifestaciones positivas en nosotros.

En segundo lugar, muchas prácticas yóguicas afectan el sistema nervioso autónomo, donde se procesan y regulan nuestras funciones de supervivencia. Estas funciones nos mantienen vivos y, a nivel psicológico, emocionalmente vinculados con la vida. Debido a que cada acción tiene una reacción equivalente y opositora, la otra cara de la moneda de la supervivencia es la muerte, por lo tanto, evitarla es una programación de la supervivencia, porque para sobrevivir no podemos morir. Por ende, las funciones de supervivencia nos ayudan a evitar la muerte, y este miedo a la mortalidad se entreteje de forma sutil y compleja en nuestra supervivencia, lo que representa abhinivesha.

Asmita, o nuestra narrativa personal y limitada, se desarrolla en la identificación con nuestra vida individual. Asmita es una ramificación de avidya, de no saber quiénes somos, y los apegos que formamos en función de nuestros gustos y aversiones son una parte integral de la narrativa. Estas son las obstrucciones para saber quiénes somos, y tienen sus bases psicológicas en el tronco cerebral, que puede ser influido por el kriya yoga, o ejercicios neuronales, como Porges los llama. Se considera que la felicidad se manifiesta en nuestras mentes y nuestros corazones espontáneamente cuando sabemos quiénes somos y cuando estamos libres del miedo. Podemos deducir entonces que las prácticas del yoga proveen una vía para que seamos felices no solo en teoría, sino como una certeza fisiológica. Bajo esta luz, podemos suavizar esa visión generalizada que considera el yoga como un conjunto de posturas difíciles, o que supone que hay que ser muy flexible para poder hacerlo, o que necesitas ropa especial y una esterilla de yoga costosa, o que se trata de controlar la mente y no tener pensamientos. Este punto de vista, según la bióloga molecular Alexandra Seidenstein, es un enfoque "cuerpo sobre mente". Entrenamos el cuerpo para influir en la mente para que opere de la forma en que queremos. Muchas personas que practican yoga se dan cuenta de que al hacer una actividad física son capaces de resolver problemas que los perturban en el plano mental. ¿Cómo puede ser que una práctica física ayude a resolver algo que parece ser mental? Es porque muchas de las cosas que pasan en nuestra mente, como las emociones, tienen una base o contraparte física que, al trabajarla, puede aliviar estados mentales emocionales estresantes, como pueden ser el estiramiento y la presión profunda de los músculos, que producen alivio y calma en el sistema nervioso. Las emociones y los pensamientos habitan en nuestros cuerpos, porque la mente y el cuerpo no están separados; son un continuo. Los modelos presentados en este libro (por ejemplo, que asmita tiene una base fisiológica en el tronco cerebral), sustentan esta idea básica.

Entonces, ¿cuáles son las cosas que sabemos que podemos hacer para mejorar el tono vagal y activar el sistema nervioso parasimpático? En lo que se refiere a la práctica diaria podemos:

- Practicar asanas, pranayama y meditación con consciencia.
- Practicar la respiración resonante o equilibrada.
- Recitar mantras y cantar.
- Ser amable con las personas.
- Mantener pensamientos positivos y amorosos sobre nosotros mismos y sobre los demás.

En lo que se refiere a los cambios de nuestro estilo de vida, podemos:

- Introducir pequeños cambios que nos ayuden a llevar una vida más balanceada.
- Permitirnos experimentar alegría y placer en nuestras prácticas. Estas no deberían ser un trabajo o una obligación, sino una elección, algo que, incluso si es complicado o agotador, no resulte muy pesado de realizar.
- Encontrar maneras de minimizar el estrés, quizás al tomarnos pequeñas pausas a lo largo del día.
- Asegurarnos un buen descanso.
- Incluir alimentos en nuestra dieta que contribuyan a un microbioma saludable, y en consecuencia envíen mensajes positivos al cerebro.

A un nivel espiritual, podemos:

- Encontrar formas de redefinir nuestra perspectiva de vida para ver el mundo, o nuestro lugar en él, como parte de una totalidad.
- Intentar percibir, a lo largo del día, la naturaleza interconectada de la existencia, de qué manera el aire que respiramos o la luz que vemos o la tierra que pisamos son extensiones de nuestro ser.

- Observar cómo todos estos elementos en conjunto evocan un sentimiento de gratitud y reconocimiento, y la sensación de una existencia compartida con todos los otros seres. Desde esta experiencia nace la alegría intrínseca y la realización de nuestros objetivos.

Esta cosa sencilla llamada yoga nos permite disolver las narrativas que creamos acerca de nosotros mismos, que nos mantienen atados a patrones repetitivos, que no siempre nos llevan hacia la felicidad, los patrones de asmita o "yo soy". Cuando asmita se atenúa, nuestra narrativa comienza a expandirse desde el "yo soy" al "nosotros somos", un sentimiento de interconexión. Nuestro círculo se amplía para incluir a los demás y al mundo que habitamos como nuestro cuerpo extendido. A medida que nos afirmamos en este sentimiento de unidad, de interconexión, la noción de "yo" se disuelve, y la noción de "nosotros" se fortalece. Con el tiempo, incluso la idea de "nosotros" se diluye, porque también es un límite que nos separa. Cuando el límite de "nosotros" desaparece, todo lo que queda es ser, existir. Este es el viaje místico, un viaje que no está atado a una religión o que pertenece a alguien, ni siquiera a los yoguis. El estado del ser describe la unidad de consciencia. Es un camino que está allí para cualquiera que sienta la invitación a investigar las tres preguntas más fundamentales que podemos realizar:

¿Quién soy?
¿Qué estoy haciendo aquí?
¿Qué debería hacer ahora?

Estas indagaciones nos corresponden a todos. Y soy uno más de los que se plantean estas mismas preguntas.

273

Epílogo

Las enseñanzas del yoga y la meditación han sido transmitidas de generación en generación, mediante el *guru-shishya*, o vínculo entre maestro-alumno, durante miles de años. Como muchas otras cosas, la forma del yoga ha cambiado en menores y mayores grados con el paso de los siglos. El yoga, mil años atrás, probablemente lucía muy diferente al yoga de hoy. Sin embargo, el propósito intrínseco y esencial del yoga no ha cambiado desde los principios hasta la actualidad; y es el modo en que buscamos conocer quién somos en realidad, al aquietar el constante fluir de pensamientos, ideas, información e imágenes que llenan nuestras mentes cada día.

Krishnamacharya fue una influencia gigante en el mundo del yoga. Cuatro de sus discípulos fueron sumamente influyentes por derecho propio, y son responsables de casi la mitad del yoga que se practica alrededor del mundo hoy, y lo digo sin exagerar. En el año 2018 se estimó que treinta y seis millones de personas en Estados Unidos practicaban algún tipo de yoga, así que a nivel mundial ese número puede ampliarse al menos tres o cuatro veces. Estos cuatro profesores incluyen a B. K. S. Iyengar, el sobrino de Krishnamacharya, quien fue una figura revolucionaria del yoga. Su enfoque fusionó la exactitud anatómica de las posturas con una práctica de concentración férrea. Indra Devi estudió con Krishnamacharya en la década del 30, fue la predilecta de Hollywood durante las décadas del 40 y el 50, y fue la precursora de la industria del bienestar que floreció en California y que influyó en gran parte de la manía del yoga y el *fitness* de los Estados Unidos (ver el libro de Stefanie Syman, *El cuerpo sutil*, para más información). T. K. V. Desikachar comenzó a estudiar yoga seriamente en la década del 60, y popularizó las enseñanzas de su padre en cada continente. El discípulo más antiguo de Krishnamacharya fue Sri K. Pattabhi Jois, quien en 1937 organizó las enseñanzas de su maestro de forma sistemática: su presentación singular del Ashtanga Yoga.

De manera que tenemos Iyengar yoga, practicado por millones de personas y popularizado por personas como Yehudi Menuhim; la influencia de Indra Devi en un movimiento completo de bienestar que se propagó desde Hollywood, California, y que incluyó a muchos artistas famosos, entre ellos Gloria Swanson y Marilyn Monroe; y todos los estudiantes de Desikachar que formaron la Asociación Internacional del Yoga Terapéutico y otras instituciones importantes. El Ashtanga yoga inspiró al menos dos canciones y una película de Madonna y es practicado por otras celebridades que han expresado su devoción por el yoga, como Gwyneth Paltrow, Willem Dafoe, Russell Brand y Mike D de los Beastie Boys. Se enseña en las favelas de Río de Janeiro, en los suburbios de Kenia, a las víctimas del genocidio en Ruanda y en las prisiones de Estados Unidos; inspiró la creación de programas de yoga para reducir la violencia de armas, la recuperación de los adictos y para aliviar a las víctimas de trata de personas en India. En resumen, el yoga se ha expandido por todos lados y gran parte de esta propagación se debe a estos cuatro maestros que comparten un mismo maestro: Krishnamacharya.

El conocimiento que se transmite en la tradición guru-shishya (maestro-alumno) es un conocimiento que se ha puesto a prueba, de manera similar a un experimento científico que fue validado para ser reproducible, y sus resultados fueron aceptados en una comunidad científica. El yoga y las prácticas meditativas que son transmitidas contienen conocimiento basado en la experiencia. No decimos que estas prácticas son mejores solo porque son antiguas (como ese dicho que dice "la edad vale oro"). Por ejemplo, no decimos que el telégrafo es mejor que un teléfono móvil porque se inventó antes.

Un maestro vivo es absolutamente necesario porque solo podemos llegar hasta cierto punto por nuestra cuenta, y en algún momento necesitaremos a un guía que haya transitado por las profundidades del conocimiento para conducirnos por senderos que aún no hemos vislumbrado, y que pueda orientarnos cuando tengamos problemas y animarnos cuando caigamos en la desilusión. Esta aceptación del maestro se llama devoción, o *bhakti* en sánscrito. La idea de la devoción básicamente significa que tenemos fe o convicción en algo mucho más grande que la certeza de nuestras habilidades; sugiere que existe algo más profundo que nos empodera y que a veces, simplemente, necesitamos ayuda. Entregarse no significa renunciar a todo, incluyendo nuestra voluntad, significa renunciar a la idea de que tú eres la *única* voluntad.

Un gurú es una vasija que contiene conocimiento. *Gu* significa "removedor", y *ru* significa "oscuridad". La oscuridad se refiere a los buscadores que no saben quiénes son en verdad, o cuál es su propósito. La oscuridad recubre la luz interior del conocimiento, y el yoga es una práctica que puede ayudar a remover esta oscuridad, así como encender una lámpara puede quitar la oscuridad de una habitación. El gurú no es una lámpara, sino alguien que puede enseñarte cómo encender la lámpara, y al final, tú eres quien puede hacerlo. El *Katha Upanishad* explica que, al fin y al cabo, la fuerza motriz detrás de la transformación es la motivación interior del alumno:

Nāyamātmā pravacanena labhyo na medhayā
na bahunā śrutena |
Yamevaisha vrnute tena labhya tasyaisha ātmā
vrnute tanūgm svām ||

||||||

Este Ser no puede ser conocido a través de mucho estudio,
ni mediante el intelecto, ni por escuchar demasiado
(las enseñanzas). Puede ser conocido únicamente
por el Ser que el aspirante desea alcanzar; el Ser revela
su propia naturaleza al buscador que indaga.

Los Upanishads dicen que no debes buscar constantemente fuera de ti o buscar el conocimiento de las demás personas para conocer a Dios o conocer tu verdadero ser; para conocer a Dios, debes mirarlo directamente, y para conocerte a ti mismo, debes observar simplemente tu ser. La verdad se revela a sí misma por nuestro deseo de conocer, y no por fuentes externas. Esta es la enseñanza máxima de la independencia, pero una independencia basada en saber quién eres verdaderamente y que se alimenta de la humildad, la devoción, la práctica y, más importante aun, el amor. La información que contiene este libro es un destello de las formas maravillosas y complejas en las que el yoga afecta el cuerpo, el sistema nervioso, las emociones, la mente y el corazón. Son temas que encuentro fascinantes y que me inspiran a practicar. Y al final, esto es lo esencial: el yoga es una práctica, e incluso si practicamos un poquito cada día, sus efectos se amplían con el tiempo y se extienden al resto de nuestra vida. En todo caso, deseo que este libro te inspire a practicar. Si lo logra, entonces lo considero un éxito.

Práctica A

Respiración resonante

La respiración resonante es un botón de reinicio para el sistema nervioso. Los adultos normalmente respiran en una frecuencia de quince a dieciocho respiraciones por minuto, lo que asegura un suministro adecuado de oxígeno para cubrir las necesidades energéticas del cuerpo. Un intercambio de gases efectivo también asegura que el pH sanguíneo mantenga un nivel satisfactorio, para que el dióxido de carbono sea removido del cuerpo. La ansiedad y el estrés a menudo promueven frecuencias ligeramente elevadas de respiración, que pueden llegar a veinte o incluso veinticinco respiraciones por minuto. Cuando la respiración se acelera pero no hay una demanda para esta aceleración, se envía una señal al cerebro para indicar que algo no está bien. Esto puede conducir a una activación de la respuesta de combate o huida del sistema nervioso simpático y causar presión arterial alta, inflamación y otros desequilibrios (incluyendo el refuerzo del ciclo de ansiedad). Cuando realizamos la respiración resonante, limitamos conscientemente la respiración a un ciclo que equilibra los sistemas nerviosos simpático y parasimpático, y por ende restaura el equilibrio. Esta frecuencia generalmente es de cinco a siete respiraciones por minuto, con una duración equivalente de la inhalación y de la exhalación, o con la exhalación ligeramente más prolongada que la inhalación. Este es un ciclo de respiración que los monjes tibetanos y los yoguis adoptan cuando meditan.

El término *resonancia* se refiere al fenómeno que se produce cuando dos o más elementos o sistemas entran en armonía. Como vimos en el capítulo dedicado a la respiración, nuestras inhalaciones y exhalaciones están gobernadas por los sistemas nerviosos simpático y parasimpático, y estos nunca están completamente en equilibrio. Siempre uno tiene más dominancia que el otro, a veces de manera muy significativa, como cuando dormimos y la respiración se vuelve muy lenta, o cuando estamos bajo mucho estrés y se acelera demasiado. La respiración resonante es el único proceso en el que el sistema simpático y el parasimpático están en total equilibrio gracias a la regulación consciente de la respiración. Entre los principales beneficios de esta respiración está el equilibrio del barorreflejo, que se relaciona con los nervios que envuelven la arteria carótida y que controlan y monitorizan la presión sanguínea. Al realizar una respiración rítmica, estamos suavizando nuestros patrones respiratorios inestables para que entren en un ritmo constante, en sintonía con la cantidad de tiempo que les lleva a los barorreceptores enviar mensajes hacia el corazón a medida que regulan la presión sanguínea. Hay un retraso de aproximadamente cinco segundos entre la presión detectada en la arteria carótida y las señales enviadas al corazón. También regulamos la respiración con la fluidez del freno vagal, y al mismo tiempo disminuimos los patrones de ondas cerebrales hacia frecuencias meditativas. Como consecuencia de las exhalaciones lentas, tonificamos el nervio vago y estimulamos el freno vagal, que es responsable de aminorar la frecuencia cardíaca en la exhalación. Cuando esto sucede, es una señal de buena salud cardiovascular. Cuando nuestro corazón no responde a nuestra frecuencia respiratoria, esto indica que algo anda mal.

Para refrescar lo que vimos en el capítulo 11, un nervio vago tonificado se asocia con:

- La reducción de la inflamación.
- Un mejor funcionamiento del sistema inmunológico.
- La reducción de la ansiedad y la depresión.
- El perfeccionamiento del mecanismo del freno vagal.
- El aumento de la salud digestiva.

Cuando el tono vagal es bajo, pueden surgir problemas cardiovasculares e inflamatorios, así como alteraciones en el estado de ánimo.

El tono vagal se mide mediante la variabilidad del ritmo cardíaco (VRC), que es la variación latido a latido de nuestra frecuencia cardíaca y que se relaciona directamente con nuestra salud emocional y fisiológica. El nervio vago es responsable de controlar la VRC. El doctor Richard Gevirtz, especialista en el entrenamiento de VRC mediante la respiración rítmica (que es esencialmente similar a la respiración resonante), ha enumerado los beneficios científicamente comprobados de un ciclo respiratorio lento. Son una razón convincente para probarlo. Un ciclo respiratorio lento:

- Tonifica el nervio vago.
- Apaga la respuesta de estrés.
- Activa la respuesta de relajación.
- Protege a los músculos del dolor.
- Reduce el dolor abdominal, especialmente en las personas cuyas actividades requieren un nivel de alto rendimiento.
- Promueve la digestión saludable.
- Disminuye la presión sanguínea.

El aprecio, el amor y la gratitud aumentan la VRC, mientras que la ira, el estrés y la ansiedad bloquean su ritmo.

Hace unos dos o tres años comencé a practicar este tipo de respiración y me maravillé ante sus resultados y la rapidez con la que se manifestaron. Por ejemplo, no solo comencé a dormir mejor, sino que por alguna razón noté que cuando me iba a la cama por la noche, podía entrar en la sensación de quietud de mi sistema nervioso parasimpático y quedarme dormido enseguida. Estaba aprendiendo a activar el freno vagal según mi voluntad. Mi práctica de pranayama mejoró porque podía sentir que mi sistema nervioso se volvía receptivo y maleable gracias a la resonancia, y que las retenciones respiratorias eran fáciles y tranquilas.

El método de la respiración resonante es sencillo. Todo lo que necesitas es disminuir lentamente la frecuencia respiratoria hasta alcanzar entre cinco a siete respiraciones por minuto, que significa que estarás respirando en alguna de las siguientes proporciones:

1. Inhalar por cuatro segundos, exhalar por seis segundos (seis respiraciones por minuto).
2. Inhalar por cinco segundos, exhalar por cinco segundos (seis respiraciones por minuto).
3. Inhalar por cinco segundos, exhalar por siete segundos (cinco respiraciones por minuto).
4. Inhalar por seis segundos, exhalar por seis segundos (cinco respiraciones por minuto).
5. Inhalar por cuatro segundos, exhalar por cuatro segundos (apenas menos de siete respiraciones por minuto).

La respiración no necesariamente debe ser profunda; solo tiene que ser suave y un poco más prolongada que una respiración normal.

Si intentas respirar muy intensamente puede que sientas tensión o mareo. Las primeras veces que intentas cambiar conscientemente tu patrón respiratorio, puede sentirse un poco extraño. Por eso es importante no excederte y comenzar con un minuto o dos e ir aumentando gradualmente. Es más efectiva cuando la realizas todos los días. Puedes realizarla acostado, con tus piernas contra una pared, o sentado en una postura de meditación, de manera que elige lo que resulte mejor para ti. Si lo deseas, puedes descargar la aplicación The Breathing App que desarrollé con Deepak Chopra y Sergey Varichev, que ofrece diferentes opciones respiratorias y un cronómetro. Te mostrará un conteo regresivo si necesitas saber el tiempo de tu sesión. El tiempo disponible comienza desde un minuto y llega hasta los treinta minutos. Si solo puedes practicar por uno o dos minutos, está bien. Quizás lo hagas entre las estaciones del subterráneo o mientras subes el ascensor para ir a una entrevista laboral.

Cuando comiences tu práctica respiratoria, puedes dejar tus manos sobre tu barriga, si eso te resulta cómodo. Deberías sentir que la barriga se mueve hacia fuera cuando inhalas y hacia dentro cuando exhalas. Sería muy bueno si puedes sentir esto, porque te ayudará a contactar con el movimiento natural del diafragma, que baja con la inhalación, llevando la barriga hacia fuera, y sube con la exhalación, llevando la barriga hacia dentro.

Algunas personas sienten que pueden controlar mejor la duración de la respiración cuando estrechan ligeramente el músculo de la glotis en la garganta, una acción que realizas cuando susurras o cuando quieres empañar un espejo con el aliento. Esto ajusta la apertura por donde fluye la respiración; por ende, facilita la regulación de un fluir suave. Sin embargo, no es obligatorio, si sientes que no es necesario para ti.

Aquí van algunas recomendaciones para tener en cuenta:

- No tiene que estar "bien"; no hay una respiración correcta, ya que respiramos todo el tiempo. Simplemente, ciertas formas de respiración son más efectivas para el intercambio de gases para así reducir los niveles de estrés. La respiración resonante es una de ellas.
- Al comienzo, no intentes realizar cada respiración. Solo haz el esfuerzo de prolongar la exhalación según las indicaciones. Una vez que esto te resulte cómodo, trata de prolongar las inhalaciones. Luego, cuando estés listo, puedes enlazar ambas respiraciones. Si en algún momento comienzas a sentir tensión (que puede suceder de vez en cuando), haz una pausa, vuelve a tu ritmo de respiración habitual, y cuando te sientas preparado, vuelve a empezar. Muchas veces lleva algunos minutos volver a asentarse.
- Por favor, no te juzgues o critiques con severidad cuando realices la respiración. No buscamos ser respiradores expertos, solo queremos equilibrar nuestro sistema nervioso mediante la respiración.
- Permite que tu barriga se relaje progresivamente e intenta no respirar demasiado desde el pecho. Parte de la corriente de aire subirá hasta tu pecho; esto está bien porque allí están nuestros pulmones. Sin embargo, cuando sientas la señal de la inhalación, es natural tomar una gran inhalación desde el pecho. Aquí estamos intentando hacer lo contrario, lo que significa que ante la señal de inhalar, nos relajamos y permitimos que el aire vaya hacia la parte inferior de los pulmones, en vez de tratar de llevar el aire hacia la parte superior. Los efectos en tu sistema nervioso serán más profundos y hondos.
- Permítete unos minutos para establecerte. La sensación de calma que proporciona la respiración resonante se manifiesta luego

de que el sistema nervioso se haya acostumbrado a esta nueva proporción, así que no te apures y date tiempo. Si intentas apurar el proceso, llevará más tiempo ver sus resultados.

- Respira con una sensación de bondad, amor o compasión hacia ti mismo o hacia el proceso de respiración. Esto tiene un maravilloso efecto en la mente, el corazón y el nervio vago.

Cuando hayas terminado con tu sesión, siéntate en silencio por unos minutos. Este espacio de calma que has creado internamente es un buen lugar para la reflexión. Realiza las siguientes preguntas, sin buscar respuestas. Simplemente deja que las preguntas se propaguen en tu campo de consciencia como las ondas que se producen en el agua cuando arrojas una piedrita a un lago:

¿Quién soy?
¿Cuál es mi deseo más profundo?
¿Por qué me siento agradecido?

Si surgen respuestas, está bien, pero no es necesario que aparezcan. Percibe la sensación de absorber los efectos de la respiración en tu cuerpo celular y en la memoria de tu sistema nervioso. Puedes empaparte de esta sensación de paz como si fueras una esponja.

Lleva esta consciencia equilibrada contigo durante el resto de tu día. Si tienes un proyecto o un objetivo, o un problema que necesitas resolver, enfréntalo con tu noción de "yo soy". Recuerda que cada persona con la que interactúas, ya sea física o mentalmente, también opera desde esta noción de "yo soy". Esta consciencia que está por detrás del sentimiento de "yo soy" es igual en ti que en la otra persona, y en todos los demás. La respiración resonante te devuelve la noción de ti mismo. Te devuelve al asiento del conductor cuando la sobrecarga intensa del mundo a veces te lo quita. La respiración resonante nos ofrece unos minutos para vivir y respirar en perfecto equilibrio entre el sistema simpático y parasimpático, en una zona neutral de calma y balance mental, de paz consciente.

Cuando termines con tu sesión y hayas absorbido los beneficios durante unos minutos, puedes levantarte y continuar con tu día.

Práctica B

Respiración unilateral,
o de una sola narina

Esta es una práctica respiratoria muy simple y efectiva. Está clasificada como *nadi shodana*, que significa "purificación nerviosa". No se considera una práctica de pranayama porque no hay retención de aire (kumbhaka), la característica distintiva del pranayama. Es muy útil para cualquier persona que experimente estrés o que necesite refrescar su cerebro en cualquier momento del día. He enseñado esta práctica a alumnos de yoga de diferentes edades, desde los once hasta los ochenta años. Se considera segura y útil para cualquier persona que no tenga obstrucciones nasales severas o enfermedades que impidan las respiraciones prolongadas. Muchas personas consideran que realizar algunas series de respiraciones unilaterales resulta renovador, calmante y permite que la mente y el cerebro puedan enfocarse. Ciertos estudios revelaron que la respiración unilateral disminuye la ansiedad y mejora la cognición verbal y espacial. El método de la práctica es así:

- Siéntate en una postura cómoda, con las piernas cruzadas, en una silla o en la cama, si tienes alguna condición que te mantenga en la cama.

- Ubica tu pulgar derecho contra la hendidura del costado derecho de tu nariz, allí donde la narina se encuentra con el cartílago de la nariz.
- Respira suave y cómodamente mediante la narina izquierda tres veces.
- Si tu narina izquierda está muy bloqueada, presiona muy ligeramente la narina derecha, pero deja una pequeña apertura para que el aire pase.
- Luego de que hayas realizado tres respiraciones, suelta tu mano y déjala sobre tu regazo o rodilla y respira por ambas narinas dos o tres veces, percibiendo las posibles diferencias en el fluir del aire.
- Luego cambia por la otra narina al colocar el dedo anular derecho sobre tu narina izquierda, y respira tres veces suave y libremente por la narina derecha.
- Luego de finalizar las respiraciones, deja tu mano sobre el regazo o la rodilla y respira algunas veces por ambas narinas.

Esta práctica puede realizarse por la mañana o al anochecer. Es importante que se realice al menos una hora después de cualquier ingesta de comida, y treinta minutos después de cualquier líquido. También puedes hacerla por la tarde cuando necesites una pausa para recuperarte, en vez de comer algo con azúcar o cafeína, por ejemplo. A medida que te vayas sintiendo cómodo con la cantidad de rondas, puedes aumentarlas, pero deja que esto suceda naturalmente. El objetivo no es hacer más. Cuando tus brazos se sientan cansados, tu rostro esté sonrojado o sientas indicios de tensión, significará que has hecho suficiente. También es positivo practicar antes o después de la meditación, para equilibrar los hemisferios cerebrales.

Práctica C

Meditación de la bondad amorosa
(*LOVING-KINDNESS*)

En el año 2013, la doctora Bethany Kok publicó un estudio que investigaba la conexión entre el tono vagal, las emociones positivas y la salud física. Se ha demostrado, mediante estudios, que la mejora en el tono vagal se asocia con las emociones positivas, que a su vez elevan la salud física, al mismo tiempo que la salud física aumenta las emociones positivas. Todavía se desconoce cuál es el mecanismo subyacente que enlaza las emociones positivas con el tono vagal y la salud física. La hipótesis de Kok y sus colegas es que existe una "dinámica de espiral ascendente" que refuerza la conexión entre la salud emocional y la física que está vinculada con la manera en que las personas perciben sus conexiones sociales. La intervención que utilizaron para probar esto fue la práctica de meditación de la bondad amorosa, mediante una clase semanal de meditación y una práctica autodirigida diaria en el hogar, durante el plazo de seis semanas. Los resultados del estudio fueron inmensamente favorables. Los participantes que habían sido asignados aleatoriamente al grupo de meditación comunicaron grandes mejoras en las emociones positivas. Exhibieron mayores crecimientos tanto en las conexiones sociales como en el tono vagal. "Los resultados sugieren que las emociones positivas, las conexiones sociales positivas y la salud física influyen entre sí en una dinámica de espiral ascendente autosustentable". Aun más promisorio, "también eleva la posibilidad de que los cambios en las emociones habituales traigan modificaciones en el tono vagal, y por lo tanto constituye un camino por el cual la salud emocional influye en la salud física. Proponemos que la habilidad de las personas de traducir sus propias emociones positivas en conexiones sociales positivas con los demás puede ser una de las claves para resolver este misterio".[117]

Una de las versiones más tempranas de la meditación de *loving-kindness* se encuentra en los *Yoga Sutras*, capítulo 1, verso 33. Aquí se describe una práctica que trae brillo y claridad a la mente, a través de focalizar en nuestras relaciones con las personas, nuestras conexiones sociales. Todo lo anterior al verso 33 se relaciona con el trabajo con nuestras mentes. Es interesante que Patanjali es cuidadoso al señalar que la evolución espiritual no se trata únicamente de lo individual, sino también de nuestra forma de relacionarnos con los demás. El verso dice:

Maitri karuna mudita upeksha sukha dukha punya
apunya vishayanam bhavana tah citta prasadanam ||
|||||
La purificación de la mente surge de una actitud
de amabilidad hacia aquellos que son felices; de compasión
hacia quienes están sufriendo; de dicha compasiva hacia
aquellos que son virtuosos; y de ecuanimidad mental
hacia quienes no son virtuosos. 1.33

---

117. Bethany E. Kok, Kimberly A. Coffey, Michael A. Cohn, Lahnna I. Catalino, Tanya Vacharkulksemsuk, Sara B. Algoe, Mary Brantley y Barbara L. Fredrickson, "How Positive Emotions Build Physical Health", *Psychological Science* 24, N° 7 (2013), 1123-1132.

Podemos adoptar estas cuatro actitudes para mejorar los distintos tipos de relaciones que tenemos. Pueden ayudarnos a formar una percepción positiva de nuestras conexiones sociales, incluso con personas que nos irritan, nos enojan o nos dan razones para sentir una indignación justa y justificada. A veces las personas felices nos producen irritación, las personas que sufren nos dan ganas de desviar la mirada, aquellos que hacen cosas maravillosas nos generan celos, y algunos que se portan de forma horrible nos indignan. Este verso sugiere un remedio sencillo: con aquellos que son felices, sé amable. Con quienes sufren, siente su dolor como si fuera tu propio dolor, expresando compasión, pero no intentes arreglar sus problemas; no podemos remover el dolor de los demás, pero podemos acompañarlos. Con aquellos que realizan tareas maravillosas para el mundo, siente dicha compasiva y siente sus éxitos como si fueran tuyos. Quizás los más difíciles son quienes son, bueno, difíciles. Con estas personas, Patanjali sugiere tener ecuanimidad mental. Intenta no sentirte alterado por ellos. Al final, somos nosotros quienes sufrimos por nuestros estados mentales, así que podríamos ahorrarnos mucha amargura al mantener nuestras mentes calmas y tranquilas. Como expresa Kok en la oración inicial de su estudio: "Las personas que experimentan emociones amorosas y optimistas llevan vidas más largas y saludables". ¿Quién no querría eso?

Los budistas llaman a estas cuatro cualidades los *brahma viharas* y son las prácticas fundacionales de la bondad amorosa. También son llamados los "cuatro inconmensurables", porque mediante su práctica la mente se vuelve inconmensurable como el espacio. Estas prácticas son previas al budismo y fueron adoptadas por el Buda en su canon de enseñanzas y se convirtieron en una de las prácticas más sobresalientes para los budistas en la actualidad. De hecho, la meditación de bondad amorosa es más popular entre los budistas que entre los yoguis. Mi esposa, Jocelyne, ha practicado la meditación de la bondad amorosa durante los últimos catorce años de acuerdo con las enseñanzas budistas (así como ha practicado yoga durante treinta años) y lo que sigue a continuación son sus instrucciones para practicar la meditación de *loving-kindness*.

La meditación de *loving-kindness* está compuesta de la repetición de ciertas frases amorosas. Con cada repetición estamos expresando una intención, plantando las semillas de nuestros deseos amorosos una y otra vez en nuestro corazón. Con un corazón amoroso, todo lo que intentemos, todo lo que enfrentemos, se abrirá y fluirá suavemente.

Empezamos por dirigir estas frases hacia nosotros. Puedes recitar internamente o en voz alta estas frases tradicionales para nuestro bienestar personal:

Que yo me sienta seguro.
Que yo sea feliz.
Que yo sea saludable.
Que yo me encuentre en paz.

Empezamos con nosotros porque si no podemos amarnos a nosotros mismos es imposible amar a los demás. Repetimos estas frases una y otra vez, dejando que los sentimientos se propaguen por nuestro cuerpo y nuestra mente. Una vez que te sientas cómodo con las frases, puedes ampliarlas:

Que yo me sienta seguro y esté protegido de daños internos y externos.
Que yo me sienta en paz y feliz.
Que mi cuerpo sea fuerte y saludable y que pueda sanarse una y otra vez.
Que yo pueda cuidarme con comodidad y alegría.

La experiencia de la bondad amorosa puede no ocurrir inmediatamente. Al principio puede parecer un poco incómodo sentarnos y repetir las frases, especialmente cuando no entendemos qué estamos haciendo. Repetirlas también implica esfuerzo y concentración. A veces, puedes sentirte somnoliento o aburrido mientras las repites; si esto sucede, no te juzgues. El aburrimiento a veces sucede. Intenta percibir si te sientes apagado. No necesitas fabricar algún tipo de energía amorosa artificial. Con el tiempo, la bondad amorosa romperá la barrera. Cuando sentimos que no podemos conectarnos, entonces necesitamos retroceder y confiar en el proceso, en vez de sentirnos un fracaso. Trae dulzura y paciencia al proceso. Sintoniza con tu propia bondad o con una cualidad bella de alguien que lleves en tu corazón. Esta es la conexión, puede ser simplemente la apreciación de algo bueno.

Cada uno de nosotros experimenta diferentes vías a la naturaleza del corazón, a la energía tranquila del corazón. Las instrucciones pueden parecer demasiado por momentos, y quizás no resuenen contigo.

Algunos maestros sugieren comenzar por la práctica del perdón para purificar tu corazón, y recién después enseñan la práctica de la bondad amorosa. La práctica del perdón es así:

A quien haya lastimado consciente o inconscientemente, le pido perdón.
A quienes me hayan lastimado consciente o inconscientemente, los perdono.
Me perdono a mí mismo por lastimarme consciente o inconscientemente.

Puedes repetir cada frase cuatro veces, y repetir todo el proceso tres veces.

Esta es una buena manera de liberar el corazón, de liberar la mente para que no haya espacio para el odio.

En estas prácticas es muy importante que establezcas una intención, para que la dulzura y la paciencia comiencen a manifestarse a causa de repetir las palabras. La conexión vendrá más fácilmente y luego el corazón podrá expandirse. Una vez que te conectes, experimentarás una sensación de comodidad. No te sentirás aislado y apreciarás un vínculo genuino. Luego, necesitarás mantener la conexión y generar esta sensación de ternura hacia los demás.

También puedes registrar: ¿Qué provoca esta energía de bondad? Si tú recibes bondad de otra persona, digamos que de manera incondicional –puede ser un simple gesto, quizás que alguien abra la puerta para que puedas pasar– puedes sentirte considerado y agradecido. En tu interior puedes sentir que algo cambia cuando esto sucede. Puede ser que luego quieras abrirle la puerta a otra persona. La bondad circula por su propia fuerza, ¡no por la nuestra!

Si lo deseas, puedes intentar este experimento de bondad amorosa por una semana.

Día 1

Comienza con alguna técnica respiratoria, como la respiración resonante o la unilateral, y asegúrate de establecer una posición en la que puedas sentirte cómodo por quince minutos. Realiza la práctica del perdón por diez o quince minutos: repite las frases lentamente, trae a la mente las imágenes y las circunstancias e intenta infundir las palabras de perdón a medida que avanzas.

Que sea sencillo. Utiliza tu respiración para arraigar las frases de perdón.

Día 2

Durante diez a quince minutos, repite las frases de bondad amorosa lentamente. Puedes releer el material sobre la bondad, conectando con tu propia sensibilidad a medida que respiras. Que tus respiraciones sean largas pero cómodas, y a medida que exhalas, visualiza y repite las frases, nutriéndote tanto con la respiración como con las palabras. Durante el día, intenta percibir si la práctica afecta tus emociones y tus estados mentales.

¿Quizás sientes más comodidad, calma o felicidad a lo largo de la jornada?

A veces la práctica puede revelar una sensación de dolor, desconexión, indignidad o miedo. En esta situación, también podemos sumar frases nuevas, como puede ser: "Que yo me acepte tal como soy", u otras frases que puedan evocar tus cualidades o acciones positivas que te recuerdan tu propio valor. Permite que tu cuerpo incorpore esta energía positiva de una forma suave y calma, para establecer el equilibrio y la actitud favorable hacia ti mismo. Al usar la respiración y las palabras, intenta sentir una percepción sensible de un espacio o momento (por ejemplo, cuando eras pequeño) en el que te sentías fuerte y feliz. Absorbe esos sentimientos y empápate con ellos. Siente cómo te suavizas. Siente cómo tu cuerpo se suaviza. Crea un espacio seguro dentro de ti.

Días 3 y 4

Siéntate cómodamente, tal como estés habituado a hacerlo.

Realiza unas respiraciones y sintoniza con la intención de comenzar con la meditación de la bondad amorosa.

Relaja todo el cuerpo.

Focaliza en el centro de tu corazón, palpando la percepción sensible del cuerpo sentado y que respira.

Trae a tu mente a una figura benefactora, a un maestro, a un amigo, a alguien muy querido por ti, en quien confías completamente y que ha estado a tu lado en el pasado. Visualiza a esta persona con una sonrisa plena, o percibe interiormente su voz, su energía, su calidez y su conexión.

Imagina que esta persona te regala estas frases de bondad amorosa, y que tú las recibes. Recibe la seguridad, la protección y el amparo de esta persona. Eres el receptor de la felicidad, la paz, la bondad, los deseos de buena salud. Permítete recibir todo incondicionalmente.

Inhala y exhala, tómate tu tiempo. Luego puedes ofrecer las frases a tu benefactor, y esta persona puede recibirlas. Observa cómo te sientes cuando ofreces las frases al otro. Percibe si hay algún cambio en tu cuerpo, o cómo te sientes a nivel energético. Si te pierdes en tus pensamientos, vuelve a empezar, es normal. Puedes usar tu imaginación al extender estos buenos deseos, y puedes imaginar a tu ser querido recibiéndolos. Observa cuáles son las emociones que surgen en tu interior.

Cuando el corazón siente ternura, se siente bien. Cuando sentimos codicia, ira o celos, no nos sentimos tan bien. Cuando cultivamos la paciencia, nuestro corazón experimenta liviandad. Cuando damos de nosotros, sentimos alegría. Cuando soltamos, también se siente bien. Esta práctica también se llama la purificación del corazón. Cuando vuelvas a empezar, comienza con la imagen de la persona, luego la percepción sensible, luego la respiración y luego las palabras. Deberías sentir las palabras como si fluyeran con la respiración.

DÍAS 5 Y 6

Puedes repetir lo que hiciste anteriormente si sientes que has establecido una buena dinámica con la figura benefactora, contigo y con las frases. Si las frases no resuenan contigo, puedes abandonarlas y experimentar con tus propias frases. Observa cómo funciona tu mente. Algunas personas no tienen facilidad para visualizar, pero son muy buenas con las palabras. Algunas personas son excelentes para imaginar la presencia de las personas que reciben las frases, pero no a través de las palabras. Sé flexible. Para otros, tan solo repetir las palabras es suficiente.

La bondad amorosa es como encender una fogata. Vamos agregando más y más leña. Ahora vamos a sumar la energía de una persona neutral. La conexión con la persona neutral es bastante fácil. Puede ser el cajero del banco, un oficial de policía, el empleado del correo o alguien que veas con frecuencia en una tienda o en la calle pero que no conozcas. Así como deseas para ti la comodidad, la felicidad, la salud y el equilibrio, puedes compartir estos mismos deseos con la persona neutral. Esa será vuestra conexión o enlace.

Puedes visualizarlos y enviarles frases de deseos positivos. Cuando nos sentimos felices, somos capaces de dar incondicionalmente, deseamos sinceramente que todos experimenten felicidad, comodidad y equilibrio. El músculo del corazón se fortalece.

DÍA 7

Ahora vamos a meditar con la "persona difícil". No siempre es fácil con la persona difícil, a veces llamada "el enemigo". ¿A quién dejamos fuera de nuestros corazones y por qué? Pensamos que si los dejamos entrar, intentarán aprovecharse de nosotros o nos sentiremos vulnerables. El santo indio Neem Karoli Baba dijo que "a pesar de lo mucho que te desagrade una persona, nunca la dejes fuera de tu corazón".

Cuando cerramos nuestro corazón, sufrimos, y somos nosotros los que permanecemos atrapados en la trampa del sufrimiento. La bondad amorosa actúa sobre este vínculo sin que la otra persona se entere. Trabajamos por nuestra cuenta, y esto modifica la dinámica de la relación y crea espacio para la apertura. No lo hacemos para cambiar al otro, lo hacemos para transformar nuestro corazón y para liberar el dolor que cargamos. El perdón es una excelente manera para desatar ese nudo.

Cuando te sientes a meditar, asegúrate de que tus ojos, tu mandíbula y tus hombros estén relajados a medida que repites las frases. Pon atención en permitir que el cuerpo se suavice, corroborando su comodidad de tanto en tanto. Permite que la respiración incorpore y libere la energía.

Existen otras técnicas y sugerencias que algunos maestros ofrecen como opciones para trabajar con la persona difícil. Puedes elegir la que resuene mejor contigo:

- Una manera de lidiar con la persona difícil es sentir como si pudieras crear un contenedor más grande para refugiarte en él, antes de enviar la bondad amorosa a la persona difícil. Habilita un campo de equilibrio y ecuanimidad antes de empezar. Puedes sentir corporalmente el equilibro o la estabilidad como si fueras una montaña. Algunos profesores sugieren que visualices a la persona difícil en un estado de vulnerabilidad, como cuando eran niños, y puedes permitirte ver su fragilidad en lugar de su crueldad. El Buda dijo: "El odio nunca puede extirparse mediante más odio. El odio solo puede extinguirse a través del amor. Esta es una ley eterna".

- Algunos sugieren que recuerdes que la persona difícil también sufre.
- Intentar construir una energía neutral, la integridad del cuerpo y la ecuanimidad de la mente y del corazón.
- Recuerda que así como esa persona es difícil para ti, tú puedes ser una persona difícil para ella.
- Reconoce que hay verdades que lastiman y verdades que sanan.

Cuando nos sentimos atascados en oposición a la persona difícil, necesitamos dar un paso al costado. Podemos pensar en los seres queridos de esta persona, o en las personas que la quieren. Esto puede constituir un lazo de respeto y un poco más de espacio. De esta forma, puedes ver la humanidad de este ser humano y comprender si puedes manejar la situación.

A lo largo del día, intenta propagar la ternura en tus actividades cotidianas. Por ejemplo:

- Mientras te cepillas los dientes.
- Mientras te vistes.
- Cuando te vas a dormir.

Intenta cultivar la apertura y la curiosidad. Quizás quieras modificar algunos hábitos, o hacer las cosas de forma distinta, al levantarte de la cama, comer, hablar o pensar. Busca aportar consciencia a los aspectos de tu vida que puedan necesitar un poco más de autocuidado. Observa cuándo hay resistencia, cuándo te juzgas, cuándo te sientes desafiado en algún área que te resulte complicada.

Percibe a las personas a tu alrededor, y desea el mismo bienestar para ellas que el que deseas para ti. Piensa en tu familia, en tus amigos y mascotas, y deséales a todos los mismo. Es el hábito de desear lo bueno, y cuando lo haces de forma significativa, puedes sentir el efecto que produce en tus sentimientos de bondad y en los sentimientos que vibran hacia ti, hacia todos los seres vivos, hacia la naturaleza, hacia todo el universo.

Práctica D

Escaneo corporal

La memoria más vívida que tengo de mi primera clase de yoga es la de experimentar la profunda calma de la "relajación final", la relajación progresiva que típicamente se enseña al final de una clase de yoga. En ese momento tenía catorce o quince años, estaba en un campamento de verano y recuerdo que entré en un estado desprovisto de pensamientos, sueños o imágenes, y que sentí que, claramente, la muerte debía ser algo como esto. Absolutamente nada, sin identidad, tiempo, espacio o miedo. Quise continuar experimentando el yoga cuando volviera a casa, pero tenía miedo de no saber cómo despertarme luego de la relajación final. Quizás el profesor conocía algún truco especial para despertarnos, ¿y qué pasaría si yo entraba en ese estado tan profundo y mi madre me encontrara así y no supiera cómo despertarme? ¿Me quedaría atrapado allí en la nada? Era un miedo genuino, así que no volví al yoga hasta que tuve dieciocho o diecinueve, cuando pude encontrar a un maestro en Nueva York.

La práctica de la relajación progresiva que se enseña en las clases de yoga no está en los textos yóguicos, pero sí está algo llamado *savasana*. En la *Hatha Yoga Pradipika*, capítulo 1, verso 34, se presenta savasana como una postura que remueve la fatiga y le brinda serenidad a la mente y que se realiza al "depositar el cuerpo sobre la tierra como un cadáver que se ha caído con el rostro hacia arriba".[118] Sin embargo, no se indica ninguna instrucción acerca de la visualización o la relajación de los músculos. Pattabhi Jois enseñaba savasana como la imitación de un cuerpo en *rigor mortis*, el estado de rigidez del cuerpo que sucede varias horas después de la muerte. Según esta perspectiva, el alumno mantiene el cuerpo completamente rígido, y si intentas levantarlo desde alguna zona corporal, como la cabeza o los pies, el cuerpo no se flexiona para nada, y puede ser levantando en una línea recta. Es un asana avanzado.

El savasana que aprendí en mi primera clase de yoga y que se practica en todas las clases de yoga alrededor del mundo es, en realidad, una combinación de savasana (descansar sobre el suelo) y una relajación muscular progresiva que fue creada en 1908 por Edmund Jacobsen, un médico clínico, psiquiatra y fisiólogo de Chicago. Jacobsen también fue el inventor del *biofeedback*, que utiliza la respiración rítmica de la respiración resonante. A través de la medición del tono muscular y los impulsos nerviosos, Jacobsen comprobó la conexión entre la tensión muscular y los diferentes desórdenes del cuerpo y la mente. Descubrió que el acortamiento de los músculos debido a la tensión reducía su tono, a la vez que disminuía ciertas actividades del sistema nervioso central. Al relajar la tensión de los músculos, la influencia agravante sobre el sistema nervioso también se liberaba, y se generaba así el alivio de distintas enfermedades. Es probable que él haya popularizado la palabra *relax* como sinónimo de liberar tensión tanto de la mente como de la musculatura, de la misma manera en que el endocrinólogo canadiense Hans Selye redefinió la palabra *estrés* como sinónimo del estímulo de la

118. Kausthub Desikachar (trad.), *The Hathayogapradīpikā: Jyotsnāyutā*. Chennai, India: Media Garuda, Krishnamacharya Healing & Yoga Foundation, 2016, 34.

demanda ambiental. En efecto, casi todos los que practican yoga han dicho en algún momento "¡Estoy aquí por la relajación final!".

Existen varias maneras diferentes de practicar la relajación profunda, que también puede realizarse como "escaneo corporal", una popular práctica de la meditación budista. Los efectos pueden ser muy profundos, y van desde una sensación ampliada de relajación hasta experiencias trascendentes de consciencia. Los descubrimientos de Jacobsen que indican que la liberación de la tensión muscular conduce a una relajación del sistema nervioso son válidos, y mediante la relajación consciente de cada parte y cada órgano de nuestro cuerpo, incluso el acto de pensar, podemos acceder a profundos estados de calma. A continuación, encontrarás dos maneras diferentes que puedes ensayar.

Método uno

Acuéstate boca arriba, boca abajo o de costado, lo que te resulte más agradable. Si estás boca arriba y sientes cualquier molestia en tu espalda, puedes flexionar las rodillas para que tus pies estén apoyados contra el suelo, separados según el ancho de tus caderas. Puedes seguir el texto que está aquí abajo, repite internamente cada frase y permite que tu consciencia circule por cada parte de tu cuerpo. En el método de Jacobsen, uno podría contraer intensamente cada miembro antes de relajarlo, pero no es necesario. No resulta cómodo para todo el mundo. La palabra *relajar* es solo una opción de las posibles palabras guías; puedes reemplazarla con *suavizar* o *descansar* si resuena mejor contigo. Para algunas personas, la palabra *relax* en sí misma puede sonar estresante.

Relajo mis pies, relajo mis pies; mis pies están relajados.
Relajo mis tobillos, relajo mis tobillos; mis tobillos están relajados.

Relajo mis piernas, relajo mis piernas; mis piernas están relajadas.

Relajo mis caderas, relajo mis caderas; mis caderas están relajadas.

Relajo mis manos, relajo mis manos; mis manos están relajadas.

Relajo mis brazos, relajo mis brazos; mis brazos están relajados.

Relajo mis hombros, relajo mis hombros; mis hombros están relajados.

Relajo mi abdomen, relajo mi abdomen; mi abdomen está relajado.

Relajo mi pecho, relajo mi pecho; mi pecho está relajado.

Relajo mi espalda, relajo mi espalda; mi espalda está relajada.

Relajo mi cuello, relajo mi cuello; mi cuello está relajado.

Relajo la parte posterior de mi cabeza, relajo la parte posterior de mi cabeza; la parte posterior de mi cabeza está relajada.

Relajo la zona detrás de las orejas, relajo la zona detrás de las orejas; la zona detrás de las orejas está relajada.

Relajo mi cuero cabelludo, relajo mi cuero cabelludo; mi cuero cabelludo está relajado.

Relajo mi frente, relajo mi frente; mi frente está relajada.

Relajo mis ojos, mi nariz y mi boca; relajo mis ojos, mi nariz y mi boca; mis ojos, mi nariz y mi boca están relajados.

Relajo mis mejillas y mi mentón, relajo mis mejillas y mi mentón; mis mejillas y mi mentón están relajados.

Relajo mi corazón y mis pulmones, relajo mi corazón y mis pulmones; mi corazón y mis pulmones están relajados.

Relajo mi estómago, relajo mi estómago; mi estómago está relajado.

Relajo mi hígado, relajo mi hígado; mi hígado está relajado.

Relajo mi bazo, relajo mi bazo; mi bazo está relajado.

Relajo mi páncreas, relajo mi páncreas; mi páncreas está relajado.

Relajo mis intestinos, relajo mis intestinos; mis intestinos están relajados.

Relajo mis riñones y mis glándulas suprarrenales, relajo mis riñones y mis glándulas suprarrenales; mis riñones y mis glándulas suprarrenales están relajadas.

Relajo mi glándula pineal, mi glándula pituitaria, mi glándula tiroidea y mis glándulas sexuales; relajo mi glándula pineal, mi glándula pituitaria, mi glándula tiroidea y mis glándulas sexuales; mi glándula pineal, mi glándula pituitaria, mi glándula tiroidea y mis glándulas sexuales están relajadas.

Relajo mi cerebro, relajo mi cerebro; mi cerebro está relajado.

Relajo mi sistema nervioso, relajo mi sistema nervioso; mi sistema nervioso está relajado.

Relajo mi nervio vago, relajo mi nervio vago; mi nervio vago está relajado.

Relajo mi respiración, relajo mi respiración; mi respiración está relajada.

Relajo mi pensamiento, relajo mi pensamiento; mi pensamiento está relajado.

Relajo mi ser interior, relajo mi ser interior; mi ser interior está relajado.

Durante los minutos siguientes, me permitiré relajarme profundamente en un espacio calmo, silencioso y neutral. Todo lo que necesite resolver, puedo pensarlo luego de descansar. Por ahora, me permito descansar.

Para salir del estado de reposo, prolonga tu respiración lentamente, devolviendo el movimiento al cuerpo mediante la respiración. Estira los brazos y las piernas de la manera que te resulte cómoda, como cuando te desperezas en la mañana. Cuando estés listo, puedes levantarte y continuar con tu día, llevando esta calma contigo donde vayas.

Método dos

Este método de relajación está basado en la meditación del espacio de Insight Meditation. Lo puedes hacer sentado o recostado. La idea de esta técnica es que la tensión (aferrarnos a nuestras ideas de rectitud) y el estrés derivan de mantener la rigidez en el cuerpo o la mente. Los espacios estrechos son lo opuesto a los espacios abiertos. El espacio, en las tradiciones meditativas, se considera un ámbito de no apego, relajación, expansión y amor. Las instrucciones que brindamos aquí son de mi esposa, Jocelyne.

Realizamos esta práctica mediante la indagación. Investigaremos distintos espacios del cuerpo al imaginar o al ser conscientes del espacio entre dos puntos o regiones distintos en el cuerpo:

Para empezar:

- Pon las manos sobre tu barriga, y respira lentamente por una cuenta de cinco.
- Pausa.
- Respira lentamente por una cuenta de seis.
- Realiza esto tres veces para serenar el sistema nervioso.

Mientras estás sentado cómodamente, visualiza el espacio entre los ojos. ¿Puedes sentir el espacio entre tus ojos?

Pausa, e imagina el espacio entre las orejas, el interior de la nariz, la cueva de la boca, pausando entre cada uno. ¿Puedes sentir el espacio entre cada parte del rostro?

Luego, imagina el espacio de la garganta. ¿Puedes sentir el espacio dentro de tu garganta?

Imagina el espacio entre tus hombros, entre tus brazos y manos, a la derecha y a la izquierda. ¿Puedes sentir el espacio entre los hombros, y entre cada brazo y cada mano?

Imagina el espacio en los pulmones, y el espacio entre el esternón y la columna vertebral. ¿Puedes sentir el espacio entre el esternón y la columna?

Imagina el espacio en tu corazón. ¿Puedes sentir el espacio en tu corazón?

Imagina el espacio entre el ombligo y la columna vertebral. ¿Puedes sentir el espacio entre el ombligo y la columna?

Imagina el espacio entre las caderas. ¿Puedes sentir el espacio entre tus caderas y los huesos pélvicos?

Imagina el volumen de las piernas y el espacio de los pies.

Imagina el espacio de la habitación: el suelo, el techo, las ventanas, las puertas y todos los detalles que prefieras. Siente el espacio arriba y debajo del cuerpo, y todo a tu alrededor. Permite que tu corazón adquiera una sensación de fluidez y observa si puedes sentir una corriente de ternura y siente cómo se extiende infinitamente más allá de la estrella más lejana.

Realiza algunas respiraciones, y deja que toda la experiencia se despliegue.

RECORDATORIOS

Es importante que la respiración te lleve hacia los diferentes espacios, o que abra las puertas hacia los diferentes espacios, momento a momento. Participa en el fluir dinámico y no intentes manipularlo o conseguir un resultado específico. Crea toda la intimidad que te resulte posible con la respiración y el espacio, e intenta permanecer relajado. No pienses que debería ser agradable, o no te preocupes si es desagradable.

Algunos días la energía será más fuerte, otros días será más tenue. Puedes aportar más curiosidad a tu mente para despertar tu interés y tu energía. Puedes imaginar la respiración como una linterna, iluminando el espacio a medida que avanzas.

Puedes percibir que tu respiración se prolonga o se acorta, que tu corazón late más rápido, más intensamente, o a veces con más suavidad. Puedes sentir emociones que estaban ocultas, como tristeza, enojo o felicidad, que pueden provocar cambios en la respiración o en la atención. Por momentos, puede ser tentador seguir el hilo de los pensamientos. Busca la mayor simpleza posible. Mantén constante la dinámica de tu consciencia, y sigue conectado. Esto generará energía.

A medida que cultivas la sensación del espacio, ¿puedes ser consciente de tus pensamientos y sensaciones, que pasan como las nubes en el cielo?

Para finalizar, ingresa a un espacio de silencio y paz, a una sensación de presencia constante que no puede ser perturbada.

Permite que tu corazón se nutra del silencio y el espacio.

A medida que te sientas más cómodo al imaginar o sentir el espacio en tu cuerpo, puedes circular con mayor detalle por las zonas corporales. Aquí hay un mapa que puedes seguir si quieres profundizar un poco más.

La cabeza
- El espacio entre los ojos.
- El espacio entre las narinas.
- El espacio que ocupa la lengua, el paladar superior, los dientes, las encías y el paladar blando.
- El espacio que rellena los labios.

- La totalidad de la boca.
- Toda la cabeza y el rostro.

La garganta y el cuello
- El espacio de la garganta y el cuello.

Parte superior del cuerpo
- El espacio en la región de los hombros.
- El espacio en la parte superior de los brazos.
- El espacio en la parte inferior de los brazos.
- El espacio dentro de los pulgares y de los dedos índices, tanto la carne como el hueso.
- El espacio entre el dedo medio, el anular y el meñique.
- El espacio entre la palma y la parte superior de la mano.
- Imaginar simultáneamente el espacio dentro de los dedos, las manos, los brazos y los hombros.
- ¿Puedes imaginar el espacio dentro de los pulmones y del corazón?
- ¿Puedes imaginar el espacio entre el esternón y la columna?
- ¿Puedes imaginar el espacio de todo el pecho?

Parte inferior del torso
- El espacio entre el ombligo y la columna vertebral.
- La distancia entre ambos lados de la cintura.
- El espacio entre el ombligo y la base de la columna.
- Imagina el espacio de toda la barriga y toda la parte inferior del torso.

Parte inferior del cuerpo
- El espacio entre las caderas y las rodillas.
- El espacio de la zona superior de las piernas.

- El espacio de la zona inferior de las piernas.
- El espacio que rellena el dedo gordo del pie y todos los otros dedos.
- El espacio entre el empeine y las plantas de los pies.
- El espacio de ambos pies.

Evoca todo el espacio interior al que has ingresado con tu respiración, desde la cabeza hasta los pies, durante algunas respiraciones, por dentro y por fuera. Permite que tu cuerpo abandone cualquier sensación de solidez, como si todos los límites corporales se disolvieran para volverse una extensión del universo. Permite que tu respiración se mueva como un viento que nace del viento del mundo. No hay adentro, no hay afuera. Cuando estés listo, puedes salir lentamente de la meditación, y suavemente retomar tu día.

Bibliografía

Avedon, Elizabeth. *An Interview with Francesco Clemente by Rainer Crone and Georgia Marsh*. New York: Vintage Books, 1987.

Baldwin, James. The *Price of the Ticket*. New York: St. Martin's Press, 1958.

Bühnemann, Gudrun. *Eighty-Four Asanas in Yoga: A Survey of Traditions*. New Delhi, India: DK Printworld (P) Ltd, 2007.

Bhattacharyya, Ananda (ed.). *A History of the Dasnami Naga Sannyasis*. New York: Routledge, 2018.

Chāndogya Upaniṣad. Con comentarios de Śaṅkarācārya. Traducción de Swāmī Gambhīrānanda. Calcuta, India: Advaita Ashrama, 1983.

Charney, Dennis S. y Steven M. Southwick. *Resilience: The Science of Mastering Life's Greatest Challenges*. New York: Cambridge University Press, 2012.

Cheatum, Billye Anne y Allison A. Hammond. *Physical Activities for Improving Children's Learning and Behavior: A Guide to Sensory Motor Development*. Champaign, Ill.: Human Kinetics, 2000.

Chopra, Deepak y Rudolph E. Tanzi. *Super Genes: Unlock the Astonishing Power of Your DNA for Optimum Health and Well-Being*. New York: Harmony Books, 2015.

Desikachar, Kausthub (trad.). *The Hathayogapradīpikā: Jyotsnāyutā*. Chennai, India: Media Garuda, Krishnamacharya Healing & Yoga Foundation, 2016.

Desikachar, T. K. V. y Kausthub Desikachar (trads.). *Yoga Taravali*. Chennai, India: Krishnamacharya Yoga Mandiram, 2003.

Eight Upanisads, vol. 2. Con comentarios de Śaṅkarācārya. Traducción de Swāmī Gambhīrānanda. Calcuta, India: Advaita Ashrama, 1992.

Fuller, R. Buckminster, con Jerome Agel y Quentin Fiore. *I Seem to Be a Verb.* New York: Bantam Books, 1970.

Hanson, Rick. *Hardwiring Happiness: The New Brain Science of Contentment, Calm, and Confidence.* New York: Harmony Books, 2013.

The Hathayogapradīpikā of Svātmārāma. Con comentarios de Jyotsnā de Brahmānanda y traducción al inglés. Chennai, India: The Adyar Library and Research Centre, 1972.

Jois, Sri K. Pattabhi. *Yoga Mala: Las enseñanzas originales del Maestro del Ashtanga Yoga Sri K. Pattabhi Jois.* Buenos Aires: El hilo de Ariadna, 2017.

Kahneman, Daniel. *Thinking, Fast and Slow*. New York: Farrar, Straus and Giroux, 2011.

Khalsa, Sat Bir Singh, Lorenzo Cohen, Timothy McCall y Shirley Telles (eds.). *The Principles and Practice of Yoga in Health Care.* Edinburgh: Handspring Press, 2016.

Mohan, A. G. (trad.), con Ganesh Mohan. *Yoga Yajnavalkya*. Madras, India: Ganesh & Co., 2013.

OpenStax College. *Anatomy and Physiology.* Houston, Tex.: Rice University, 2013.

Patañjali. *Yoga Philosophy of Patañjali: Containing His Yoga Aphorisms with Vyāsa's Commentary in Sanskrit and a Translation with Annotations Including Many Suggestions for the Practice of Yoga.* Con comentarios de Swami Hariharānanda Āraṇya. Albany: State University of New York Press, 1983.

Porges, Stephen W. *The Polyvagal Theory: Neurophysiological Foundations of Emotions, Attachment, Communication, and Self-Regulation.* New York: W. W. Norton, 2011.

Ratey, John J., con Eric Hagerman. *Spark: The Revolutionary New Science of Exercise and the Brain.* New York: Little, Brown, 2008.

Sarvānanda, Swāmī. *Taittirīyopaniṣad.* Madras, India: Sri Ramakrishna Math, 1965.

Schäfer, Lothar. *Infinite Potential: What Quantum Physics Reveals About How We Should Live.* New York: Deepak Chopra Books, 2013.

Siegel, Daniel J. *Brainstorm: The Power and Purpose of the Teenage Brain.* New York: Jeremy P. Tarcher/Penguin Group, 2013.

Siegel, Daniel J. *Mind: A Journey to the Heart of Being Human.* New York: W. W. Norton, 2017.

van der Kolk, Bessel. *The Body Keeps the Score: Brain, Mind, and Body in the Healing of Trauma.* New York: Penguin Books, 2015.

van Lysebeth, André. *Pranayama: The Yoga of Breathing.* London: Unwin Paperbacks, 1983.

Widmaier, Eric P., Hershel Raff y Kevin Strang. *Vander's Human Physiology: The Mechanisms of Body Function,* 10ª edición. New York: McGraw Hill Higher Education, 2006.

Yogasūtrabhaāsyavivarana of Śankara, vol. 1. Texto del Vivarana con traducción al inglés y notas junto al texto sobre los textos del Yogasūtra de Patanjali y Vyaāsabhāsya. Traducción de T. S. Rukmani. New Delhi, India: Munshiram Manoharlal Publishers, 2010.

Agradecimientos

A mamá y papá, que siempre decían, durante mis años de secundaria, "No nos importa cuánto éxito tengas, siempre y cuando des lo mejor de ti". Bueno, la verdad es que nunca tuve demasiado éxito, y para ser honesto, tampoco me esforcé demasiado. Necesitaba encontrar algo que amara de verdad para hacer mi mejor esfuerzo, y ese algo fue el yoga. Soy dichoso porque lo encontré temprano en mi vida. Mi maestro de ciencias de noveno grado una vez escribió en mi libreta de calificaciones que hasta que no me cortara el pelo y dejara de usar *jeans* rotos, no tendría éxito en las ciencias. Creo que él estaría gratamente sorprendido de saber que la ciencia ahora ocupa un gran lugar en mi vida. Pero no le agradezco a él por eso, quiero agradecer a mis padres porque fueron capaces de reírse de ese acontecimiento. Nuestra familia es enorme, y los amo a todos. Mis dos hermanas, Kara y Amanda, fueron, son y siempre serán mis pilares. Mi media hermana Nina es todo en nuestros corazones. Mis otros "medios pero todo" son Nick y Rebecca, y mis hermanastros que jamás están lejos son Kathy, James, John y Mary. Por la mitad de todo esto aparecí yo. A mi madrastra, Sallie "Gracias, pero no como pollo", quien siempre nos hará reír a todos. Y el último de la familia es mi padrastro, Jimmy, quien falleció en 1993. Volé desde India justo a tiempo para verlo por última vez; todos lo extrañamos inmensamente, siempre.

Estoy profundamente en deuda con las personas que mencionaré a continuación: por el amor, el apoyo, el conocimiento y la guía que me han brindado a lo largo de los años:

A Sri K. Pattabhi Jois y a R. Sharat Jois, por recibirme y guiarme a mí y a tantos otros en el ancestral camino del yoga.

A Jeff Seroy, por apoyar este libro hasta el final y por nuestros veinte años de amistad que comenzaron con *Yoga Mala*.

A Deepak Chopra, mi amigo, colaborador y compañero de búsquedas, que abrió un mundo de aprendizajes mediante sus enseñanzas y me presentó a muchas personas que inspiraron mi investigación, respondieron mis preguntas y me brindaron guía, incluyendo a Murali Doraiswamy, William Bushell, Subhash Kok y Neil Theise.

A mi amigo del yoga más antiguo, uno de mis primeros profesores y mi socio de publicación, Robert Moses, que es una fuente constante de *feedback*, aprendizaje e inspiración.

A Marshal Hagins, colaborador, amigo y compañero de investigación, quien aportó sus cuidadosas correcciones para este libro y la articulación de los datos científicos, y me brindó seguridad para expresar las ideas que quería desarrollar de la forma más precisa posible.

A Samuel Collombet por los numerosos consejos sobre los aspectos científicos de este libro. Sus sugerencias para reorganizar el contenido del capítulo 11 no solo hicieron que fuera más sencillo de leer, también clarificaron mis ideas acerca de él. Además, le agradezco su paciente capacidad de respuesta a todas mis preguntas sobre la ciencia, preguntas que él contesta incluso cuando las realizo mientras estoy dando una conferencia.

A los numerosos profesores que me han recibido en sus escuelas de yoga, permitiéndome explorar el material de este libro, en orden alfabético: Jens Bache, Jenny Barrett-Bouwer, Dmitry Baryshnikov,

Susanna Finocchi, Maarten van Huijstee, Deborah Ifill, Juha Javanainen, Jackie Kleefeld, Lisa Laler, Elena de Martin, Wessel Paternotte, Claudia Pradella, Petri Raisenen, Dr. Darshan Shah y Priya Shah.

A Alexandra Seidenstein por ser mi tutora de ciencias y responder a todas mis preguntas acerca de todo, desde la homeostasis hasta cómo trabajan las células; a Goran Bell por la investigación de "muerte celular mientras estás sentado"; a James Bouwer por explicarme los aspectos más profundos del núcleo supraquiasmático; a Paul Dallaghan por entusiasmarme con los generadores de patrones de ritmo; al rabino Mendel Jacobsen por su instrucción en judaísmo y kabbala durante el último año; al Dr. Kiran Bhat por la información que me brindó acerca del esfínter anal interno y la bradicardia; a Sheetal Shah por sus sugerencias esclarecedoras; y a Leeah Chu por su apoyo durante el proceso de escritura.

Gracias especiales a mi prima, la endocrinóloga Julia Chafkin, por presentarme a mi héroe del nervio vago, Stephen Porges.

A mi amigo y compañero de estudio de los *Yoga Sutras*, Francesco Clemente, con quien siempre puedo compartir charlas místicas.

Unas gracias gigantes a los científicos que han liderado todas las investigaciones que hicieron posible gran parte de este libro, especialmente a Sat Bir Khalsa, Stephen Porges, Shirley Telles, Bethany Kok, Rick Hanson y muchos, muchos otros que participaron en los estudios que cité o leí.

Una enorme expresión de gratitud por la música de Sigur Rós y Nick Cave and the Bad Seeds, cuya música escuché repetidas veces durante la escritura de este libro, particularmente *Ágaetis Byrjun, Kveikur* y *Takk* de Sigur Rós, y *Live at KCRW* y *Push the Sky Away* de Nick Cave. También, toda la música de David Bowie de 1971 a 1980.

Finalmente, no hubiese logrado nada en mi vida sin el amor de mi esposa, Jocelyne Stern (la verdadera yogui de nuestra familia), quien me apoya y estimula de todas las maneras posibles, incluso cuando no lo merezco; y a nuestra hija, Lili, que es infinitamente magnífica, bondadosa y bella, y mucho más inteligente que la combinación de nosotros dos.